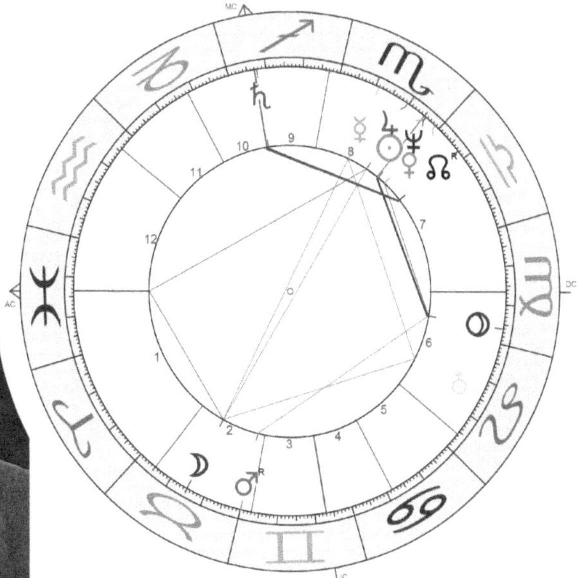

MICHAEL ALLGEIER gehört zu den renommiertesten Astrologen im deutschsprachigen Raum. Er ist Leiter des Astro-Kolleg Allgeier, einer Astrologie-Schule, die 1995 gegründet wurde und über ein Fernstudium sowie Wochenendseminare zum Astrologen ausbildet.

Im Weiteren ist er der Herausgeber des astrologischen Monatsmagazins STERNBILD und von „Allgeiers Astrologisches Jahresbuch“, das seit über 20 Jahren über eine große Leserschaft verfügt.

Einem größeren Publikum ist er nicht zuletzt aus verschiedenen Fernsehsendungen, als Chef-Astrologe der AstroWoche und durch seine monatlich erscheinenden YouTube-Videos bekannt, in denen er über die Zeitqualität aus astrologischer Sicht berichtet.

Bevor er den Weg des Berufsastrologen einschlug, studierte er Grafik und Malerei an der Kunstakademie in München.

Michael Allgeier

Pluto, die dunkle Seite in uns

Ich bin ein Teil von jener Kraft,
Die stets das Böse will und stets das Gute schafft. ...
Ich bin der Geist, der stets verneint!
Und das mit Recht; denn alles, was entsteht,
Ist wert, dass es zugrunde geht;
Drum besser wär's, dass nichts entstünde.
So ist denn alles, was ihr Sünde,
Zerstörung, kurz das Böse nennt,
Mein eigentliches Element.

Johann Wolfgang von Goethe

Allgeier Verlag GbR
Dießen am Ammersee

Pluto, die dunkle Seite in uns

Michael Allgeier

1. Auflage Dezember 2021

Herausgeber:
Allgeier Verlag GbR
Michael und Sigrid Allgeier
Waffenschmiedweg 39
86911 Dießen am Ammersee

Lektorat: Siri Allgeier
Satz & Coverdesign: Viktor Prade

Printed in Germany
ISBN 978-3-9821333-2-4

Inhalt

VORWORT

Liebe Leser,

Pluto, sein Herrschaftsbereich, der Skorpion, und das sogenannte 8. Haus im Horoskop sind auch für Menschen, die sich schon länger mit Astrologie befassen, nicht leicht zu verstehen. Klar, Pluto als Herrscher der Unterwelt „arbeitet" nun einmal im Verborgenen, und das 8. Haus könnte man auch als so etwas wie die Wirklichkeit hinter der sichtbaren Welt bezeichnen. Pluto-Themen sind auch nicht immer angenehm, weshalb wir sie lieber bei anderen entdecken als bei uns selbst. Sagen Sie doch mal einem Menschen, dessen Horoskop Sie gerade anschauen, er wäre etwa ein Machtmensch, weil Pluto in seinem 1. Haus oder an seinem Aszendenten steht. So jedenfalls steht es in den meisten Büchern geschrieben. Die meisten Betroffenen würden das vermutlich erbost von sich weisen und dabei nicht erkennen, dass sie es vielleicht sind, die im Zusammenleben stets bestimmen wollen, wo es langgeht, oder die sogar den einen oder anderen Menschen in ihrer näheren Umgebung regelrecht kontrollieren. Allein das Kontrollieren von Menschen heißt versteckt Macht ausüben, wie das etwa bei der Manipulation der Fall sein kann, der sich viele Menschen unbewusst bedienen, ohne es selbst zu merken, weil es auch diejenigen, die manipuliert werden, nicht wirklich registrieren.

Plutos Reich ist die Unterwelt, und seine größte Waffe ist nun einmal die Tarnkappe, weshalb Menschen, die einen sehr starken Pluto in ihrem Horoskop haben, meistens zunächst nicht als sogenannte Plutonier erkannt werden.

Die richtigen Plutonier, die ich in diesem Buch natürlich astrologisch zu erkennen gebe und zu denen von Natur aus jeder Skorpion gerechnet werden muss, können mitunter unglaublich liebenswürdig und verbindlich erscheinen, denn sie wollen sich ja nicht in ihre tiefe Seele blicken lassen, sie wollen vielmehr ablenken von sich selbst und vor allem auch für niemanden angreifbar sein.

Plutonische Menschen sind immer in einer Art Habachtstellung, da sie ein so starkes Bedürfnis haben, sich selbst zu schützen, was wiederum dazu führt, dass sie zumindest versuchen, auf alles gefasst zu sein. Plutonische Menschen sind spannend, wir finden wahre Heilige unter ihnen, wobei auch diese immer einen gewissen Fanatismus, oder sagen wir besser eine große Leidenschaft, besitzen, mit der sie ihre Mission erfüllen.

Im anderen Extrem finden wir den Mörder, den üblen Verbrecher, Machthaber und Tyrannen, der ebenfalls meist vorgibt, nur im Guten zu handeln, auch wenn er Böses tut.

Pluto und plutonische Menschen sind schwer oder gar nicht zu durchschauen, und jeder Astrologe oder Therapeut, der einen Menschen mit starken Pluto-Themen berät, wird unter Umständen von diesem nicht nur auf die falsche Spur geführt, sondern sogar selbst therapiert. Denn im Entschlüsseln von Geheimnissen und im Entdecken von Schwachstellen sind diese Menschen wahre Meister.

Wenn sich ein Plutonier schuldig fühlt, wird er die Schuld bei uns suchen, und wenn wir glauben, in seine Seele blicken zu können, wird er unser Inneres gnadenlos entblößen. Durch das Lesen dieses Buchs erfahren Sie, ob Sie möglicherweise selbst ein Plutonier sind oder ob Ihr Partner einer ist, was Sie vielleicht schon geahnt haben.

Was ist Pluto, der hauptverantwortlich ist für die großen Umbrüche und Veränderungen in der Welt wie in unserem Leben, für eine Kraft? Nun, Pluto ist einerseits der Tod, der tatsächliche, aber in erster Linie der Tod, der in der Welt Epochen beendet und in unserem Leben das Ende von bestimmen Abschnitten anzeigt. Ja, man könnte meinen, Pluto ist lebensfeindlich, aber genau das Gegenteil ist der Fall. Denn Sie wissen ja: In jedem Ende liegt bereits ein neuer Anfang. Niemand spricht von Pluto als endgültigem Tod. Nein, er schiebt durch die tausend Tode, die wir in diesem Leben sterben müssen, erst unser Leben richtig an und sorgt dafür, dass wir immer wieder neu beginnen, um uns so weiterentwickeln zu können. So gesehen ist Pluto eine Art Motor unseres Lebens, vielmehr noch unserer gesamten Leben. Denn wir müssen auch irgendwann leiblich sterben, und warum sollte dieser Tod unser letzter sein, warum sollte unsere persönliche Entwicklung abrupt enden? Nein, die Schöpfung hat in allem vorgesorgt. Der leibliche Tod ist ein totaler Reset, der uns erlaubt, wieder nahezu unbelastet von Erinnerungen in ein neues Leben zu starten. Unsere Entwicklung ist auch nach dem Tod noch lange nicht beendet. Wenn wir sterben und wiedergeboren werden, dann dauert es nicht lange, bis wir wieder in einem neuen Lebensdrama verwickelt sind. Wir wachsen in einer Familie auf, werden geprägt durch unsere Erziehung, unsere Eltern, die Schule und Kindheitserlebnisse, die nicht immer die besten sind. Innerlich sind wir dadurch gebunden – an die Familie, an Lehrer, an Freunde, an Erlebnisse, vor allem auch an die Vergangenheit. Neue Bindungen kommen hinzu, weitere innere wie äußere Verwicklungen beginnen oft immer mehr, unser Leben einzuengen, ja drängen es bisweilen in eine völlig falsche Richtung, so dass wir in Sackgassen geraten, denen wir nur dann entrinnen können, wenn wir uns wandeln, wenn wir einen Schnitt im Leben machen.

Wir müssen manche Lebensprozesse beenden, uns von Lebensgewohnheiten verabschieden und uns auch von Menschen trennen, die uns nicht mehr guttun, wollen wir uns weiterentwickeln.

Letztlich ist das Leben ein Kampf um Freiheit. Und wir brauchen Kraft und Stärke, um uns zu behaupten und selbst zu verwirklichen. Wir brauchen unseren persönlichen Pluto, unsere Wandlungsfähigkeit und unsere Macht, die uns hilft, selbst unser Leben zu bestimmen, um nicht mehr Spielball unserer Umgebung zu sein.

Plutonische Menschen, also Menschen, bei denen Pluto sehr stark im Horoskop auftaucht, haben oft gerade deshalb eine ungewöhnlich starke Verwirklichungskraft, mit der sie ihre Ziele und Wünsche manifestieren, weil sie bereit sind, loszulassen und innerlich zu sterben, um daraus neue Kraft zu schöpfen. Menschen, die bereit sind, sich zu reflektieren und zu wandeln, tragen mit Sicherheit schneller als andere, die immer nur versuchen, alles beim Alten zu belassen, belastendes Karma ab. Pluto ist, um es noch einmal deutlich zu sagen, eine gute und wichtige Kraft, die uns hilft, in die Tiefe zu gehen, die uns hilft, zu verstehen, die uns hilft, uns und die Welt zu verändern.

Pluto steht aber auch für die dunkle Seite der Macht, für das Böse. In der großen Welt taucht er im Zusammenhang mit furchtbaren Kriegen und Zerstörung auf, beim einzelnen Menschen in Form von Unterdrückung, Manipulation und teils schweren Verbrechen. Und er taucht auch in Form von Krankheiten und schweren Pandemien auf, wie wir sie erlebt haben, da Pluto astromedizinisch auch für das Virus steht. Wie sagte doch Mephisto, der Teufel in Goethes Faust: „Ich bin ein Teil von jener Kraft, die stets das Böse will und stets das Gute schafft."
Der Mensch steht immer wieder am Scheidepunkt, an dem er selbst entscheiden muss, den guten oder den bösen Weg zu gehen, sich zu wandeln und das neue Leben anzustreben oder ängstlich in Altem zu verharren, überall Feinde und Gegner zu sehen, bis ihn die Dunkelheit selbst ergriffen hat. Diese Entscheidung, die wir tagtäglich immer wieder von Neuem treffen müssen, entscheidet letztlich über unseren Weg und unser Leben. Wir selbst sind Teil und Ausführende der Schöpfung, und jeder von uns hat eine Sonne und einen Pluto in seinem Geburtsbild.

In diesem Buch habe ich als ausgesprochen plutonischer Mensch (Sonne, Merkur, Venus, Jupiter und Neptun im Skorpion sowie Sonne, Merkur, Jupiter und Neptun in Haus 8, dem irdischen Spiegel des Skorpions, Sonne-Venus-Jupiter-Neptun-Konjunktion Sextil Pluto, Mars Quadrat Pluto) versucht, einen kleinen Einblick über die verschiedenen Gesichter, Eigenschaften und Erscheinungen von Pluto zu geben. Ich habe keinen Anspruch darauf, Pluto in all seinen Facetten erkannt zu haben oder hier zu erwähnen. Die große Faszination für diesen Planeten, der für so viele und dramatische Umbrüche in meinem Leben verantwortlich war und der auch so viel mit meinen persönlichen Fähigkeiten als Astrologe zu tun hat, hat mich letztlich bewogen, dieses Buch zu schreiben. Ich weiß nicht, was aus mir geworden wäre, wenn ich mich nicht persönlich mit Pluto und seiner Kraft bewusst auseinandergesetzt hätte. Durch die lange Beschäftigung mit diesem Thema habe ich mich letztlich selbst besser verstehen gelernt.

Natürlich berichte ich in diesem Buch sehr viel über die dunklen Seiten Plutos und die tiefen Abgründe des Menschen. Ich wollte dabei jedoch keineswegs den Eindruck entstehen lassen, dass Pluto etwas Negatives ist. Pluto ist eine wesentliche Kraft der Schöpfung, und er ist eine wesentliche Kraft, was unsere eigene Entwicklung angeht. Pluto ist nur dann gefährlich, wenn wir seine Kraft verdrängen, wenn wir Wünsche und Leidenschaften nicht leben können oder dürfen, wenn wir sie nicht ins Bewusstsein heben und verarbeiten, was zur Folge hat, dass diese als unerlöste Schatten ein eigenes Dasein zu fristen beginnen, die der tiefere Grund von Zwängen und (selbst-)zerstörerischem Verhalten sind.

Pluto ist die Macht, und jeder von uns braucht Macht, um etwas in seinem Leben bewegen (machen) zu können. Geben wir diese Macht ab, werden wir ohnmächtig, schwach, kraftlos und zu einem Spielball unserer Umgebung. In dem Moment, in dem wir die Macht und Leidenschaften in uns erkennen, müssen wir aber auch Verantwortung übernehmen. Denn Macht und machen können, Einfluss auf andere zu besitzen, zu führen und Erfolg zu haben, erhebt uns, was gut ist, aber was auch riskant sein kann, weil Macht immer mit großen Verlockungen einhergeht, die im Machtmissbrauch enden können.

Tod und Leben gehören zusammen wie die Nacht und der Tag. Pluto besitzt eine enorme karmische Bedeutung, da er uns die Chance, zu sterben, um neu geboren zu werden, im tatsächlichen wie übertragenen Sinne, verleiht. Wir dürfen davon ausgehen, dass wir uns als Geistwesen die Erde ausgesucht haben, weil wir uns durch diesen plutonischen Prozess des Stirb-und-Werde weiterentwickeln können. Pluto ist der Motor der Schöpfung.

Ich danke an dieser Stelle ganz besonders meiner Frau Siri Allgeier, die selbst einen starken Pluto im Geburtshoroskop hat (im 4. Haus und am Nadir, dem tiefsten Himmelspunkt), die durch ihre starke Transformationskraft mein Leben immer wieder aus der Starre herausgeholt hat und die an einigen Inhalten dieses Buchs nicht zuletzt tatkräftig mitgewirkt hat.

MYSTERIUM PLUTO

Die vielen Gesichter Plutos

In der Astrologie denken wir in Analogien, das heißt in Entsprechungen. Wir sprechen in diesem Zusammenhang vom sogenannten senkrechten Weltbild, das im völligen Gegensatz zu unserer naturwissenschaftlichen Sicht und Denkweise steht und das niemals ganz begriffen oder gar bewiesen werden kann. Das senkrechte Weltbild ist tiefenpsychologischer Natur und spielt sich dementsprechend nicht nur auf einer Ebene ab, wie wir das vom waagrechten, naturwissenschaftlichen Weltbild kennen, wo beispielsweise alle Tiere in eine Kategorie fallen, die weiter unterteilt wird in Säugetiere, Amphibien, Reptilien etc.

Beim senkrechten Weltbild dagegen spiegelt sich eine bestimmte Kraft, eine Art Wesenheit wie Pluto, der nicht leicht zu ergründende Planet, nicht nur in Menschen, sondern auch in Tieren, in Geschehnissen, Lebenssituationen, Farben, Steinen, Metallen und Pflanzen wider. Dementsprechend werden sich die Leser dieses Buchs, die noch nicht ganz so vertraut mit Astrologie sind, vielleicht wundern, was alles mit Pluto zu tun hat und wo er überall zum Ausdruck kommt.

Pluto verkörpert zunächst die Macht, die sichtbare und unsichtbare, die höhere Gewalt und Fügung und nicht zuletzt den Tod. Pluto steht für unseren Machtwillen, unser Vermögen, etwas im Leben zu bewegen, er steht aber auch für jede Art von Fanatismus, für extreme Leidenschaften und die dunklen, verdrängten, gewaltvollen und unter Umständen kriminellen Anteile in uns.

Pluto wird als höhere Oktave des Mars, der die Waffen der Vergangenheit repräsentiert, auch mit modernen Waffen, vor allem mit Massenvernichtungswaffen wie die Atombombe in Verbindung gebracht. Die Atomkraft und Radioaktivität (Plutonium) haben mit ihm ebenso zu tun wie Machtkämpfe und jede Art von Zerstörung.

Der personifizierte Pluto findet sich in charismatischen Führen, Magiern und Yogis, aber auch in Tyrannen und Mördern, allgemein wird ihm auch die Kriminalität zugeordnet.

Auf der rein körperlichen Ebene sind ihm Krankheiten durch Vererbung, Gewalteinwirkung (Amputation), Organersatz und vor allem auch die Regenerationsfähigkeit und der Gesundungswille zugeordnet. Astromedizinisch unterstehen Pluto als Herrscher des Skorpions ferner vor allem die Sexualorgane sowie der Dickdarm und Mastdarm und deren Ausscheidung. Auch der Virus, der eigentlich tot und wie ein Vampir im Verborgenen tätig ist, gehört astromedizinisch zu Pluto.

Düsterer, aber auch mystischer Natur sind die vielen Pflanzen, die Plutos unermessliche Energien beherbergen und die zu wahren Wunderheilungen imstande sind, wie etwa die Eibe, die Mistel oder die Tollkirsche. Die Tiere Plutos sind die Schlange, die Spinne, die Fledermaus, natürlich auch der Skorpion, der Hund als treuer Gefährte und Wächter sowie der Wolf.

Die enorme Energie von Pluto findet sich ferner im Rubin, einem ungewöhnlichen Heilstein, in tiefem Rot, um nur den vielleicht typischsten Pluto-Stein zu nennen. Und klar, Pluto gehören als dem Herrn der Unterwelt ohnehin alle Schätze, die sich unter der Erde verbergen, wozu auch das Erdöl, das schwarze Gold, zählt, um das es so viele Kriege gab. Daneben drückt sich plutonische Kraft in Eisen und vor allem den modernen, hochfesten Stahlen und großen, gefährlichen Maschinen aus. Fabriken, Kasernen, Toiletten, das Sterbelager, der Friedhof und das Grab, Höhlen, Bergwerke, feuerspeiende Berge, zoologische Gärten sind nur einige Orte, an denen wir Pluto antreffen. Er verwirklicht sich natürlich auch in manchen Städten und Ländern, die auf ihre Art die Unterwelt spiegeln.

Pluto ist der Teufel, der Gegenspieler der Sonne, gleichzeitig aber auch die Jenseitssonne. Er steht für die großen Umwälzungen und Transformationen im Leben, für Stirb-und-Werde. Pluto besitzt nicht zuletzt auf geschichtliche Zeitabschnitte den wohl größten Einfluss aller Planeten. Als Planet der Transformation beendet er auch geistige Strömungen, damit neue Ideen sowie gesellschaftliche und politische Strömungen entstehen können.

Alle Analogien Plutos aufzuzählen, ist unmöglich. Wer um die Kraft und das Wesen Plutos weiß, erkennt jedoch allmählich die innere Verwandtschaft der hier genannten Entsprechungen und kann künftig Pluto selbst in anderen Formen entdecken, hinter denen er sich verbirgt. Wer überhaupt den Planeten die richtigen Analogien zuordnet und diese versteht, der wird die Welt fortan mit völlig anderen Augen betrachten. Jede Situation, jeder Mensch, jedes Tier, jede Pflanze und jeder Stein werden ihm von seiner Geschichte und seinem Geheimnis berichten können.

Pluto, Fürst der Finsternis und sein Reich

Pluto, der auch der Fürst der Finsternis und in der griechischen Mythologie Hades genannt wird, regierte die Unterwelt, das Reich der Toten. Um dorthin zu gelangen, musste man den Fluss Styx (kommt von stygein „hassen“ und bedeutet so viel wie „der Verhasste“) überqueren, die Grenze zur Hölle. Seine Zuflüsse sind der Lethe („Schlaf, Vergessenheit“), der Acheron („Unglück, Jammer“), der Kokytos („der Stöhnende, Beklagte“) und der Pyriphlegeton („der wie Feuer Brennende“). Um den Styx zu überqueren, mussten die Seelen der Toten dem geizigen Fährmann Charon Geld geben, sonst wurden sie dazu verdammt, hundert Jahre am Flussufer umherzuflattern, bis ihnen die Überfahrt erlaubt wurde. Pluto wachte eifersüchtig über seine Rechte in der Unterwelt. Er leitete das Gericht der Toten, das die Seelen in den schwarzen Tartarus (die Hölle) oder in die elysischen Gefilde (Aufenthaltsort ewiger Seligkeit) schickte. Aufgrund seines so überaus furchteinflößenden Aussehens wagte er sich nur selten auf die Erde, meist nur im Schutz seiner Tarnkappe, die auch Hadeskappe genannt wird. Eine große Waffe, die mindestens genauso mächtig war wie die Donnerkeile des Zeus (Jupiter) und der Dreizack des Poseidon (Neptun), seiner beiden Brüder, die über den Himmel bzw. das Meer herrschten.

Fahrt über den Styx (Radierung von Gustave Doré von 1861)

Pluto und seine unermessliche Kraft

Pluto wurde am 18. Februar 1930 in Arizona entdeckt. Nach Uranus und Neptun war er damit der dritte geistige Planet jenseits der materiellen Welt, deren Grenze von Saturn symbolisiert wird. Mit Pluto, der auch als die höhere Oktave von Mars gilt und diesen als ersten Herrscher über den Skorpion ersetzt hat, tauchten die Massenvernichtungswaffen auf, kriegerische Auseinandersetzungen erhielten eine völlig neue Dimension der Zerstörung. In die Zeit der Entdeckung des Pluto fiel auch die erste Kernspaltung (1938).

Pluto, Herrscher des Skorpions, Herr der Unterwelt und Gegenspieler der Sonne, ist der kleinste und der am weitesten entfernte Planet von der Sonne. Sein Durchmesser beträgt nur 2320 Kilometer. Zuletzt wurde ihm deshalb sogar der Status Planet von Seiten der Astronomie aberkannt. Doch genau dieses Nichterkennen von Pluto, ja dieses Understatement, diese scheinbar geringe Bedeutung ist ein Teil seiner Wesenheit. Die Wirkungsweise Plutos ist vielleicht am besten vergleichbar mit homöopathischen Gaben. Auch hier ist es so, dass je höher eine Potenz ist, desto stärker ihre Wirksamkeit ist. Bei Pluto ist das ganz ähnlich. Als Transit durch ein Haus, zu einem Planeten oder einer Achse unseres Geburtshoroskops, der in der Regel mehrere Jahre anhält, baut er seine Kraft langsam und unmerklich auf, bis es schließlich zu einer gewaltigen Auslösung kommt, die unter Umständen unser komplettes Leben auf den Kopf stellt. Plutos Einfluss ist immer mit gnadenlosen Konsequenzen verbunden, die kein Zurück und keine Kompromisse mehr erlauben. Ist er erst einmal in Erscheinung getreten, müssen wir Farbe bekennen und das Thema und das Lebensgebiet, das er anspricht, radikal wandeln.

Aber, Pluto ist nicht böse, er zerstört nur das, was für uns und unser Leben nicht mehr gut und passend ist, damit wir eingefahrene Wege verlassen und mit neuer Kraft wieder durchstarten können. Wer sich ernsthaft mit Astrologie beschäftigt und die gewaltige Wirksamkeit von Pluto bereits bewusst erfahren hat, der weiß, wie schwierig und leidvoll, aber auch, wie segensreich und überaus wertvoll sein Einfluss sein kann. Nein, wir sollten Pluto nicht fürchten, sondern ihn als eine willkommene Kraft begrüßen, die uns weiterbringt und die uns hilft, Karma aufzuarbeiten und zu bewältigen.

Pluto ist, wie gesagt, die höhere Oktave, eine Art Steigerung, ja Potenzierung von Mars, dem Kraft- und Energieplanet, und ja, er kann uns deshalb geradezu ungeahnte, sogar übermenschliche Kraft und Durchsetzungskraft verleihen, wenn er etwa als Transit zu unserer Geburtssonne auftaucht, die in enger Verbindung mit unserer Lebenskraft steht. Aber, die Kraft Plutos geht noch viel weiter. Er kann, wenn er uns wohlwollend anblickt, wahre Wunder bewirken. So steht er als Herrscher des Skorpions für die Regeneration. Mit Plutos Kraft bzw. mit der Verinnerlichung des Pluto-Prinzips können wir uns auch von schlimmsten Krankheiten, die normalerweise zum sicheren Tod führen, vollständig erholen. Pluto ist der Stirb-und-Werde-Planet, der Planet des Todes, der aber nicht nur für den tatsächlichen irdischen Tod steht, sondern auch für den innerlichen, für die totale innere Wandlung und das absolute Ende eines Lebensabschnitts. Pluto lässt sterben, damit etwas Neues entstehen und wachsen kann. Das Geheimnis der Regeneration, der Auferstehung des Phönix aus der Asche, liegt genau darin: im Sterben und Loslassen, um wieder geboren zu werden. Wer das schafft, kann jede Krise, ob gesundheitlich, privat oder beruflich, überwinden. Pluto ist der Tod, der tatsächliche und der symbolische, und er ist der Schlüssel zum Leben, das wir nur dann behalten, wenn wir bereit sind, uns zu verändern und immer wieder von Neuem aufzustehen. Pluto zeigt uns, was Heilung bedeutet und wie sie funktioniert.

Ein bedeutendes Symbol Plutos ist die Schlange, die sich von Zeit zu Zeit häutet, damit sie immer weiterwachsen kann, so wie der Mensch unter Plutos Einfluss innerlich wachsen soll. Der Archetyp Pluto führt uns die Notwendigkeit der tiefen Transformation und Veränderung vor Augen, die wir in unserem Leben von Zeit zu Zeit angehen müssen. Notwendige Veränderungen, auf die wir uns einlassen, machen uns stark. Die Verweigerung dagegen kann uns zu lebendigen Toten machen oder uns komplett das Leben rauben. Nutzen wir die Kraft Plutos, ist alles, wirklich alles machbar und möglich. Pluto kennt keine Grenzen, wenn wir nur aus dem tiefsten Inneren etwas wollen und anstreben.

Menschen, die ein starkes Pluto-Thema im Horoskop haben, die wir deshalb Plutonier nennen, haben Sonne, Mond oder Aszendent im Skorpion, Pluto am Aszendent bzw. im 1. Haus oder am MC, Pluto in Quadrat oder Opposition zum Aszendent, Mars-Pluto-Konjunktion, -Opposition oder -Quadrat, Sonne- oder Mond-Pluto-Konjunktion, -Quadrat oder -Opposition, Sonne oder Mond in Haus 8.

Bei extrem starken Pluto-Themen, bei denen die drei Eckpfeiler der Persönlichkeit, Sonne, Mond und Aszendent, miteingebunden sind, sprechen manche Astrologen von einem beschleunigten Karma, da diese Menschen viele und sehr tiefgehende Persönlichkeitswandlungen in ihrem Leben vollziehen.

Viele Menschen kennen das Symbol Plutos, verstehen es aber nicht. Es besteht aus einem Kreis, in dem ein sichelförmiger Mond eingeschlossen ist. Der Mond im Kreis ist das Symbol für verdrängte Wünsche, Leidenschaften und Wesenszüge, die zu uns gehören, die wir aber nicht leben dürfen, weil sie gegen die Erziehungsmaßstäbe der Eltern verstoßen, gegen die Normen der Gesellschaft oder weil sie einfach nicht in unser Leben hineinpassen, ganz nach dem Motto: Es kann nicht sein, was nicht sein darf.

Menschen mit Mars-Pluto-Spannungen lernen oft früh, ihre Aggression zu verdrängen, sie in ihrer Seele zu verstecken, da sie sonst möglicherweise ausgestoßen und selbst bekämpft werden. Menschen mit einer Venus-Pluto-Spannung verdrängen oft ihre übergroße Lust und Triebkraft, da die Sexualität wie die Gewalt, der Tod, der Trieb zu tabuisierten Themen gehören, die dem Skorpion und insbesondere dem 8. Haus, dem Spiegel des Skorpions, entsprechen.

Vor allem die spannungsgeladenen Pluto-Aspekte, in denen persönliche Planeten (Sonne, Mond, Merkur, Venus oder Mars) eingebunden sind, neigen zur Verdrängung. In der Seele wird alles abgelagert und versteckt, womit wir nicht klarkommen, was wir nicht beherrschen, was uns überfordert, was von anderen abgelehnt wird.

Pluto verkörpert aber nicht nur eine Ansammlung aller tabuisierten Themen und verdrängten Triebe und Wünsche. In seinem Herrschaftsbereich, dem Skorpion und dem 8. Haus, sammeln sich überhaupt die Kräfte des gesamten Tierkreises, weshalb das Symbol des 8. Hauses ja auch der Regenbogen mit seinen unterschiedlichen Farben und Schattierungen ist.

Berührt Pluto als spannungsgeladener Transit einen besonders sensiblen und problembehafteten Bereich in unserem Geburtshoroskop, dann werden diese Verdrängungen angesprochen und ans Licht gezerrt. Die negative Seite von Pluto erscheint vor allem dann, wenn Menschen sich dagegen wehren, ihre Schattenseiten zu integrieren, würde man in der Psychologie sagen. Es geht darum, diese Schatten anzuschauen und zu akzeptieren. Sie gehören zu einem, sie wollen akzeptiert werden und wieder ein fester und bewusster Bestandteil der Seele sein.

Werden der Schatten, der verdrängte Trieb und Wunsch weiter verdrängt, entstehen die berüchtigten plutonischen Zwänge. Man bekommt sozusagen das Gefühl, nicht mehr Herr über sich selbst und sein Verhalten zu sein, weil triebbetonte Kräfte die Oberhand gewonnen haben. Pluto ist ein heißes Eisen. Ob wir diese Schatten leben, wenn wir sie erkannt haben, ist eine ganz andere Sache. Sind sie für andere Menschen gefährlich und mit Tabus behaftet, müssen wir sie natürlich beherrschen lernen. Aber genau das ist nur dann möglich, wenn wir diese Kräfte bewusst erkennen.

Menschen, die versuchen, bewusst zu leben, wird er aber auch in Form von kritischen Transiten letztlich immer eine große Hilfe sein. Die Kräfte, die Pluto freisetzt, können uns, wie gesagt, völlig neu entstehen lassen, ja unsere Persönlichkeit radikal wandeln und umgestalten in einem sehr positiven Sinne. Ganzwerdung und Heilung ist der Lohn dieses Lebensprozesses, der alles umwandelt.

Pluto ist der Planet der Macht. Haben wir plutonische Themen, denen wir uns nicht bewusst sind, können wir aber auch von Ohnmachtsgefühlen gequält werden, in die Opferrolle schlüpfen und in schlimme Abhängigkeiten geraten. Menschen, die Pluto nur für sich und egoistische Ziele nutzen, werden zu Tätern und missbrauchen Macht.

Anzeichen für starke plutonische Eigenschaften sind nicht zuletzt ein gewisser Kontrollzwang, den nicht nur typische Skorpione besitzen, sondern eben auch Menschen, bei denen Pluto eine bedeutende Stellung im Horoskop hat. Die Kontrolle haben wollen bedeutet, dass ein Mensch viel Angst besitzt. Die Angst, dass etwas passieren kann, wenn es außer Kontrolle gerät, die Angst, Einfluss und damit im gewissen Sinne auch Macht zu verlieren.

Typische Plutonier sind deshalb auch extrem vorsichtig, oftmals sehr misstrauisch und bleiben gerne im Hintergrund, von wo aus sie wiederum Einfluss auszuüben versuchen, indem sie leise und unbemerkt die Fäden der Macht spinnen. Ein typischer Plutonier ist eher selten laut, kein Krawallbruder, der wie ein Mars-betonter Mensch schreit und befiehlt. Nein, seine Dominanz kommt aus unergründlicher Tiefe, aus Plutos Reich.

Hades, der Gott der Unterwelt, betrat die Oberwelt stets mit Tarnkappe, um so von seinen Feinden nicht entdeckt zu werden. Pluto tritt auch als Zwergenkönig Laurin in Erscheinung, der über das Zwergvolk und die Unterwelt herrscht und dessen sagenumwobenes Reich sich im Rosengarten, dem berühmten Felsmassiv in Südtirol, befindet. Die Schätze der Unterwelt sind Gold und kostbare Edelsteine, die wir im übertragenen Sinne dann erhalten, wenn wir die Macht Plutos anerkennen, uns mit unseren Schatten versöhnen und die Bereitschaft entwickeln, uns und unser Leben immer wieder zu wandeln.

Sonne und Pluto, Leben und Tod – der größte kosmische Gegensatz

Löwe gegen Skorpion, Sonne gegen Pluto. Wer wird wohl am Ende siegen? Bereits in der antiken Schneidekunst tauchte dieses Thema auf gnostischen Gemmen auf. Am Portal der Kirche St. Zeno in Bad Reichenhall können die Besucher einen Marmorlöwen entdecken, an dessen aufgerissenem Rachen sich eine Schlange, Symbol des

Skorpions, festgebissen hat. Nur wenige Historiker wissen, was es mit diesem Bildnis auf sich hat. Es braucht schon ein wenig Astrologie, um den großen Geheimnissen der Welt auf die Spur zu kommen.

Löwe, der große Herrscher, gegen die listige und verschlagene Schlange – was für einen Grund haben sie, dass sie sich dermaßen erbittert und hasserfüllt bekämpfen?

Schauen wir uns einfach einmal den Tierkreis näher an. Da stehen Löwe und Skorpion im 90°-Winkel zueinander, also im Quadrat. Während gegenüberliegende Zeichen (Opposition) ihre Spannungen noch in fruchtbarer Form auflösen können, ist beim Quadrat

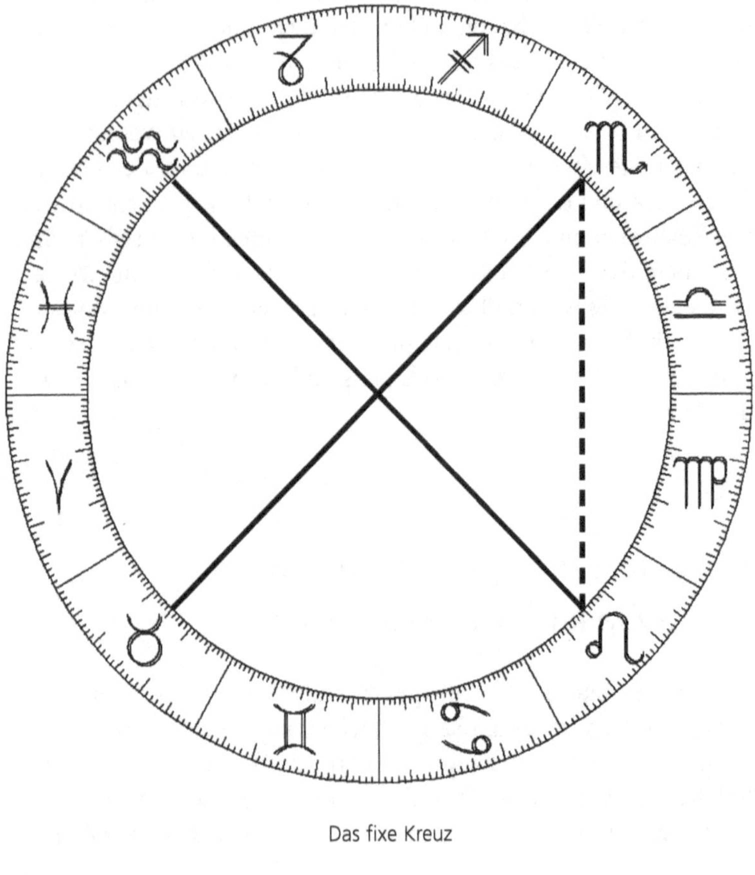

Das fixe Kreuz

immer ein unvereinbarer Gegensatz gegeben, der mächtige Reibungen und oft auch nur Zerstörung schafft. Löwe und Skorpion gehören dem Achsenkreuz der sogenannten fixen Zeichen an, zu dem sich auch noch Stier und Wassermann gesellen. Fix heißt bleibend, unveränderlich, stabil. Da gibt es nichts zu rütteln.

Viele unter Ihnen werden sie aus dem Alltag kennen, die oft extreme Sturheit und die unveränderlichen Gewohnheiten dieser vier Typen, wobei sich der Stier in dieser Beziehung sicherlich am meisten hervortut. Typische Stiere brauchen ihre Regelmäßigkeiten, es muss alles immer wieder so kommen, wie sie es sich vorstellen und wie sie es erlebt haben, bis hin zur totalen Erstarrung. Schon so kleine Dinge wie eine Reise können sie dabei aus dem Rhythmus werfen.

Der typische Wassermann offenbart seine Zugehörigkeit zum fixen Kreuz dagegen in seiner permanenten Auflehnung gegen alles, was angepasst und normal ist. Auch das kann auf eine erstaunlich unverrückbare Haltung hinweisen.

Das Blut des Skorpions offenbart sich in seinen oft sehr fixen Vorstellungen, die oft genug in fanatische Überzeugungen ausarten. Bildet er sich etwas ein, kann er nur noch schwer davon Abstand finden und loslassen.

Der klassische Löwe ist fix in seinem Anspruch auf Macht und Dominanz, den er so stark verinnerlicht hat, dass ihm eine normale Eingliederung in die Gemeinschaft oft unmöglich erscheint. Er besitzt den Zwang, den Ton angeben zu müssen.

Innerhalb des fixen Kreuzes stellen Löwe und Skorpion nun allerdings eine große Besonderheit dar. Der Zeichenherrscher des Löwen ist die Sonne, Symbol der Schöpfung und des Lebens, auch Gottessymbol. Der Herr des Skorpions ist Pluto, der Gott der Zerstörung und des Todes, der Herr der Unterwelt.

Mit Löwe und Skorpion korrespondieren schließlich die Horoskophäuser 5 und 8. Während das 5. Haus mit wahrer Lebensfreude, mit Zeugung, Kindern, Liebe, Kunst, Sexualität, Spiel und Sport zu tun hat, wird das 8. Haus mit dem Austritt aus dem Leben, dem gemeinsamen Lebensstil, der Vermögensverwaltung, Kräftekonzentration, Umwandlung und ebenfalls Sexualität assoziiert.

Schlange und Adler

Bemerkenswert ist, dass sowohl dem Löwen als auch dem Skorpion die Sexualität zugesprochen wird. Während sie beim Löwen jedoch mit der Lebensfreude, der erotischen Genussfähigkeit, dem Zeugungswillen und dem Wunsch nach Kindern verknüpft ist, haben Skorpion und 8. Haus sehr viel mit Kräftekonzentration, sprich Potenz, mit Sexualität, die „Leiden schafft" und mit Loslassen in Form des kleinen Todes, frz. petit mort (Orgasmus), zu tun.

Beide Tierkreiszeichen beanspruchen letztlich auch die Macht, beide zielen auf großen Einfluss ab. Während Löwe und Zeichenherr Sonne eine Art von höherer Ordnung und natürlicher, gottgegebener Hierarchie repräsentieren, haben Skorpion und Pluto (höhere Oktave von Kriegsgott Mars) mehr mit Gewaltherrschaft, Zwang, Unterdrückung und Manipulation zu tun. Der höher entwickelte und geläuterte Skorpion, der den Adler als Symbol hat, taucht ebenso in alten kaiserlichen Wappen des Christentums auf wie der Löwe. Beide vertreten hier zwei feindliche Machtprinzipien.

Wir haben hier bei Löwe und Skorpion den größtmöglichen Gegensatz, den es auf der Welt überhaupt gibt: Das Leben und den Tod, die sich in einem fortwährenden Wettstreit befinden. Ein bekannter indischer Yogi sagte einmal: „Das Leben ist ein Wettlauf mit dem Tod". Yogis versuchen, den Tod zu überwinden, indem sie durch Meditation und Körperübungen (Asanas) ihre Sexualkraft (Skorpion) in geistige Energie (Kundalini) transformieren, was sie Gott (Sonne) näherbringt und vielen unter ihnen einen bewussten Übergang vom Leben in den Tod gewährte.

In einem höheren Sinne gehören Löwe und Skorpion aber zusammen, wie beim Yogi, der sie transformiert, geht der Weg zur Sonne nur über Pluto bzw. durch den Antrieb und die Kraft Plutos. Die scheinbare Unvereinbarkeit zwischen Löwe und Skorpion existiert letztlich nur auf der irdischen Ebene des Lebens. Hier ist die Sonne wie in vielen alten Kulturen das Symbol für Gott, Pluto das Symbol des Teufels. Der erlöste Pluto wird vielfach als die Jenseitssonne interpretiert.

Pluto wird gerade in unserer christlich geprägten Kultur vielfach völlig falsch interpretiert. Die Inder, bei denen Pluto in Form des

Gottes Shiva (Gott der Zerstörung) auftaucht, fürchten sich nicht vor dieser Gottheit, sondern lassen ihr höchste Verehrung zukommen. Sie wissen nämlich, dass nur durch die Zerstörung, den Tod und das Ende überhaupt etwas Neues entstehen kann. Leben (Sonne) bedeutet fortwährende Wandlung, Leben ist Bewegung und Dynamik, die sich über weite Strecken, aber nicht dauerhaft begrenzen lassen.

Pluto ist nicht negativ. Nein, wir sollten in ihm eine wunderbare Kraft sehen, die uns immer wieder die Chance einer vollkommenen Erneuerung gibt. Die Schlange, Symbol des Skorpions, erhielt ebenfalls erst durch das Alte Testament eine negative Bedeutung, indem sie als teuflische Verführerin auftaucht, die letztlich zur Vertreibung von Adam und Eva aus dem Paradies führte.

Vom Christentum wurde die Schlange und damit auch die Sexualität verteufelt und als etwas Schmutziges betrachtet, was sich bis heute in den Seelen der Menschen verankert hat. In Indien ist die Schlange dagegen als die Personifikation irdischer Gewässer Hüter der Lebensenergie.

Die sich häutende und damit regenerierende Schlange spielt ferner als Arztsymbol eine große Rolle. Sie steht hier für das Wiedererlangen der Gesundheit. In indianischen Kulturen war die sich häutende Schlange gar Symbol für das ewige Leben.

Am besten verstehen kann man den enormen und letztlich doch fruchtbaren Gegensatz zwischen Löwe und Skorpion bzw. zwischen Sonne und Pluto, wenn man selbst damit konfrontiert wird. Besonders massive und tiefgehende Auswirkungen haben die herausfordernden Transite Plutos zur Sonne, also wenn der laufende Pluto in Konjunktion, Quadrat oder Opposition zur Sonne steht, was sich über Jahre hinziehen kann.

Das Leben, die Entfaltungskraft, der eigentliche Wesenskern, symbolisiert durch die Sonne, wird hier also mit dem Herrn des Todes, Pluto konfrontiert. In seltenen Fällen bedeutet dies wirklich den Tod des angesprochenen Menschen.

Gesundheitliche Risiken z. B. in Form von Herzinfarkten (die Sonne bzw. der Löwe werden anatomisch dem Herzen zugeordnet) oder sonstigen körperlichen Zusammenbrüchen, können hier durch einen Raubbau (Pluto) am Körper erklärt werden. Denn Pluto kann gerade in Spannungsaspekten das Gefühl vermitteln, unendlich viel Energie und Durchsetzungskraft zur Verfügung zu haben, was eben leicht zu Übertreibungen geneigt macht.

Etwas unterscheiden muss man allerdings den Einfluss Plutos auf die Geburtssonne bei Frauen und Männern. Die Sonne hängt bei der Frau nämlich auch mit ihrem Mann/Partner und dessen Schicksal zusammen, so wie das im Horoskop des Mannes mit dem Mond gegeben ist, der im männlichen Horoskop unter anderem die Ehefrau/Partnerin repräsentiert. Es kann daher gelegentlich passieren, dass eine Frau unter Sonne-Pluto-Spannungen ihren Mann verliert, sei es durch Tod oder Scheidung.

Normalerweise hat der Einfluss Plutos auf die Sonne aber nicht mit dem leiblichen Tod zu tun. Vielmehr soll das alte Leben sterben, damit ein neues Leben verdrängte Wesenseinheiten und verborgene Fähigkeiten zum Vorschein bringt. Transformation ist das Gebot der Stunde. Im Grunde genommen ist dieser Einfluss ein Geschenk, kann er uns doch von Fesseln befreien, die in der Vergangenheit keine persönliche Weiterentwicklung zuließen. Allerdings muss an dieser Stelle darauf hingewiesen werden, dass diese Transite durchaus dramatisch verlaufen können und den Betroffenen oft über die Grenzen seiner Belastbarkeit hinausführen.

Es gibt Menschen, die tatsächlich alles verloren haben, als sie mit Pluto konfrontiert wurden und noch einmal im Leben ganz von vorne anfangen mussten. Das Tal erschien ihnen oft unendlich tief, lang und dunkel. Und doch waren sie rückblickend froh darüber, dies alles gut überlebt zu haben. Denn Pluto, gerade in seinen extremen Auswirkungen, schenkte ihnen durch seine schweren Erlebnisse unglaublich große Lebenserfahrungen, mit denen diese Menschen gut gewappnet in ein neues, freieres, glücklicheres und reicheres Leben aufbrechen konnten.

Löwe und Skorpion sind Feinde, wie der Tod sich eben nicht mit dem Leben verträgt. Möglicherweise ist das aber nur eine sehr oberflächliche Ansicht. Denn zum Leben gehört nun einmal der Tod. Und jedem Sterben folgt eine Neugeburt. Ganz sicher würden wir uns in unserem Leben leichter tun, wenn wir diese Tatsache nicht nur vom Verstand her, sondern auch emotional anerkennen könnten.

Hinter dem Thema Löwe – Skorpion, Sonne – Pluto verbirgt sich das Geheimnis der Wiedergeburt, die entsprechend dem Quadrat zwischen Löwe und Skorpion mit Schmerzen und dem Abtragen von Schuld verknüpft ist.

Pluto und das Geheimnis des vorigen Lebens

Pluto ist ein geheimnisvoller Planet, der in vielen unterschiedlichen Formen, Geschichten und Erscheinungen auftaucht und deshalb nicht so einfach zu verstehen ist. Er ist ja auch der Herrscher des unergründlichen Skorpions, dessen irdischer Spiegel das 8. Haus ist, das in seiner Hauptwirkung mit dem tatsächlichen und symbolischen Tod im Sinne der Transformation und Wandlung zu tun hat. Der Skorpion, in dem Pluto beheimatet ist, ist so etwas wie die große Ausnahme des Tierkreises. Allein sein alter Herrscher Mars, der seit der Entdeckung Plutos hier an die zweite Stelle gerückt ist, deutet als Planet des Feuers im Wasserzeichen Skorpion bereits die unglaubliche Intensität, aber auch die inneren Kämpfe und die Zerrissenheit dieses Zeichens an. Ein typisches Bild des Skorpions, das wir in der Natur etwa in Hawaii finden, ist der glühende Lavastrom eines Vulkans, der sich in das Meer ergießt. Ein gewaltiges Naturschauspiel, das das Meer zum Kochen und Brodeln bringt. Es ist eine zerstörerische Kraft, die – typisch Pluto und Skorpion – den Tod und das neue Leben bringt. So lösen Vulkane, die sich in Hawaii ins Meer ergießen, oftmals eine wahre Algenblüte aus, da durch die Lavaströme größere Nährstoffmengen ins Wasser gelangen.

Den Tod und die Wiedergeburt können wir aber auch sehr gut in unserer Natur beobachten, die in der Skorpion-Zeit, im Oktober und November, jedes Jahr stirbt, um im Frühjahr zu neuem Leben zu erwachen. Die bunten Blätter der Bäume und Sträucher, der intensiv blaue Himmel und die tiefstehende Sonne sind wie ein

Lavastrom

Spiegel des Jenseits. Das Stirb-und-Werde-Prinzip des Skorpions, das sich in der Natur offenbart, erinnert an das Rad des Lebens, an den ewigen Kreislauf von Tod und Wiedergeburt, dessen Weg wir gehen müssen, um uns aus alten Lasten zu befreien. Unsere Natur, in die wir alle eingebettet sind, offenbart uns die Trauer im Augenblick des Sterbens. Melancholie ist die Grundstimmung der Skorpion-Zeit und des Alters. Und die Freude, das Aufleben, die Grundstimmung des Frühlings und der Jugend. Wir brauchen uns nicht zu grämen, das Leben entsteht immer wieder von Neuem, es gibt keinen Abschied für immer, auch nicht von den Menschen, die wir tief in unser Herz geschlossen haben. Jeder Frühling und jede Wiedergeburt sind ein Erwachen aufs Neue.

Das Symbol des 8. Hauses ist der Regenbogen, das Tor zum Jenseits, das wir im Augenblick des Todes wie im Augenblick der Geburt, nur in entgegengesetzter Richtung, durchschreiten. Es gibt ein Leben vor und ein Leben nach dem Tod. Lebendig sind wir immer, im Leben haben wir lediglich einen physischen Körper, den wir in der Astralwelt ablegen. Es ist oft schwer zu sterben, aber es ist für viele Seelen auch sehr mühsam und schwierig, sich auf der Erde zu inkarnieren. Immer müssen wir durch das 8. Haus hindurch, um neues Leben zu erlangen, in die eine wie in die andere Richtung.

Nach Rudolf Steiner (geboren am 27. Februar 1861 in Kraljevic, ehemals Königreich Ungarn, gestorben am 30. März 1925 in Dornach, Schweiz), dem Begründer der Anthroposophie, der tief in die geistige Welt blickte, werden wir im Diesseits von den Planeten, ihren geistigen Inhalten und Gesetzen umgeben und beeinflusst, sind also vom Kosmos umgeben. Unsere inneren Organe stehen im direkten Bezug zu den Planeten unseres Sonnensystems. Im Jenseits tragen wir die Planeten und den Kosmos anstelle der irdischen Organe in uns. Menschen, die sterben, gewinnen durch die Befreiung vom schweren Erdenkörper und der materiellen Welt automatisch ein etwas höheres Bewusstsein, auch wenn sie auf der Erde noch sehr begrenzt in ihrem Denken und Handeln waren.

Umgekehrt müssen die Seelen, die als Babys auf der Erde geboren werden, sich erst mühsam durch die Trägheit der Materie hindurchkämpfen, um durch das Erlernen einer Sprache allmählich zum Bewusstsein vorzudringen. Der geistige Austausch findet in der astralen Welt nur über das Bewusstsein, eine Art Telepathie, statt. Unsere Sprache ist so gesehen nur eine Art Krücke der irdisch materiellen Welt, um überhaupt in Kommunikation miteinander zu treten, um sich Wissen anzueignen, um aufzuwachen und sich weiterzuentwickeln.

Durch Pluto und seine jeweilige Tierkreiszeichenstellung erkennen wir nun die karmische Aufgabe der Generation, der wir angehören. An persönlicher Bedeutung gewinnt Pluto dann durch seine jeweilige Hausstellung und Aspektierung in unserem Geburtshoroskop.

Um Pluto und seine Bedeutung für zurückliegende Leben besser zu verstehen, müssen wir uns, wie bereits erwähnt, sein Symbol anschauen, den Kreis, in dem der Mond eingeschlossen ist. Dieser in Pluto versteckte Mond deutet verdrängte Seelenanteile, Schattenseiten, dunkle Flecken von uns und vergessene Leben an. Denn der Mond hat in seinen Analogien nicht nur mit unserer Seele, sondern als Herrscher des Krebses, dessen irdischer Spiegel das 4. Haus ist, auch mit Heimat und Herkunft zu tun. Eine Herkunft, die weit zurückliegen kann und tief in Pluto eingegraben ist. Vermutlich wäre es zu viel für uns, und wir könnten es nicht verkraften, wenn wir alles über unser Vorleben wüssten. Gerade der Zyklus von Tod und Widergeburt und der damit immer wieder gegebene Neuanfang wären nicht möglich, würden wir gedanklich und vom Bewusstsein her noch in der Vergangenheit hängen. Ganz leugnen lässt sich diese aber auch nicht. Und so hat sie in Pluto und dem 8. Haus, dem irdischen Spiegel des Skorpions, eine Art Zuhause gefunden. Hier sammeln sich alle Ereignisse der Vergangenheit, die wir nur langsam und in angemessenen Dosierungen verarbeiten können, weil sie uns sonst überwältigen würden.

Natürlich sind es auch schreckliche Ereignisse und Taten, die sich hier verbergen können und die uns zutiefst erschüttern und möglicherweise aus der Bahn werfen würden, wüssten wir von ihnen. Das 8. Haus ist nicht nur der Tod und die Pforte zur jenseitigen Welt, es ist auch eine geheime Welt, in der sich alle Dinge bewegen, die uns zutiefst herausfordern: Unsere dunklen Seiten und Neigungen, Gewalt und Sexualität in ihrer Tiefe und in ihren unterschiedlichen Schattierungen sowie der Tod. Alles Dinge, vor denen wir Angst haben und von denen wir nichts wissen wollen, die wir verdrängen, weshalb sie ein Schattendasein führen müssen. Das 8. Haus ist auch das Haus der Tabus.

Haben wir nun im Laufe unseres Lebens besonders prägnante Pluto-Transite (insbesondere Konjunktion, Quadrat, Opposition) zu persönlichen Planeten, wie Sonne, Mond, Venus, Mars oder auch zum Aszendenten, dann passiert es im Laufe dieser Transite, die an die drei Jahre anhalten, dass diese verborgenen Seiten in uns angerührt werden. Ein Kontakt mit oft fatalen, aber möglicherweise auch befreienden Folgen und Entwicklungen. Diese verdrängten und vergessenen Dinge und Anlagen, die wir aus den unterschiedlichsten Gründen nicht leben konnten und durften, wollen nun mit aller Macht zu uns zurückkehren. Wehren wir uns dagegen, und können wir sie nicht verarbeiten, werden sie ganz schnell zum Zwang, dem die Menschen dann oft hilflos ausgeliefert sind. Hier kommt die Ohnmacht Plutos zum Tragen. Können sie dagegen akzeptiert, bewältigt und in uns aufgenommen werden, werden wir noch stärker, selbstbewusster und auch mächtiger als zuvor. Wir haben Pluto, diese gigantische Kraft, dann als Freund und Helfer gewonnen.

Es gibt eine alte, wunderbare astrologische Forschung, die viele Geheimnisse des vorigen Lebens offenbaren kann. Darin wird das 5. Haus, der irdische Spiegel des Löwen, das Haus der Sonne und des Lebens, zum 1. Haus des Geburtshoroskops gemacht. Dadurch wird unser Horoskop in sich verschoben, ändert seine komplette Perspektive und gibt den Blick auf Vergangenes frei. In diesem Karma-Horoskop wird das ominöse 8. Haus zum 4. Haus. In ihm erkennen wir unsere weit zurückliegende Heimat und Wurzeln, unsere verborgenen Anlagen, aber auch alle Schrecken und Schatten vorausgegangener Leben, die sich hier angesammelt haben.

Stehen in diesem Bereich Gewaltplaneten, wie Mars, Uranus oder Pluto, dann litten wir in der Vergangenheit unter Kriegen und Existenzzusammenbrüchen und sind vermutlich auch an einem gewaltsamen Tod gestorben. In diesem Leben plagen uns nun große

Existenzängste und massive Angst vor Gewalt, auch die Angst vor einer unkontrollierten Sexualität. Steht Saturn in diesem Bereich, tauchen im Jetzt oft panische Angst vor dem Tod und vor Krankheiten auf, die größere seelische Qualen im Vorleben verursacht haben. In diesem Leben geht es nun darum, diese Todesangst zu überwinden und zu akzeptieren, dass der Tod zum Leben gehört und dass wir Leben und Schicksal nicht kontrollieren können. Loslassen von Ängsten, sich dem Leben hingeben, Ja zum Leben zu sagen, gerade auch zur Sexualität, in der der Orgasmus als kleiner Tod auftaucht und uns jedes Mal sterben lässt, ist hier das große Thema.

Hat jemand Jupiter in diesem Bereich, dann hat er bereits in der Vergangenheit den Tod als seinen Freund akzeptiert und ihn als befreiend und erlösend empfunden, was ihn in der Folge auch vor Todesgefahren schützen kann.

Letztlich müssen dieses gesamte Karma-Horoskop und das 4. bzw. 8. Haus unseres Geburtshoroskops individuell betrachtet werden, um hier zu einem klareren Bild der Vergangenheit zu kommen. Eine unglaublich interessante astrologische Forschung, die auch heute noch in den Kinderschuhen steckt.

Pluto und der Beginn der dunklen Jahreszeit

Pluto ist die höhere Oktave von Mars. Es ist der Planet der kosmischen Energie, der übermenschlichen Willenskraft und der Planet des Todes. Er ist die Sonne der Unterwelt, die als Pluto-Hades auf der Modenbarke, einem weiteren Pluto-Symbol, über das Wasser der Unterwelt fährt. Auf der Mondsichel wird die Sonne durch die Nacht getragen. So erleben wir es in der Natur, in diesen besonders mystischen Nächten, und so ist es, wenn wir sterben. Eine Reise, die später in den Himmelssee mündet und uns in Jenseits führt.

Sonne und Mond, ein Feuer- und ein Wasserplanet, sind in diesem Pluto-Symbol vereint. Extreme Gegensätze, Elemente, die von der Urgewalt des Pluto berichten, dessen Natur feurig-männlich und weiblich-wässrig zugleich ist. Das Element Feuer entsteht aus den Urqualitäten Warm-Trocken, das Element Wasser aus den Urqualitäten Feucht-Kalt.

Pluto hat sein Domizil, das heißt sein Zuhause, im Skorpion und tritt auch in der Skorpion-Zeit, in der die Sonne meist vom 24. Oktober bis 22. November den Skorpion durchläuft, besonders stark in Erscheinung. Es ist die Zeit, in der wir endgültig Abstand vom triebhaften und lustbetonten Sommer nehmen, in dem viele Menschen mit großer Leidenschaft leben. Das Leben ist hier völlig nach außen gekehrt und zieht nun, im Herbst, wieder in sich zurück.

In dieser geheimnisvollen Zeit werden astrologisch gesehen nicht nur Skorpion-Menschen geboren, nein, die in der Tiefe scheinende Skorpion-Sonne aktiviert bei uns allen unser 8. Haus im Horoskop, den irdischen Spiegel des Skorpions, in dem Pluto herrscht. In dieser Zeit, in der die Natur stirbt, müssen wir uns alle fragen, was wir in unserem Leben loslassen und wandeln müssen und was wir überhaupt dem Tod und der Vergänglichkeit entgegenzusetzen haben. Der Herbst ist daher nicht nur eine Zeit des Sterbens, sondern auch eine Zeit der inneren Entfaltung und Verwirklichung des Menschen. Im Inneren erwacht der Mensch, im Inneren folgt er der Jenseitssonne, die ihn zu Gott führt. Im Herbst, wenn die Blätter fallen, regt sich die Sehnsucht in uns nach unserer eigentlichen Heimat. Wir stehen in dieser Zeit zwischen Leben und Tod, zwischen Ende und Neuanfang. Die Natur, ihre Dunkelheit, die Eis- und Kältezeit stehen auf der einen Seite, die Sonne im Inneren auf der anderen.

Ein Gedicht von Rudolf Steiner zur Sonne der Nacht, die symbolisch für das geistige Erwachen steht:

Die Sonne schaue
Um mitternächtige Stunde.
Mit Steinen baue
Im leblosen Grunde.
So finde im Niedergang
Und in des Todes Nacht

Der Schöpfung neuen Anfang,
Des Morgens junge Kraft.

In der keltischen Kultur gab es zwei Jahreszeiten, die helle und die dunkle. Der Wechsel zur dunklen findet in der Nacht vom 31. Oktober auf 1. November statt, in der Samhain, eines der größten keltischen Feste, stattfand. Die Kelten nahmen an, dass in dieser Nacht der Zugang zu den Wesen der anderen Welt offensteht, bei ihnen speziell zu den Bewohnern des Elfenhügels. Sie fürchteten sich damals, ihr Haus zu verlassen, um nicht mit diesen Repräsentanten der Vorzeit zusammenzustoßen. Dem Unterweltsgott Cenn Crúach („der blutige Kopf") wurden zu Samhain Blutopfer dargebracht, um ihn und die anderen chthonischen Gottheiten um Fruchtbarkeit anzuflehen.

Halloween, wie wir es heute kennen, war ein irisches Fest und Brauchtum, das von irischen Einwanderern in die USA kam und seinen Ursprung im keltischen Samhain hatte. Für uns ist Halloween inzwischen ein Fest, an dem blutverschmierte Vampire mit roten Augen und klappernde Skelette uns zum Gruseln bringen sollen. Ein Fest mit Spaß und dennoch ernstem Hintergrund, den viele Menschen vielleicht unbewusst noch ein wenig spüren. Denn diese Nacht ist wirklich mystisch, etwas ganz Besonderes. Durch den Wechsel der hellen in die dunkle Jahreszeit öffnet sich für eine kurze Zeit das Tor zum Jenseits, weshalb es kein Zufall ist, dass in den Tagen darauf das christliche Allerheiligen am 1. und Allerseelen am 2. November gefeiert werden. Tage, an denen wir unserer Verstorbenen gedenken, die nun vielleicht noch näher als sonst sind. Der Sankt Martinstag, Volkstrauertag und Totensonntag, Buß- und Bettag folgen.

Wir alle spüren in dieser Zeit unser 8. Haus, das jetzt, je nachdem, wie es im individuellen Horoskop lebendig wird, uns mit tiefen Ahnungen erfüllt oder Angst einjagt. Der Tod ist ein großes Tabuthema, weil wir uns vor ihm fürchten, weil die meisten unter uns ihn als grauenvoll und endgültig empfinden. Dabei ist es nur der Wechsel von der einen in die andere Welt. Die plutonische Wandlungskraft dieser Wochen ist enorm und zwingt uns wieder einen anderen Rhythmus auf. Körper, Seele und Geist wollen und sollen allmählich auf Winter eingestellt werden. Wir müssen die Dunkelheit annehmen. Das ist schwer, aber auch gut. In der Dunkelheit können wir uns ausruhen, zu uns finden, vollständig regenerieren.

Bewusst im Einklang mit der Natur und ihren Rhythmen zu leben, heißt letztlich, innerlich zu wachsen und zu reifen. Das Sterben und Werden vollzieht sich jedes Jahr im Zyklus der Jahreszeiten. Und wir begegnen dabei immer wieder Pluto, dem Herrscher über den Tod, der uns hilft, innerlich von Altem loszulassen und uns zu wandeln, damit wir wieder neue Wege beschreiten können. Wer die Dunkelheit und den Winter annehmen kann, wird vielleicht auch den körperlichen Tod nicht mehr fürchten.

Nostalgie: Die Schönheit des vergangenen Lebens

Die Nostalgie ist ein schweres und zugleich wunderbares Gefühl, das von der Schönheit der Vergangenheit berichtet und große Sehnsüchte in uns auslöst. Nostalgie bedeutete ursprünglich zunächst alles andere als das wehmütige, romantische Gefühl, das mit den schönen, wenn auch häufig idealisierten Seiten der Vergangenheit zu tun hat. Nostalgie ist ein Begriff, der aus der Medizin stammt und ein krankmachendes Heimweh bezeichnet, das einst besonders Schweizer Söldner in der Fremde befiel. Der Schöpfer dieses Wortes war der Schweizer Johannes Hofer (1669 – 1752), der in seiner Doktorarbeit „Medica de Nostalgia" dieses Gefühl erstmals aus medizinischer Sicht darstellte. Das Wort leitet sich ab von lateinisch nostalgia = Heimweh. Heutzutage sehen wir in der Nostalgie nicht mehr dieses krankmachende Gefühl, auch wenn es oftmals schon mit einer großen Schwere verknüpft ist, die uns dabei überfällt und die in die eine oder andere Richtung ausschlagen kann. Große Dichter, Schriftsteller und Filmregisseure, wie der unvergessene Andrei Tarkowski (geboren am 4. April 1932 in Sawrasch-

Die Nostalgie

je, Sowjetunion, gestorben am 29. Dezember 1986 in Paris), der in seinem Film „Nostalgia“ wohl selbst seine Flucht aus seiner geliebten russischen Heimat zu verarbeiten versuchte, waren von der Nostalgie erfasst und inspiriert.

Nostalgische Gefühle sind oft mit unserer Heimat und Herkunft verknüpft und auch an Menschen, Umgebungen und an Zeiten gebunden, die uns in positiver Hinsicht innerlich besonders stark berührt haben. Wir sind unendlich traurig, dass diese Zeiten vorbei sind, dass unsere geliebten Eltern vielleicht nicht mehr leben, und doch sind wir insgeheim glücklich und dankbar dafür, dass wir all das erleben durften. Das ist Nostalgie, die sich dem Licht zuwendet, ganz im Gegensatz zur depressiven Nostalgie, die schnell ins Dunkle abgleiten kann, wie in dem erwähnten Film „Nostalgia“.

Die Nostalgie, die uns traurig und doch auch so glücklich macht, hat sehr viel mit unserem Erdenleben zu tun, in dem alles Leben und Glück vergänglich erscheint und doch nicht ist. Unsere Hoffnung und unser Glaube sind, dass auch das vergangene Glück einmal wieder kommen kann.

In der Natur ist die Nostalgie besonders in der Skorpion-Zeit, in der Tiefe des Herbstes, spürbar, in der die Nebelschwaden die Landschaft durchziehen und das wehmütige Gefühl von den besonders schönen Augenblicken der Vergangenheit in uns weckt. Die Natur liegt im Sterben, und auch uns überfällt in diesen Momenten das Gefühl, dass wir nun völlig loslassen und Abschied nehmen müssen, damit es eine Zukunft geben kann.

In der Nostalgie offenbart sich die ganze unglaubliche Schönheit des Skorpions, seines Herrschers Pluto, der Tod, was die Nostalgie automatisch ein wenig in die Nähe des Morbiden und Krankhaften rückt. Aber nein, wissenschaftlich und medizinisch wollen wir an dieser Stelle schon gar nicht denken. Immerhin mag die Psychologie erforscht haben, dass die Nostalgie gegen Einsamkeit und Angst hilft und dass Paare, die häufig miteinander nostalgieren, eine starke seelische Verbindung und meist bessere Beziehung haben.

Nostalgie ist die Schönheit des Todes und die Erinnerung an die Vergangenheit. Zwischen den Nebelschwaden des Herbstes, durch die das Licht des tiefblauen Himmels erscheint, verbirgt sich möglicherweise auch die Sehnsucht und Erinnerung an vorige Leben und Seelen, die wir verloren haben und wiederfinden wollen. Wieder weist uns das Symbol Plutos, der Kreis, in dem der Mond, die Seele, die Heimat, die Herkunft und die Vergangenheit eingeschlossen sind, darauf hin, dass dies keine Hirngespinste sein müssen.

Die Nostalgie und die Skorpion-Zeit sind untrennbar miteinander verbunden. Es gibt nicht nur negative Gedanken, die in uns die Vergangenheit wachhalten, sondern eben auch die wunderbaren, besonders schönen Augenblicke, die uns mehr schmerzen als die schlechten, da sie vorbei sind. Und doch leben sie als große Hoffnung in uns weiter, die uns an das Leben und die Schöpfung glauben lässt. Das Leben zu verkraften, ist nicht einfach, es kann uns vor Schmerz und Freude innerlich zerreißen!

Die Kraft, die stets das Böse will und stets das Gute schafft

Der wohl berühmteste Dichter Deutschlands, Johann Wolfgang von Goethe (geboren am 28. August 1749 um 12:30 Uhr in Frankfurt am Main, gestorben am 22. März 1832 in Weimar) war, und das wissen nicht viele, ein ausgezeichneter Kenner der Astrologie. In seinem Buch „Aus meinem Leben. Dichtung und Wahrheit" beschreibt er sein Horoskop und seine nicht ganz so einfache Geburt: „Die Sonne stand im Zeichen der Jungfrau und kulminierte für den Tag; Jupiter und Venus blickten sie freundlich an, Merkur nicht widerwärtig; Saturn und Mars verhielten sich gleichgültig: Nur der Mond, der soeben voll ward, übte die Kraft seines Gegenscheins umso mehr, als zugleich seine Planetenstunde eingetreten war. Er widersetzte sich daher meiner Geburt, die nicht eher erfolgen konnte als bis diese Stunde vorübergegangen".

Goethe war eine Jungfrau und hatte den Mond in den Fischen, einen Vollmond, der in seinem Horoskop an der Spitze des 4. Hauses

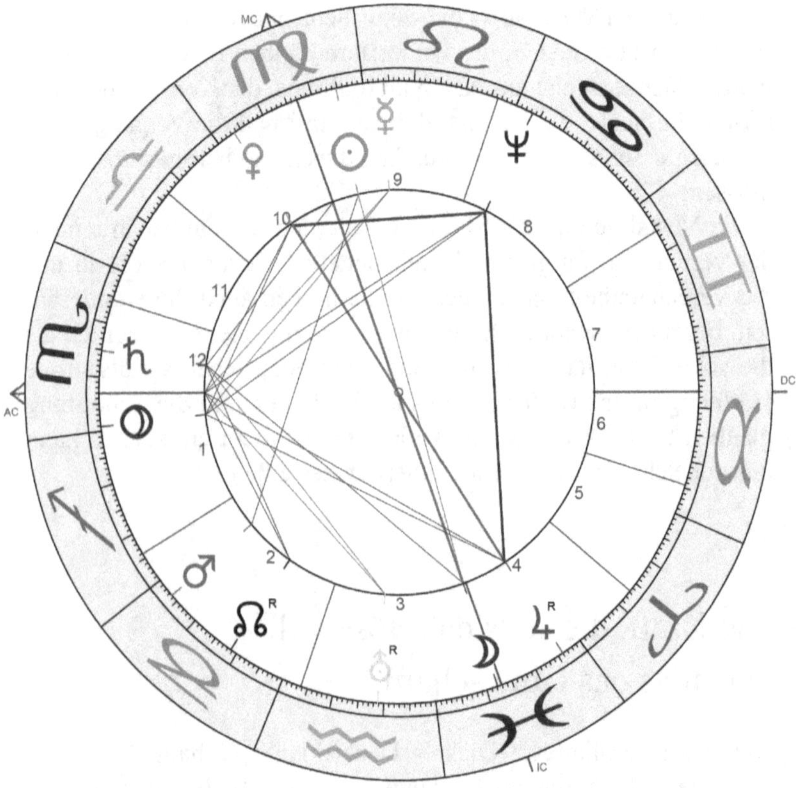

Radix Johann Wolfgang von Goethe

steht und dort auf Jupiter zuläuft, der wiederum eine Opposition mit Venus bildet. Goethe hatte mit diesem Mond eine sehr sanfte, fürsorgliche Seele, ein tiefes Gemüt und eine große Heimatverbundenheit. Speziell seine Venus in der Jungfrau und im 10. Haus, dem Bereich der Berufs- und Lebensziele, steht gerade in der merkurischen Jungfrau für Dichtung und Poesie. Sonne und Merkur in seinem 9. Haus, dem Bereich der höheren Weltanschauung und Bildung, spiegeln eindrucksvoll seinen wissensdurstigen Geist wider.

Goethe hatte aber auch noch eine ganz andere Seite. Gemeint ist sein Skorpion-Aszendent, der bekanntermaßen ziemlich hakelig und wenig sozial sein kann und stets über eine hohe Verteidigungsbereitschaft verfügt. Er war damit ein Mensch, der die leisen Zwischentöne wahrnehmen konnte, der Gefahren regelrecht witterte und der andere Menschen ziemlich stark beeinflussen und auch manipulieren konnte, wenn es die Situation erforderte.

Was Goethe nicht wissen konnte: Am 18. Februar 1930, lange Zeit nach seinem Tod, wurde Pluto entdeckt, der Horoskope und viele zeitliche Geschehnisse noch einmal in ein ganz anderes Licht rückte. Ein Zwergplanet, den die Astronomen inzwischen den Planetenstatus aberkannt haben und der die Astrologie dennoch als kosmisches Schwergewicht gehandelt wird. Erst in unserer Zeit beginnen Astrologen aufgrund des Zeitabstands seit seiner Entdeckung Pluto richtig zu verstehen und zu erfassen. Er ersetze Mars als ersten Herrscher des Skorpions, er ist Herrscher über den Tod und die Unterwelt. Goethe ist allein schon mit seinem Skorpion-Aszendent ein Mensch gewesen, der von geheimnisvollen Kräften durchdrungen war. Nehmen wir nun Pluto in sein Horoskop mit hinein, der damals, wie gesagt, noch nicht entdeckt war, aber dennoch bereits existierte und damit wirksam war, spiegelt sich sein Horoskop noch einmal in einem ganz anderen Licht und lässt weitere tiefe Einblicke auf seine Person zu. Ja, Goethe war ein echter Plutonier, tief durchdrungen von plutonischen Kräften. In der Zeit, in die seine Geburt fiel, stand Pluto im Skorpion. Das Mittelalter mit seinen dunklen magischen Kräften begann sich endgültig zu verabschieden. Noch im selben Jahr wechselte Pluto in den Schützen, womit die Aufklärung einen weiteren Schub erhielt. In Goethes Horoskop steht Pluto allerdings noch im Skorpion. Er gehörte damit einer Generation an, in der das magische Wissen des Mittelalters, das nun zunehmend als Aberglaube abgehandelt wurde, noch lebendig war. Neben Pluto steht in seinem Horoskop auch Saturn im Skorpion, der unter anderem eine tiefgründige und notwendige Auseinandersetzung mit dem Tod und anderen Tabuthemen anzeigt.

In seinem persönlichen Horoskop nun, in dem der Aszendent und die Häuser durch die Geburtszeit bestimmt werden, fällt dieser Pluto in sein 1. Haus, den Bereich der Persönlichkeit. Seine hochstehende Sonne in der Jungfrau bildet ein Quadrat mit Pluto, ein Aspekt, den auffallend viele Heiler und Magier ebenso wie Machthaber und Tyrannen in ihrem Horoskop haben.

Auch seine genialen dichterischen und schriftstellerischen Fähigkeiten hat er seinem Pluto zu verdanken. Sein Merkur, der Planet des Intellekts, bildet ebenfalls ein Quadrat mit seinem Pluto, was seinen Gedanken diese außergewöhnliche Tiefe, Schärfe und Klarheit gibt. Das Quadrat ist noch viel stärker und kompromissloser als ein Sextil oder Trigon zwischen Merkur und Pluto, weshalb wir Goethe auch als einen grübelnden Denker, dessen Gedanken immer in die Tiefe streben und nie zur Ruhe kommen, bezeichnen können.

Faust, eines der bedeutendsten Werke deutscher Literatur, war sein Meisterwerk. In ihm steckt jede Menge zeitloses Wissen, das für alle Generationen, die nach ihm folgten, Bestand hat. Faust ist fast ein Muss für alle Menschen, die sich geistig und spirituell weiterentwickeln wollen. Goethe selbst erscheint in dieser Menschheitsparabel als Doktor Faust, der Gelehrte, der alle Geheimnisse der Welt ergründen will. Der promovierte Gelehrte Heinrich Faust zweifelt am Erkenntniswert der Wissenschaft, die weit davon entfernt sei, zu erklären, „was die Welt im Innersten zusammenhält". Er zieht die Summe seiner langjährigen Studien und sieht, „dass wir nichts wissen können!" Er zweifelt an der Aufklärung und an der Naturwissenschaft und versucht, wie Nostradamus über Magie zum tiefen Wissen zu kommen und beschwört dabei den Erdgeist, die wirkende Kraft der Natur. Er hofft, durch ihn zur Teilhabe am Leben des göttlichen Alls zu gelangen. Auf dem berühmten Osterspaziergang folgt Faust nun ein Pudel, den er schließlich in seinem Studierzimmer zur Rede stellte und mit Zaubersprüchen beschwört, sein wahres Gesicht zu zeigen. „Des Pudels Kern" entpuppte sich als der Teufel, Mephisto, der sich folgendermaßen vorstellte:

Ich bin ein Teil von jener Kraft,
Die stets das Böse will und stets das Gute schafft. ...
Ich bin der Geist, der stets verneint!
Und das mit Recht; denn alles, was entsteht,

Ist wert, dass es zugrunde geht;
Drum besser wär's, dass nichts entstünde.
So ist denn alles, was ihr Sünde,
Zerstörung, kurz das Böse nennt,
Mein eigentliches Element.

In einem Pakt mit dem Teufel verpflichtet sich Mephisto, Faust im Diesseits zu dienen und ihm alle Wünsche zu erfüllen. Im Gegenzug erklärt sich Faust bereit, dem Teufel seine Seele zu überantworten, sofern es ihm gelingt, ihm Erfüllung und Lebensglück zu verschaffen.

Werd ich zum Augenblicke sagen:
Verweile doch! du bist so schön!
Dann magst du mich in Fesseln schlagen,
Dann will ich gern zugrunde gehn!

Pluto ist Teufel, Verführer und Forscher. All diese Eigenschaften, die Faust und Mephisto verkörpern, gehören letztlich auch zu Goethe selbst. Pluto kennt in seinem diabolischen Forschungsdrang keine Grenzen. Wir Menschen haben nun einmal diesen Drang, alles zu erfahren und zu wissen, in uns. Es genügt uns nicht, einfach nur zu glauben und zu vertrauen.

Auch großartige Wissenschaftler oder Kriminalisten haben in aller Regel einen mächtigen und bedeutenden Pluto in sich. Pluto ist der Drang in uns, hinter die Geheimnisse dieser Welt zu kommen, die sich natürlich im 8. Haus befinden, dem Spiegel des Skorpions, der Wirklichkeit, die hinter der sichtbaren Welt steckt. Das 8. Haus ist auch der Bereich der Tabus, des Verbotenen, das plutonische Menschen nur allzu gerne entdecken und erfahren wollen. Pluto verlockt und verführt uns dazu, den Weg des Verbotenen und Sündhaften zu beschreiten. Einen Weg, den auch Adam und Eva gehen mussten, die den Verlockungen der Schlange, dem klassischen Pluto-Symbol, verfielen. Einen Weg, der aus dem Paradis herausführte, der aber letztlich zum Plan Gottes und seiner Schöpfung gehört.

Das Quadrat zwischen Sonne und Pluto, das Goethe in seinem Horoskop hat, ist, wie bereits berichtet, der größte kosmische Gegensatz, der im Tierkreis im Quadrat zwischen dem Löwen (Herrscher Sonne) und Skorpion (Herrscher Pluto) auftaucht. Ein Gegensatz, den wir verdrängen, weil für uns der Tod etwas Furchtbares ist und nicht sein darf. Aber: Der Tod gehört zum Leben wie die Nacht zum Tag und Dunkelheit zur Helligkeit. So gibt es auf der Erde einen Kreislauf von Zerstörung und Aufbau. Es sind Gegensätze, die zur göttlichen Schöpfung gehören und ohne die es keine Weiterentwicklung im Leben gibt.

Denkt man an Kriege, etwa den Zweiten Weltkrieg, so müssen wir feststellen, dass dieser unfassbar viel Leid und Zerstörung brachte. Aber, aus ihm entwickelte sich ein demokratisches Deutschland heraus, in dem viele Menschen einen regelrechten Bewusstseinssprung gemacht haben. Und so ist es mit jeder Dunkelheit und Krise. Immer werden auch gute Entwicklungen daraus geboren.

Und auch in unserem eigenen Leben können wir immer wieder „die Kraft, die stets das Böse will und stets das Gute schafft" erkennen. Oftmals geschieht etwas in böser Absicht und wendet sich doch zum Guten. Niederlagen, Verluste, Unglücke, Trennungen, Krankheiten können uns zerstören. Es geschieht aber auch sehr oft, dass Menschen, die vom Schicksal gebeutelt werden, stärker, glücklicher und freier denn je aus ihren tiefen Krisen hervorgehen. Manchmal müssen wir alle im Sinne Plutos sterben und Verluste hinnehmen, um neu geboren zu werden und um neue Wege gehen zu können.

Sobald wir leben, begehen wir Fehler. Und jeder von uns kämpft auf seine Weise mit Neid, Habgier, Hass, Argwohn usw. Der eine mehr, der andere weniger. Keiner von uns ist vollkommen. Das müssen wir akzeptieren. Wichtig ist nur, dass wir, so banal es auch klingen mag, immer wieder an das Gute glauben. Dann übernehmen wir selbst einen produktiven Part in der Schöpfungsgeschichte, in der das Böse zum Guten gewandelt wird.

Der Skorpion und sein Wandel von der Schlange zum Adler

In jedem Tierkreiszeichen verbirgt sich stellvertretend für die Entwicklung des Menschen eine große Wandlungsmöglichkeit, die beim Skorpion, dessen Zeichenherrscher ja Pluto ist, besonders groß ist. Das Symbol des Skorpions besteht aus einem m, laut dem klassischen Astrologen Arthur Schult eine Abwandlung der steinzeitlichen Sterberune, der in späteren Zeiten noch der Todesstachel des Skorpions hinzugefügt wurde. Skorpion-Zeit ist vor allem die November-Zeit, in der die Stürme das Laub endgültig von den Bäumen gerissen haben, die nun wie Totengerippe die Landschaft zieren. Der Friedhof ist ein weiteres Urbild des Skorpions, in dem die menschlichen Überreste vergraben werden. Doch da, wo der Tod ist, kommen auch die Auferstehung und die Erlösung. Im Skorpion und dem Rad des Karmas von Tod und Widergeburt spiegelt sich letztlich der Werdegang des Lebens wider.

In der germanischen Mythologie war der Fenriswolf, was so viel wie „Sumpf-Wolf“ bedeutet (altnordisch fen für „Sumpf“), die Todesmacht, die im Tierkreis der Skorpion darstellt (der Sumpf ist auch die klassische Naturform des Skorpions als Wasserzeichen, während den beiden anderen Wasserzeichen Krebs und Fische der Fluss bzw. der Ozean zugeordnet sind). Der Fenriswolf schien den Göttern zunächst ein eher harmloses Tier zu sein. Diese Einschätzung begann sich aber schnell zu ändern, weil der Fenriswolf zunehmend größer, wilder und kräftiger wurde.

Die Götter bekamen Angst, gefressen zu werden und fassten den Entschluss, den Fenriswolf für immer zu fesseln. Doch der Wolf zerriss mühelos zwei besonders schwere Ketten, die ihm angelegt wurden. Die Götter wendeten sich nun den Zwergen (Volk der Unterwelt, Zuordnung Pluto) zu, die nicht nur über große Schätze, sondern auch über mächtigen Zauber verfügten. Sie fertigen den Göttern eine magische Fessel an mit Namen Gleipnir, einem Faden, der völlig harmlos erschien, der jedoch, je stärker die Gegenwehr des Gefesselten wurde, umso stärker zuzog, so dass keine

Bewegung mehr möglich war. Der Fenriswolf jedoch war argwöhnisch, schöpfte Verdacht, als man ihm den Faden unter einem anderen Vorwand umlegen wollte. So verlangte er nach einer Sicherheit in Form einer Hand, die ihm ein Gott ins Maul legen sollte. Alle Götter verweigerten sich, bis auf Tyr, der Kriegsgott. Dem Fenriswolf wurde die magische Fessel umgelegt, und natürlich biss er Tyr die Hand ab, der fortan den Namen Ase, der Einhändige, trug.

Interessant ist, dass der magische Faden, mit dem der Fenriswolf gefesselt wurde und aus dem es kein Entrinnen gab, aus Dingen gesponnen wurde, die es überhaupt nicht gibt: Aus den Sehnen der Bären, dem Atem der Fische, den Bärten der Frauen, dem Speichel der Vögel, dem Geräusch eines Katzentritts und den Wurzeln der Berge. Das ist wahre Magie, in der es vor allem um Vorstellungen und die Energien geht, die sich manifestieren.

Der gefesselte Fenriswolf wird sich erst in den Zeiten des Weltenbrandes, genannt Ragnarök, „Schicksal der Götter", befreien können, um dann Göttervater Odhin und die Sonne, seine großen Gegenspieler, zu verschlingen. Ragnarök ist in der germanischen Mythologie der große Endkampf zwischen Göttern und Riesen. Große Kriege sind die ersten Boten des Untergangs, denen ein Fimbulwinter, eine Art Eiszeit mit drei strengen Wintern, ohne Sommer dazwischen, mit Schnee, klirrendem Frost und eisigen Stürmen folgt. Es ist die erste der vier eschatologischen Katastrophen, die den Untergang der Götter bringt. Eschatologisch heißt aus dem Altgriechischen übersetzt so etwas wie „die letzten Dinge", die Vollendung der Schöpfung, die Vollendung des Einzelnen und der Anbruch einer neuen Welt.

Über dem Fenriswolf sieht man oft den Adler schweben, der in der germanischen Schöpfungsgeschichte seinen Sitz auf dem großen Weltenbaum Yggdrasil hat, um das Weltgeschehen beobachten zu können. Der Adler richtet seinen scharfen Blick auf das Ganze, und auch das Zeichen des Stirb-und-Werde, der Skorpion, wird mit dem Adler, der seine höhere Entwicklung symbolisiert, erlebt. Im Gegensatz dazu steht die niedere Seite des Skorpions, die kriechende Schlange, die mit großer List und Tücke schon Adam und Eva verführte, den verbotenen Apfel zu verzehren, was auch als

Der Fenriswolf

Einflößung sexueller Lust der Menschen gedeutet werden kann. Erst nachdem Adam und Eva den Apfel genossen hatten, erkannten sie, dass sie nackt waren, verloren dadurch also ihre Unschuld und das Paradies. Der Skorpion und Pluto stehen für die sexuelle Energie, im Yoga die Kundalini-Kraft, dargestellt durch eine eingerollte, schlafende Schlange, die ihren Sitz am unteren Ende der Wirbelsäule, am sogenannten Wurzelchakra hat, dessen Farbe Rot ist, die sexuelle Energie, die, wird sie transformiert, in spirituelle, göttliche Energie aufsteigt. Auch hier findet sich wieder der Bogen von der Schlange zum Adler.

Laut Arthur Schult finden wir diesen Skorpion-Adler-Gegensatz auch im Christentum, in dem der Verräter Judas den der Finsternis und der Materie verfallenen Skorpion darstellt. Sein Gegenpol, der Adler, erscheint in dem hochspirituellen Apostel Johannes.

Skorpion besitzt die Macht des Pluto und die Leidenschaft des Mars, dem zweiten Herrscher dieses Zeichens. Immer haben wir es bei Skorpionen deshalb mit leidenschaftlichen Menschen zu tun, die sich in den unterschiedlichsten Formen und Lebensbereichen offenbaren können. Der „niedere“, schlangengleiche Skorpion ist manipulativ, eifersüchtig und neidisch. Er kann der Zerstörer, der Zyniker, der Tyrann, der Teufel sein und im biblischen Sinne die tückische und verführerische Schlange. Doch das innere Bild, das jeder Skorpion in sich trägt, ist die Entwicklung zum Adler. Sobald der Skorpion Ja zum Leben sagt und sich der geistigen Welt zuwendet, wird sein Weg von tiefen Einsichten und höheren Erkenntnissen getragen, die ihn im Laufe seiner Entwicklung und seines Lebens wie auf einer Windspirale in den Himmel führen und ihn zum Adler machen. Diese Skorpione können nicht nur sich selbst zum Positiven wandeln, sie sind auch in der Lage, andere Menschen und deren Fähigkeiten unaufdringlich zu fördern. Sie werden nahe Menschen nicht mehr seelisch dominieren wollen und von sich abhängig machen, sondern ihnen Kraft geben, um sich selbst zu verwirklichen. Ihre enorm starken Wunschkräfte nutzen sie nun dazu, um anderen Glück zu wünschen. Bewusst wenden sie sich von Neid, Hass und Missgunst ab, da sie erkannt haben, dass sie damit nicht nur anderen, sondern auch sich selbst schaden. Erst wenn der Skorpion es schafft, sich den Versuchungen der eigenen Macht erfolgreich zu erwehren, wird er seiner Bestimmung näherkommen, die oft mit Heilkunst, der Erforschung der Seele durch Psychologie, Astrologie oder andere esoterische Wissenschaften gekoppelt ist. Jetzt sucht er die Schwachstellen der Menschen nicht mehr, um sie zu verletzen, er sucht die wunden Punkte, um sie zu heilen. Damit ist der Wandel von der Schlange zum Adler vollzogen. Von allen Tierkreiszeichen besitzt der Skorpion das größte Entwicklungspotential, das sich im Leben in Form vieler Umbrüche und Wandlungen offenbart. Das ist Skorpion-Schicksal. Ein wirklich faszinierendes Zeichen!

PLUTO IN MENSCH UND LEBEN

Plutonische Menschen – sehr anziehend, oft unendlich schwierig

Kennen Sie einen plutonischen Menschen? Gibt es vielleicht einen in Ihrer unmittelbaren Umgebung, oder sind Sie selbst einer? Auch erfahrene Astrologen werden sie nicht immer erkennen. Und das hat ganz spezielle Gründe: Pluto, in der griechischen Mythologie Hades genannt, der Gott über die Toten, das Totenreich und die unterirdischen Gefilde der Erde, ist, wie bereits erläutert, Träger der berühmt-berüchtigten Hadeskappe, ein Helm, der ihn für seine Feinde unsichtbar machte. So wie Hades für seine Gegner niemals sichtbar war, kann auch der Tod nicht vorausgesehen oder ein Plutonier zumindest nur schwer erkannt werden. Astrologisch gesehen ist der klassische Plutonier natürlich ein Skorpion bzw. ein Skorpion-Aszendent, da Pluto der Herrscher des Skorpions ist, der nichts anderes als die Unterwelt selbst repräsentiert.

Von den Skorpionen wissen wir, dass sie oftmals etwas Unergründliches haben können, dass sie stets eine große Intensität besitzen und oft diese tiefen, faszinierenden Augen, die einen wie Röntgenstrahlen zu durchschauen scheinen. Wer einem echten Skorpion in die Augen blickt, fühlt sich irgendwie entlarvt, als würde er direkt in die eigene Seele hineinschauen.

Skorpione, noch mehr die Skorpion-Aszendenten, sind irgendwie immer in Habachtstellung, haben ein gewisses Misstrauen angeboren und sind jederzeit bereit, sich auf das Äußerste zu verteidigen. Sie spüren jede unterschwellige Kritik und reagieren auf jede spitze Bemerkung, wobei sie bei der Austeilung Letzterer selbst die absoluten Meister sind. Es ist ihre Art zu kämpfen, wie Pluto und Gott Hades mit der Tarnkappe aus dem Hintergrund heraus. Diese Anspannung, die bei manchen Skorpionen fast ein Dauerzustand ist, wird gerne weggelächelt, gekonnt überspielt.

Je ausgeprägter der Skorpion ist, desto netter, freundlicher und zuvorkommender ist er. Er will schließlich nicht, dass wir seine Wehrhaftigkeit erkennen und uns davon möglicherweise angegriffen fühlen. Vieles im Charakter dieser Menschen ist äußerst sonderbar und widersprüchlich. Wenn sie nach außen hin manchmal ziemlich zurückhaltend erscheinen, so arbeitet es doch in ihrem Inneren umso mehr.

Ein Skorpion will sich Geltung verschaffen, will Macht haben, will sich durchsetzen. Und entsprechend seinem Zeichenherrn Pluto macht er das unmerklich, aus dem Hintergrund heraus. Skorpion-Geborene sind Meister des Taktierens, und ihre Absichten bleiben den Außenstehenden meist verborgen. Auch ihr überaus großer Ehrgeiz tritt gewöhnlich nicht demonstrativ in Erscheinung. Der typische Skorpion lockt seine Opfer wie die Spinne in ihr Netz, das ja ebenfalls unsichtbar ist. Macht und Einfluss auszuüben, bedeutet, die Kontrolle über andere zu besitzen, weshalb wir unter Skorpionen und anderen plutonischen Menschen eine Vielzahl von Kontrollfreaks finden.

Aber wie tauchen nun die anderen plutonischen Menschen auf, wie können wir sie erkennen? Plutonisch nennen wir letztlich alle Menschen, bei denen Pluto in irgendeiner Form eine überragende Rolle im Horoskop spielt. Steht etwa Pluto am Aszendenten oder im 1. Haus, dann haben wir es mit einem verkappten Skorpion-Aszendenten zu tun. Steht die Sonne vor allem in Konjunktion, Quadrat oder Opposition zu Pluto, besitzt sie alle Eigenschaften einer verschärften Skorpion-Sonne. Und steht der Mond im Skorpion, vor allem im Horoskop einer Frau, dann haben wir es mit einer echten Skorpion-Frau zu tun, die mit allen typischen und schwierigen Skorpion-Eigenschaften zu kämpfen hat, die man diesem Zeichen zuschreibt, die aber auch über eine starke und positive seelische und weibliche Kraft verfügen kann. Ähnlich dürfen wir die Stellung des Mondes in Haus 8 und in Konjunktion, Quadrat oder Opposition zu Pluto werten. Auch dies sind Menschen mit ungeheurem seelischem Tiefgang, aber auch mit großen inneren Konflikten. Bei Frauen geht es hier immer um die Weiblichkeit, die erlöst und befreit werden will und allgemein um die Macht der

Frau. Männer mit so einem Mond ziehen diese seelisch intensive, aber auch konfliktreiche und mächtige Frau oft in Form ihrer Partnerin an.

Als plutonisch können wir außerdem Menschen bezeichnen, die in ihrem Horoskop das 8. Haus, den irdischen Spiegel des Skorpions, vor allem mit Sonne, Mond oder auch anderen persönlichen Planeten besetzt haben. Merkur im Skorpion, im 8. Haus und vor allem in Konjunktion, Quadrat oder Opposition zu Pluto macht Menschen zu tiefgründigen, plutonischen Denkern mit großem Tiefgang, die aber auch einen geradezu fanatischen Überzeugungstrieb haben können. Venus im Skorpion, im 8. Haus und vor allem in Konjunktion, Quadrat oder Opposition zu Pluto deutet auf eine stark plutonische Gefühlslage hin. Das heißt, die Leidenschaften sind groß, in der Liebe geht es um alles oder nichts. Verlustängste, Besitzdenken, Eifersucht, Machtkämpfe, Abhängigkeit bis zur Hörigkeit, aber auch eine unglaubliche Gefühlstiefe zeichnet diese plutonische Venus aus. Und dann ist da noch Mars, der alte Herrscher des Skorpions, der, wenn er im Skorpion, im 8. Haus oder in Konjunktion, Quadrat oder Opposition zu Pluto steht, auf Menschen mit starken plutonischen Zügen hinweist. Es sind wieder Menschen, die große Leidenschaften in jeglicher Hinsicht besitzen und entwickeln können, es sind Menschen, die ungeahnte, ja übermenschliche Kräfte aus sich herausholen können, wenn es das Leben von ihnen erfordert und wenn niemand damit rechnet.

Jeder plutonische Mensch hat auf seine Art starke innere Kräfte, mit denen er viel bewegen kann. Macht zu haben, heißt auch etwas machen, sprich bewegen zu können. Unter plutonischen Menschen finden wir Machthaber, wie den russischen Präsidenten Wladimir Putin, ein Skorpion-Aszendent, dessen Herrscher Pluto sich direkt an seinem MC befindet, der mit Führung zu tun hat und auf die großen Lebensziele hinweist. Große Pluto-Themen haben natürlich auch alle Magier und Zauberer, so wie etwa Uri Geller, der ebenfalls einen Skorpion-Aszendent hat. Wir finden primitive, niedere Geister, die ihre Zeit gerne im Wirtshaus oder in Freudenhäusern verbringen, wir finden aber auch aber zahlreche Heilige und Märtyrer mit mächtigem Pluto sowie viele Heiler, die oftmals Sonne-Pluto-Spannungen in ihrem Horoskop haben.

Grundsätzlich ist zu sagen, dass die spannungsvollen Pluto-Aspekte meist noch sehr viel stärker im Horoskop zur Ausprägung kommen als die harmonischen. Und klar, spannungsgeladene Pluto-Aspekte sind immer irgendwie gefährlich, eine regelrechte Gratwanderung. Es gibt unheimliche viele Kriminalisten mit extremen Skorpion- und Pluto-Themen wie auch gleichzeitig Verbrecher und Kriminelle. Warum der eine bei den gleichen Pluto-Themen zum Kommissar geworden ist, während der andere eine Laufbahn als Krimineller einschlug, ist aus dem Horoskop meist nicht ersichtlich. Immerhin haben auch die „guten" Plutonier häufig eine Bewunderung für das perfekte Verbrechen. Immer wieder werden Plutonier im Laufe ihres Lebens vor die Wahl gestellt: Entscheide ich mich für die helle oder die dunkle Seite der Macht, wähle ich den moralischen oder profitablen Weg? Oftmals switchen plutonische Menschen im Laufe ihres Lebens hin und her. Einmal wählen sie den angepassten Weg, dann wieder befinden sie sich auf der Seite des Widerstands und der Rebellion. Immer wieder bricht auch das Leben von plutonischen Menschen um, da sie Pluto immer wieder dazu anstößt, sich zu wandeln, und das immer gleich ziemlich radikal, auf einer tieferen Ebene.

Manche Astrologen behaupten, dass diese Menschen, die mit so großer Intensität leben und sich so oft verändern, eine Art beschleunigtes Karma haben. Sie können zumindest in kurzer Zeit viel mehr durchleben und durchleiden als andere. In Pluto stecken viele verborgene Kräfte, gut wie schlecht, die gelebt und verarbeitet werden wollen.

Plutonische Menschen sind wandelnde Kraftwerke, die gigantische Leistungen vollbringen können, sofern sie nicht unter zu großem Misstrauen und unter Paranoia leiden und sich vom Leben vollständig zurückziehen. Sie werden auch vor diese Frage immer wieder gestellt: Ja oder Nein zum Leben? Die Antwort darauf entscheidet, ob sie ein destruktives oder konstruktives Leben führen.

Einen echten Plutonier erkennen wir auch daran, dass er Missstände aufdecken und damit ganze Lebensgebäude zum Einsturz bringen kann, was die Betroffenen im Moment vielleicht als negativ empfinden, später aber als Segen. Er kann aber auch nur zerstören und dennoch positiv wirksam sein, so wie der Teufel in Goethes Mephisto: „Ich bin Teil von jener Kraft, die stets das Böse will und doch das Gute schafft". Fluch und Segen hängen eben sehr eng beieinander bei Pluto.

Plutonische Menschen haben eine unglaubliche Suggestionskraft, manchmal besitzen sie auch einen starken Überzeugungstrieb, immer können sie auf ihre Art andere geschickt manipulieren.

In der Astrologie werden dem Skorpion und dem 8. Haus die Kräfte der Regeneration zugeschrieben. Tatsächlich können Menschen, die über entsprechende plutonische Kräfte verfügen, immer wieder aus dem Nichts aufstehen und selbst schlimmste Krankheiten überwinden, was dann oftmals als Wunderheilung angesehen wird.

Wer mit einem echten Plutonier verheiratet oder liiert ist, wird wohl ein anstrengendes, aber auch ungewöhnlich intensives und oft auch aufregendes Leben haben. Es sind spannende Menschen, die uns ziemlich zusetzen können und die wir nur noch schwer abschütteln können, sind sie einmal an uns dran. Aber, es sind auch Menschen, die unglaublich faszinierend sein und uns weiterbringen können.

Die plutonische Liebe, die über den Tod hinausgeht

Manche Menschen scheinen tatsächlich tiefer, leidenschaftlicher und intensiver zu lieben als andere. Aus astrologischer Sicht ist hier wieder einmal Pluto beteiligt, der als die höhere Oktave von Mars alles verdoppelt, die Intensität, die Leidenschaft, den Einsatz, und dies eben auch in der Liebe. Natürlich denken wir hier zuerst an die durch und durch plutonische Skorpion-Venus, die jedes Jahr im Herbst, im September, Oktober, November oder auch Dezember auftaucht, da Venus nie weiter als 48 Grad von der Sonne entfernt ist, die in der Regel vom 24. Oktober bis 22. November den Skorpion durchquert.

Venus im Skorpion ist eine berüchtigte Venus-Stellung, die besonders große Leidenschaften und extreme Liebesdramen bescheren kann. Zu ihr passt die Vermutung, dass das Spiel mit der Liebe ein Spiel mit dem Feuer ist. Aber was macht diese Venus so besonders, warum ist sie so gefürchtet? Nun, Venus ist das Bild der schönen, jungen und bezaubernden Frau, die im Skorpion in die Unterwelt bei Gott Hades, Pluto verweilt. Dass es dort nicht gerade zimperlich zugeht und dass hier die besonders schönen und harmonischen Seiten der Venus nicht immer zum Tragen kommen können, ist klar. Und natürlich ist diese Venus von der Unterwelt stark beeinflusst. Sie ist schön und verführerisch, aber auch etwas gefährlich. Sie ist die Femme fatale, die verhängnisvolle Frau, die eine geradezu unwiderstehliche Anziehungskraft besitzt. Sie ist unglaublich erotisch und magisch und hat die Macht (Pluto), Männer zu verführen und an sich zu binden. Männer geben sich für diesen Typ von Frau auf, was ihr Unglück sein kann, das sie jedoch in Kauf nehmen, weil sie mit dieser Venus die höchsten Freuden der Lust und Liebe erleben dürfen. Die Venus im Skorpion ist vor allem dann auch gefährlich, wenn ihre triebbetonte Seite verdrängt wird und als Schatten auftaucht, der dann zu zwanghaften Handlungen führt. Wir finden zahlreiche Sexualforscher mit der Venus im Skorpion, aber auch viele Sexualverbrecher.

Steht diese Venus mundan am Himmel, wie eben in diesen oft düsteren und nebelverhangen Herbsttagen, dann dürfen wir davon ausgehen, dass nicht nur die Liebesdramen, sondern auch sexuelle Übergriffe in der Welt zunehmen. Ja, die Venus im Skorpion kann auch schaurig sein, und klar, viele Menschen, die sie haben, lieben das Schaurig Schöne und manchmal auch das Schmutzige und Morbide. Venus im Skorpion ist natürlich auch das Zeichen der blutsaugenden Vampire, der Dämonen der Nacht, die mit unvorstellbarer Wollust das Blut aus Menschen heraussaugen, was durchaus als eine Art sexuelle Überwältigung gedeutet werden kann.

Die Tiefe der Sexualität ist schließlich auch dem 8. Haus, dem Spiegel des Skorpions, zugeordnet, das gleichzeitig der Bereich der Tabus ist. Die Venus im Skorpion will alle Geheimnisse der Sexualität ergründen und kann dabei regelrechte Sexbesessenheit entwickeln und ihre Opfer „mit Haut und Haaren“ verschlingen.

Wir dürfen diese Venus jedoch keineswegs nur negativ sehen, so wie wir auch die Sexualität nicht als etwas Schlechtes sehen und verdrängen dürfen. Denn, wie gesagt, Triebe werden erst dann gefährlich, wenn sie beiseitegeschoben, unterdrückt oder gar misshandelt werden. Der Trieb ist unsere Tierseele, die viele Naturvölker durch Rituale versuchen zu besänftigen. Wird ein Raubtier misshandelt, angeschossen oder verletzt, wird es gefährlich. Und so ist es auch mit unserer Sexualität. Wir müssen und dürfen nicht alle Neigungen ausleben, vor allem, wenn sie anderen Menschen schaden. Wir sollten aber auch nicht in das Gegenteil verfallen, und alles, was mit Körper und Sexualität zu tun hat, verteufeln. Denn dann bekommen wir solche Probleme, wie sie unter dem Zölibat in der katholischen Kirche bestehen. Bei vielen Menschen kann die plutonische Venus, zu der übrigens auch die Venus in Haus 8 sowie Venus-Pluto-Aspekte und hier besonders die Konjunktion, das Quadrat und die Opposition zählen, auch zur totalen Verdrängung jeder Sexualität führen.

Alle diese von Pluto gefärbten Venus-Stellungen tragen den Tod, das Sterben, das Sich-Aufgeben und Loslassen im Augenblick der körperlichen Vereinigung in sich. All diese Venus-Stellungen haben Angst vor dem Verlust, den Partner zu verlieren, weshalb sie oftmals dazu neigen, ihn zu kontrollieren. Trennungen sind für Menschen mit dieser Venus furchtbar, vor allem, wenn sie verlassen werden. Für sie ist die Liebe etwas sehr Existentielles. Nicht wenige denken zumindest an Aufgabe und Suizid, werden sie von einer großen Liebe verlassen. Sie können sich nur sehr schwer und langsam von diesem „Unglück“ erholen, es dauert oft Jahre, bis dieser Liebesschmerz nicht mehr in ihnen bohrt und ihnen keine seelischen wie körperlichen Qualen mehr bereitet.

Diese Venus ist Segen wie Fluch zugleich, kann, wie gesagt, in die höchsten Gefilde der Liebe vordringen und bis in den tiefsten

Abgrund überhaupt stürzen. Verliert die Skorpion-Venus einen geliebten Menschen, werden ihre größten Ängste und Befürchtungen Realität. Denn keine Venus kann so sehr lieben. All diese Venus-Stellungen deuten enorme angeborene Verlustängste an, weshalb sie diese ihre Eigner dazu anregen, den Partner festzuhalten oder gar zu kontrollieren. Sie wollen um jeden Preis vermeiden, dass sie verlassen werden könnten. Aus dieser Verlustangst heraus entstehen Eifersucht, Manipulationsversuche und Machtspielchen, mit denen sich diese Menschen ihr Leben selbst sehr schwer machen und gleichzeitig ihre Beziehung unendlich komplizieren. Immer wieder die Befürchtungen zu hegen, ihr Partner könnte fremdgehen und sich in jemand anderen verlieben oder gar sterben, kann letztlich zwanghafte und kranke Züge annehmen. Menschen mit so einer Venus müssen in dieser Inkarnation wohl lernen, dass sie ihren Partner und dessen Liebe nicht besitzen können und dass die wahre Liebe selbstlos ist. Dann kann diese Art der plutonischen Liebe an unglaublicher Tiefe und Gehalt gewinnen. Es ist dann die Liebe, die über den Tod hinausgeht. Und auch das ist das Wunderbare und Magische an dieser ganz besonderen Venus.

Kontrolle und Zwänge bei Plutoniern

Die Kontrolle, psychologisch gesehen, gehört zu den sehr typischen Entsprechungen Plutos und ist, wie so vieles von ihm, eher negativ behaftet. Dabei brauchen wir doch alle ein gewisses Maß an Kontrolle, was etwa uns selbst, den Umgang mit den eigenen Gefühlen und Emotionen sowie überhaupt unser Leben angeht, wenn wir es in erfolgreiche Bahnen lenken wollen. Wir müssen unser Geld kontrollieren in Form von Überwachung der Ausgaben, damit wir mit unserem Verdienst über die Runden kommen, wir müssen unser Essen und Trinken kontrollieren, um gesund zu bleiben, wir müssen Kinder und Haustiere kontrollieren, um sie zu schützen usw. Letztlich ist das gesamte Leben von nötiger Kontrolle durchzogen. Ohne Kontrolle können wir nichts erreichen, sie schafft Ordnung, gibt Struktur, Sicherheit und ist die Basis für ein erfolgreiches Leben.

Menschen, die über einen besonders ausgeprägten Machtinstinkt verfügen, die also große Pluto-Themen im Horoskop haben, haben natürlicherweise ein etwas stärkeres Bedürfnis zu kontrollieren als andere, in beruflicher wie privater oder auch gesundheitlicher Hinsicht. Sie wollen Macht haben, Einfluss ausüben, weil sie etwas bewegen wollen und Angst vor eigener Unterdrückung haben. Sie wollen Menschen, die sie lieben, nicht verlieren, da Verluste das Allerschlimmste im Leben für sie sind und zu großen Einbrüchen in ihrem Leben führen, und sie wollen gesund bleiben, weil sie wissen, dass Krankheit immer auch Machtlosigkeit bedeutet.

Trennungen, Krankheiten und berufliche Niederlagen gehören dennoch zum festen Programm Plutos, weil sie oft die einzige Chance sind, um loslassen zu lernen, falls die nötige Kontrolle überhandnimmt und zu totaler Starrheit im Leben führt. Diese kennt man nämlich nur allzu gut von typischen Skorpionen und stark plutonisch gefärbten Menschen, die aufgrund ihres ausgeprägten Gefahrenbewusstseins oft von allerlei grundlosen Ängsten und Befürchtungen geplagt werden und deshalb manchmal zu keinerlei Bewegung mehr fähig sind. Übergroße Vorsicht kann regelrecht lähmen, so dass es mitunter einen Schicksalsschlag braucht, um wieder innerlich und äußerlich in Bewegung zu geraten.

Das Gegenteil von Kontrolle bedeutet für plutonische Menschen Hilflosigkeit, Machtlosigkeit und Ohnmacht. Gefühle, die verzweifelt und rasend machen können. Die Kontrolle zu verlieren, in welcher Hinsicht auch immer, ist für jeden den Plutonier ein Mega-Gau, der in ihm aufgrund seiner meist überdurchschnittlichen Vorstellungskraft große Verunsicherung auslöst. Ja, plutonische Menschen sind nicht nur stark und mächtig, sie können auch überängstlich sein.

Nahezu jeder Mensch, bei dem Pluto persönlichkeitsbezogen auftaucht, hat zumindest Ansätze von Kontrollzwängen. Daran erkennen Sie auch ohne Horoskop, ob Sie zu den von mir genannten Plutoniern gehören. Menschen mit Kontrollzwang haben immer Angst, es könnte etwas Schlimmeres passieren, weshalb sie etwa beim Verlassen des Hauses prüfen, ob der Herd tatsächlich aus ist, ob die Türen wirklich verriegelt sind usw. Im Auto angekommen prüfen sie dann vielleicht mehrfach nach, ob die Handbremse wirklich gelöst ist. Oftmals sind solche Zwänge mit Aberglauben vermischt, wozu Plutonier, die gerne die höheren Mächte beschwören, auch gerne neigen. So werden etwa im Haushalt regelrechte Rituale entwickelt – das Hemd darf nur mit dem Kragen nach oben in den Schrank gelegt werden, die Tassen müssen in einem ganz bestimmten Abstand voneinander stehen, damit kein schlimmeres Unglück geschieht, beim Nachhauseweg muss immer noch um einen bestimmten Wohnblock herumgefahren werden, weil das dann vielleicht Glück bringt. Ein anderer zählt jeden Tag die Treppenstufen, die er hinaufgeht, weil er sonst befürchtet, ein Familienmitglied könnte sterben. Es gibt tausende von Möglichkeiten dieser skurril anmutenden Handlungen, die sich wie ein inneres Gefängnis anfühlen, aus dem Betroffene oft allein nicht mehr herauskommen.

Wie gesagt, jeder plutonische Mensch kennt solche Zwänge zumindest im Ansatz. Bestimmte Marotten können wir schon bei Kindern beobachten, die ihnen, psychologisch gesehen, eine gewisse Sicherheit vermitteln, die sich normalerweise aber im Laufe der Jahre verflüchtigen. Viele Rituale von unterschiedlichen Ureinwohnern haben vor allem den Sinn, höhere Mächte, wozu auch der eigene Trieb gehört, zu besänftigen und für die eigenen Geschicke gewogen zu machen.

Kritisch und aus Sicht der Psychologie zur Persönlichkeitsstörung werden die Marotten und Zwänge von Plutoniern dann, wenn der Alltag erheblich unter den zwanghaften Handlungen zu leiden beginnt und wenn sich daraus größere Zwangsneurosen, wie etwa der Waschzwang, entwickeln, bei denen sich die Betroffenen aus Angst vor Ansteckung und Bakterien immer und immer wieder exzessiv vor allem ihre Hände reinigen müssen, auch wenn diese vom vielen Schrubben schon völlig wund sind.

Wenn etwas nicht mehr aufhört, wie das zwanghafte Rückversichern, das zwanghafte Ordnen oder etwa auch zwanghafte Gedanken, die wie in einem Albtraum immer wieder erscheinen, die einen quälen, zutiefst verunsichern und sich im Kreise drehen, wozu auch Grübelzwang gehört, dann wird es Zeit, sich Hilfe zu suchen. Das zwanghafte Geschehen ist immer ein Teufelskreis, dem man nicht entkommt. Für Astrologen sind Zwangsstörungen, die auch mit Depressionen einhergehen können, vor allem plutonische Persönlichkeitsstörungen, die jedoch durch traumatische Erlebnisse, extreme Schuldgefühle, Selbstzweifel und übermäßige Ängste ausgelöst werden können.

In Deutschland leben ein bis zwei Millionen Menschen mit massiveren Kontroll- bzw. Zwangsstörungen. Und im Schnitt leiden sie etwa sieben bis zehn Jahre, bevor sie endlich therapeutische Hilfe suchen. Es ist für sie nicht leicht, diese in Anspruch zu nehmen, da sie sich meist schämen, sich wegen verrückter Marotten, Ticks und Zwängen behandeln zu lassen. Der Kopf sagt, sie sind lächerlich und eigentlich nicht ernst zu nehmen, trotzdem kommen Betroffene ihnen nicht aus.

Aber kommen wir zurück zu den Plutoniern, die wohl alle einen gewissen Kontrollzwang besitzen, der aber bestimmt nicht notwendigerweise krankhaft ist. Er gehört mehr oder weniger zu jedem Menschen, der Skorpion bzw. Skorpion-Aszendent ist, der die Sonne in Haus 8, die Sonne in Spannung zu Pluto, den Mond im Skorpion oder in Haus 8, den Mond in Spannung zu Pluto, Pluto am IC oder in Haus 4, Pluto am Aszendenten oder in Haus 1, Pluto am MC oder in Haus 10 hat. Zwanghafte Gedanken erscheinen häufig bei Merkur-Pluto-Spannungen, Merkur in Haus 8, Merkur im Skorpion oder Pluto in Haus 3.

Kontrolle wird vor allem in der Liebe häufig zum größeren Thema, wenn sich Venus im Skorpion, in Haus 8 oder in Spannung zu Pluto steht oder wenn sich Pluto in Haus 7 befindet. So gibt es Frauen oder Männer mit diesem Thema, die ihren Mann bzw. ihre Frau erst für mehrere Tage allein mit einem Freund bzw. einer Freundin wegfahren lassen, wenn sie ausgiebig Sex mit ihnen gehabt haben, in der Hoffnung, dass beim Partner die Lust auf Sex bei eventuellen Begegnungen mit dem anderen Geschlecht nicht mehr ganz so groß ist. Vertrauen ist gut, Kontrolle ist besser... Sexuelle Kontrolle kann aber auch so aussehen, dass der Partner bzw. die Partnerin bewusst oder unbewusst durch Sex gefügig gemacht, sozusagen „gezähmt“ wird, um den ehelichen oder familiären Frieden zu erhalten, und das vielfach auch dann, wenn man/frau eigentlich selbst keine Lust hat. Was vordergründig wie ein Opfer wirkt, kann in Wirklichkeit eine Form von Kontrolle sein.

Für Astrologen und Therapeuten sind plutonische Klienten immer eine große Herausforderung, weil sie sich oft selbst so stark kontrollieren und in einer dermaßen angespannten Habachtstellung befinden, dass es oftmals sehr schwer bis unmöglich ist, in ihr Inneres vorzudringen, welches ähnlich wie die Unterwelt, in der Zerberus, der dreiköpfige, schlangenhaarige Höllenhund, den Ein- und Zugang verhindert, bewacht wird.

In meiner astrologischen Praxis weiß ich natürlich allein schon anhand des Horoskops, das mir vor einer Beratung stets zur Ansicht gegeben wird, ob es sich um einen Plutonier handelt und womit ich rechnen muss. Besonders kontrollierte Klienten steigen in das Gespräch mit mir oft Folgendermaßen ein: „Eigentlich habe ich keine Frage. Ich wollte nur einmal wissen, was Sie da so alles sehen können“.

Natürlich haben diese Plutonier wie alle Menschen, die den Rat eines Astrologen aufsuchen, brennende Fragen, die ihnen am Herzen liegen. Sie wollen jedoch diese Frage nicht stellen, weil sie Angst haben, dass diese falsch verstanden werden bzw. in ihrem Sinne falsch beantwortet werden könnte.

Echte Plutonier kontrollieren nicht nur sich selbst, indem sie nichts rauslassen, sie wollen oftmals das Gespräch und sogar den Therapeuten oder Astrologen kontrollieren. So ist es mir schon öfter passiert, dass ein plutonischer Klient, der vorgab, sich selbst gut in der Astrologie auszukennen, zu mir kam und mir zunächst einmal sein eigenes Horoskop erklären und interpretieren wollte plus aller aktuellen und künftigen Themen anhand der Transite. Unbewusst wollte er damit verhindern, dass ich Interpretationen anstelle, die ihn verunsichern und seine Vorstellungen, die Teil seiner Kontrollen über sein Leben sind, infrage stellen könnte.

Natürlich gibt es für den geschulten und noch mehr erfahrenen Astrologen Mittel und Wege, um einen Plutonier zu „knacken“. Wichtig ist, dass man sich innerlich mit ihm verbündet, ihn versucht zu verstehen, um ihm die Angst vor der Beratung zu nehmen. Gleichzeitig ist es aber auch wichtig, nicht zu sehr auf das zu hören, was der Plutonier sagt, denn er neigt bewusst oder unbewusst immer zur Manipulation, um das Gespräch in seinem Sinne zu lenken.

Eingehende Erfahrungen mit plutonischen Klienten hat auch meine Frau Siri Allgeier in ihren Astrologischen Aufstellungen, über die sie mir gelegentlich berichtet. Vor oder während einer Aufstellung sollen die Betroffenen in aller Regel Themen angeben, die sie gerade besonders stark beschäftigen und die sie gerne lösen möchten. Eine Klientin mit Pluto am Aszendent meinte: „Ich habe kein Thema. Mir geht es gut. Ich will nur, dass alles so gut bleibt wie bisher." Pluto und die Kontrolle in Reinform. Was denken Sie, welche Blockade meine Frau in der Aufstellung dieser Klientin auflösen und in „Vertrauen ins Leben" transformieren ließ? Natürlich den Kontrollzwang. Alles klar, oder?

Vertrauen ist das Schlüsselwort, um Kontrolle oder Zwänge eines plutonischen Menschen zu besiegen. Es ist das, was Plutonier am dringlichsten brauchen, wovon sie niemals genug bekommen können. Nur wer es schafft, einem Plutonier echtes, ehrliches Vertrauen zu vermitteln, und das bedeutet auch gnadenlose Selbstehrlichkeit, wird ihm dauerhaft näherkommen.

Mond, Pluto und der große Seelendruck

Es gibt Menschen, deren großer Seelendruck sich nicht allein durch eine schwierige Kindheit oder durch traumatische Erlebnisse erklären lässt, da sie ihn von Geburt aus besitzen. Seelendruck ist astrologisch vor allem dann gegeben, wenn der Mond im Geburtshoroskop mit Pluto zusammentrifft, dem Planeten, der uns ohnehin innerlich stark bewegt.

Unser Geburts-Mond ist der Spiegel unserer Seele. Je nach Zeichen-, Hausstellung und Aspekten gibt er uns Hinweise auf unsere Seelenstruktur, ob wir ein innerlich eher harmonischer oder eher angespannter Mensch sind, ob wir eine offene oder verschlossene Seele haben, wie wir empfinden, was wir emotional brauchen, wo und wie wir innere Sicherheit finden, wie sensibel und feinfühlig wir sind und ob wir sehr an unserer Familie hängen. Darüber hinaus erzählt uns unser Mond von unserer frühkindlichen Prägung, die in erster Linie durch unsere Mutter stattfindet. Er offenbart im Zuge dessen das Verhältnis, das wir zu unserer Mutter haben und wie wir sie empfinden. Unser Mond ist nicht zuletzt der natürliche Herrscher über unsere Kindheit und verrät uns zusammen mit dem 4. Haus (Familie, Herkunft) und dessen Herrscher, wie es in unserer Kindheit war, ob sie eher glücklich oder unglücklich verlaufen ist.

Mond-Verletzungen, also wenn der Mond im Horoskop in einer Konjunktion, einem Quadrat oder einer Opposition mit Mars, Saturn, Uranus, Neptun oder Pluto steht, weisen immer auf größere Probleme in der Kindheit sowie auf ein schwieriges Verhältnis zur Mutter hin. Bei Mond-Mars-Spannungen gibt es oft viele Kämpfe und Auseinandersetzungen mit der Mutter, die in aller Regel ein dominanter, mitunter herrischer Typ ist. Steht der Mond kritisch zu Saturn, deutet dies meist auf eine sehr enge, oftmals aber auch belastende Beziehung hin, da das zu enge Band mit der Mutter die eigene Entwicklung bremsen oder gar verhindern kann. Manchmal deuten diese Aspekte aber auch das Fehlen der Mutter an, die dann unter Umständen durch die Großmutter (Mond-Saturn = die alte Frau) ersetzt wird. Bei Mond-Neptun-Spannungen wird die Mutter häufig idealisiert, gelegentlich völlig falsch oder gar nicht gesehen, weil sie für das Kind nicht greifbar bzw. innerlich oder äußerlich viel abwesend ist bzw. war. Steht Mond in Spannung zu Uranus, will sich der/die Betroffene von belastenden familiären Verpflichtungen, insbesondere auch von denen der Mutter, frei machen.

Steht der Mond nun in einem Aspekt zu Pluto, deutet dies, wie gesagt, grundsätzlich zunächst auf einen starken Seelendruck hin, den diese Menschen von Geburt an haben. Ein Seelendruck, der sich natürlich leichter auflösen lässt, wenn der Mond im Sextil oder Trigon zu Pluto steht. Bildet er eine Konjunktion, ein Quadrat oder eine Opposition mit Pluto, ist alles noch einmal viel intensiver und extremer. Vergleichbar und verwandt mit Mond-Pluto-Aspekten sind der Mond im Skorpion (Zeichenherrscher Pluto), der Mond in Haus 8 (irdischer Spiegel des Skorpions) sowie Pluto im 4. Haus (irdischer Spiegel des Krebses) und ganz besonders Pluto am Nadir, dem tiefsten Himmelspunkt im Augenblick der Geburt (der Punkt, der im Quadrat zur AC-DC-Achse steht).

Die Mutter taucht beim plutonischen Mond als eine Frau auf, die einen großen Einfluss auf ihr Kind besitzt. Immer spielen hier Macht, Einfluss und Kontrolle eine größere Rolle, die sowohl von der Mutter als auch vom Kind ausgehen können, was im Laufe des Lebens zu regelmäßigen Machtkämpfen zwischen Kind und Mutter führt, die offen oder verdeckt im Sinne Plutos ausgetragen werden. Es besteht in jedem Fall eine Art von Konkurrenz.

Der plutonische Mensch hat viele verdrängte Seelenanteile, die Erlebnissen zuzuschreiben sind, die er nicht verarbeiten konnte und die vielfach aus früheren Leben stammen. Die Seele ist ein Speicher von Gefühlen, der nicht automatisch im Tod geleert, sondern höchstens vergessen wurde. Es gibt einen Grund, warum wir nichts mehr oder nur noch wenig über unser voriges Leben wissen. Wir müssen vermutlich die großen, einschneidenden und noch nicht verarbeiteten Erlebnisse vergessen und verdrängen, um im neuen Leben ankommen, uns erst einmal behaupten und finden zu können. Bleiben besonders belastende Erinnerungen zu stark präsent, können wir nicht wirklich neu durchstarten, sind noch nicht bereit, zu leben und uns wieder auf der Erde zu verwirklichen, was möglicherweise den oft schnellen Abschied einiger Seelen erklärt.

Was nicht verstanden und verarbeitet werden kann, muss im Laufe eines jeden Lebens bisweilen in den tiefsten Schichten der Seele abgelegt werden, um lebensfähig zu bleiben und den täglichen Herausforderungen gewachsen zu sein. Sonst würden wir uns dauernd gedanklich mit diesen Problem beschäftigten, die oft nur durch die Zeit, das Leben, die persönliche Entwicklung und neue Erfahrungen gelöst werden können.

Bei Mond-Pluto-Themen ist hier eine ganze Menge von Unverdautem angestaut, was es nach und nach zu klären und zu verarbeiten gilt. Ein Hinweis darauf, dass dem so ist, liefert uns wiederum das kreisförmige Pluto-Symbol, in dem der Mond eingeschlossen, das heißt eine ganze Gefühlswelt verborgen liegt.

Die konkreten Erlebnisse, die die Seele belasten und unter Druck setzen, sind Menschen mit dem plutonischen Mond also nicht mehr bewusst. Umso mehr wittert er nun unbewusst Verschwörungen, Hintergehungen und andere Gefahren, fühlt sich schnell abgelehnt, liest permanent zwischen den Zeilen und empfindet spitze Bemerkungen, auch wenn sie vielleicht nur humorvoll sein sollten, oft als einen fundamentalen Angriff auf die eigene Person. Die Seele ist argwöhnisch und oftmals zutiefst misstrauisch, da sie sowohl in diesem wie im vorigen Leben verletzt, beschämt und erniedrigt wurde. Wer den plutonischen Mond und seinen Eigner im Jetzt angreift, muss deshalb mit heftiger Gegenwehr rechnen und unter Umständen sogar eine lebenslange Feindschaft in Kauf nehmen. Denn der plutonische Mond vergisst nie, verzeiht nur schwer und rächt sich für erlittenes Unrecht oft noch nach vielen Jahren. Die Mond-Pluto-Seele leidet immer wieder sehr stark und muss große innere Kämpfe bestehen, da in ihr noch so viel Unbewältigtes liegt.

Ein großes Thema dieser geplagten Seele ist der Verlust von anderen Seelen durch Tod oder Trennung und der Verlust von Geld und Besitz, wiederum in diesem und auch in früheren Leben. Bis so etwas zum großen Thema wird, muss viel passieren.

Mond-Pluto-Menschen sind häufig in einer Habachtstellung, was den Umgang mit ihnen so anstrengend machen. Die Angst, wieder zu verlieren, verlassen zu werden oder an wunden Punkten getroffen zu werden, kann von einem auf den anderen Moment übermächtig werden. Die vielen Ängste setzen die Seele unter Druck, rufen ihren Kampfeswillen hervor und lassen sie an allem festhalten, was ihr lieb und teuer ist. Ja, sie kann kontrollsüchtig werden.

Speziell bei Frauen spielt der Mond, der dem Weiblichen und Mütterlichen zugeordnet ist, natürlich eine noch eine größere Rolle als bei Männern. Eine Mutter mit plutonischem Mond wird immer eifersüchtig über ihre Kinder wachen und versuchen, sie stark zu beeinflussen, für das Leben stark zu machen. Umgekehrt wird speziell ein Mädchen mit plutonischem Mond extrem stark an der Mutter hängen, sich aber auch permanent mit ihr auseinandersetzen, da es bei plutonischem Mond auch um die Macht des Weiblichen geht. Nicht selten wird hier ein Machtkampf um den Vater ausgetragen.

Dieser Mond hat viel erlebt und mächtig viel Karma aufgebaut, das im Hier und Jetzt bewältigt werden muss. Er hat viel Macht und Einfluss auf andere Menschen, vor allem, wenn es sich bei diesem Mond-Eigner um eine Frau handelt. Sie müssen diese enorme plutonische Kraft in sich freisetzen, um gleichzeitig mit ihr umgehen zu lernen. Es geht hier nicht zuletzt um die mächtige Frau, die unter den Verdrängungen der Weiblichkeit ihrer weiblichen Vorfahren leidet.

Männer mit plutonischem Mond im Horoskop sind zunächst von ihrer Mutter gefangen, dann von ihrer Partnerin und bekommen auf diese Art und Weise ihren Seelendruck. Sie begegnen dieser konfliktbehafteten Seelentiefe meist äußerlich in Form von Frauen. Das Leben mahnt sie, ihre eigene innere Tiefe zu entdecken und sich bewusst zu machen, welche enorme Kraft die großen Wünsche und Emotionen besitzen, die Menschen und ihr Leben immer wieder wandeln können.

Schauen wir uns noch einmal allein den Skorpion-Mond an, der nach der klassischen Lehre der Planentenwürden im sogenannten Exil bzw. in Vernichtung steht. Er wurde deshalb hier so kritisch bewertet, weil durch die tiefsitzenden Konflikte, die in ihm schlummern, alle schwierigen Eigenschaften, die dem Skorpion zugeschrieben werden, zum Tragen kommen können. Aber: Wir dürfen nun nicht den Fehler begehen und den Skorpion-Mond und seine verwandten Mond-Pluto-Aspekte nur negativ sehen. Nein, diesen Mond besitzen auch besonders leidenschaftliche Menschen mit einer oft unglaublich starken Ausstrahlung und Anziehungskraft. Menschen, vorwiegend Frauen, die magische Kräfte und bisweilen eine tiefe Weisheit besitzen, wie die Hexe, die von Männern verfolgt und verbrannt wurde, weil sie Angst vor dieser triebbetonten, sehr stark weiblichen Energie hatten. Frauen, aber auch Männer mit diesem Mond besitzen eine unglaublich starke Wunschkraft, die sowohl positiv als auch negativ eingesetzt werden kann. Wird anderen etwas Schlechtes gewünscht, ist das die reinste Form von

Schwarzer Magie. Schaffen es diese Menschen, ihren eigenen Neid zu besiegen und anderen Gutes zu wünschen, können sie sich zu wahren Lichtträgern entwickeln.

Pluto und Skorpion haben stets eine große Bandbreite von Entwicklungsmöglichkeiten, die Menschen, die diese Kräfte verkörpern, immer wieder die Frage stellen, in welche Richtung sie aufbrechen wollen – in das Licht oder das Dunkle. Bleiben sie Schlange oder werden sie Adler?

Merkur, Pluto und das Wesen des Neides

„Der Hass ist ein aktives Missvergnügen, der Neid ein passives; deshalb darf man sich nicht wundern, wenn der Neid so schnell in Hass übergeht.“ JOHANN WOLFGANG VON GOETHE

Die Stärke der Astrologie ist, dass wir durch sie und ihre Symbolsprache Hintergründe von zeitlosem Wissen aufdecken und erkennen können. Ein großes altes Wissen verbirgt sich in den 7 Todsünden, die sich aus dem Hochmut, dem Geiz, der Wollust, dem Zorn, der Völlerei, dem Neid und der Faulheit zusammensetzen. Nach der Lehre der katholischen Kirche ziehen die sogenannten Todsünden den zweiten Tod, die Höllenstrafe, nach sich, wenn man ohne vollkommene Reue und Buße stirbt. Erstmals findet sich solch eine Einteilung schweren menschlichen Lasters Ende des 4. Jahrhunderts durch den Mönch Euagrios Pontikos.

Der moderne Mensch betrachtet diese Todsünden mit einer verständlichen inneren Distanz, da die Kirche den Menschen jahrhundertelang mit Verboten, Vorwürfen der Sünde und der Aussicht auf Hölle unter Druck gesetzt und in ihrem Sinne diszipliniert hat. Kein Wunder, wollen sich die meisten Menschen von diesen sogenannten Todsünden distanzieren, hinter denen sich, objektiv und ohne Gewissensdruck betrachtet, große Wahrheiten verbergen.

Mit den dunklen Seiten des Plutos ist vor allem der Neid verknüpft, der für so viel Leid in der Welt verantwortlich ist. Die Geschwister des Neids sind die Eifersucht und die Missgunst. Neid ist für ganze Kriege und endgültige Zerwürfnisse in vielen Familien verantwortlich. Neid ist ein tödliches Gift, das Menschen innerlich zerfrisst und ihr Glück aufs Spiel setzen lässt. Neid trennt und zerstört, er verkörpert eine satanische, Unheil stiftende Kraft. Neid erzeugt den inneren Wunsch, dass sich das Schicksal gegen den oder die Beneideten wenden möge, weshalb starker Neid und Missgunst eine Form der Schwarzen Magie sind, die nichts anderes als ein dunkles Gebet ist. Man darf wohl behaupten, dass der Neid zu den größten Gegenspielern des Glücks gehört und dadurch, dass er der Vorbote des Hasses ist, meist auch in Zerstörung (Pluto) mündet, was immer diese auch für Formen annehmen mag.

Den Lastern bzw. den Todsünden wurden damals Dämonen, Tiere und sogar Wochentage gleichgesetzt. Der Neid erhielt den Montag als Tag und den futterneidischen Hund als Tier. Viele unter Ihnen haben das vermutlich schon einmal gesehen, wenn ein Hund dem anderen den Knochen abluchsen will, auch wenn ihm ein eigener Knochen gegeben wurde. Interessant ist in diesem Zusammenhang, dass der Hund wieder Pluto zugeordnet ist. Schließlich bewachen ja auch die Höllenhunde den Zugang zu Hades‘ Reich, der Unterwelt.

Im 16. Jahrhundert ordnete der der Weihbischof von Trier und Hexentheoretiker Peter Binsfield den Todsünden Dämonen zu, die sich als Bild in den Seelen und Köpfen vieler Menschen festsetzten. Leviathan, ein Seeungeheuer in Drachengestalt mit mehreren Köpfen, der wie eine furchtbare Kreuzung aus Krokodil, Drachen, Schlange und Wal erscheint, wurde mit dem Neid identifiziert. Im Buch Hiob heißt es über Leviathan: „Sein Herz ist aus Stein“.

Der Bischof spielte leider auch in den schlimmsten Hexenverfolgungen dieser Zeit eine große Rolle und war damit auch wieder von den dunklen Kräften Plutos belagert. Der Künstler Jacob Matham (1571 – 1631) kreierte einen bekannten Kupferstich, in dem der Neid als eine abscheuliche, dämonische alte Frau mit mehreren Drachen- oder auch Schlangenköpfen auf dem Kopf dargestellt wird, die wiederum von einem Hund begleitet wird. Auch die Schlange ist ein Urbild des Skorpions bzw. Plutos. In vielen

Envidia / Neid (Kupferstich von Jacob Matham von 1587)

älteren Abbildungen stellen übrigens auffallend ältere Frauen den Neid dar, der seiner Natur nach weiblich zu sein scheint, was natürlich nicht heißen soll, dass Männer nicht genauso neidisch wie Frauen sind. Jeder Mann hat ja auch weibliche Seiten in sich.

Dieses Abbild des Neides hat eine große Verwandtschaft mit der Medusa, einer der drei weiblichen Ungeheuer der griechischen Mythologie. Medusas grauenvolles, mit züngelnden Schlangen besetztes Haupt führte bei jedem zur Versteinerung, der sie anblickte. Hier ist also wieder das Herz des Dämonen Leviathan zu erkennen, das aus Stein ist.

Im übertragenen Sinne vergiftet bzw. versteinert der Neid Menschen, die von ihm berührt werden. Deshalb ist er so gefährlich! Er ist ansteckend wie eine schlimme Krankheit. Der Blick der Medusa ist nichts anderes als der uns bekannte „böse Blick“, der besagt, dass Blicke voller Neid und Missgunst eine negative Auswirkung haben, wenn nicht sogar töten und vernichten können. Deshalb wurden und werden Schutzamulette angefertigt, um diesen bösen Blick und seine dunkle Energie abzuwenden.

Kein Mensch ist vor Neid gefeit. Und tatsächlich muss fast jeder von uns immer wieder mit Neidattacken kämpfen bzw. sich ihrer erwehren, wobei damit ausdrücklich nicht das positive Beneiden von jemandem und seinem Glück im Sinne von Bewunderung gemeint ist. Dieses positive Beneiden impliziert, dass wir jemandem etwas Großartiges, wie eine schöne Frau, einen tollen Mann, ein super Auto gönnen, auch wenn wir es selbst nicht haben, aber gerne hätten. Der dunkle Neid ist Missgunst, durch die ein Gift in uns hochkriecht, welches auf Dauer das Wesen eines Menschen brutal verändern kann. Wie beim Dämon Leviathan macht er unser Herz zu Stein. Neid macht Menschen oft zu einem Ungeheuer wie Leviathan, der als Seeungeheuer alles gnadenlos zerstört, was ihm begegnet. Mitunter wurde Leviathan auch als Allegorie auf die vernichtende Kraft des Meeres aufgefasst, was uns vielleicht etwas näher zu seiner ursprünglichen Natur führt. Das Meer ist in der Tiefenpsychologie das Symbol für die Tiefen des Unbewussten, für das gewaltige Gefühl, die mächtigen Leidenschaften, die unbezwingbare Emotion.

Neid ist also etwas, das aus den Tiefen unserer Seele kommt. Ein tiefsitzender, verborgener Konflikt, weshalb Neid mit vielen unterschiedlichen Pluto-Themen verknüpft sein kann. Er bohrt tief in uns, wie eine Riesenangst, zu kurz zu kommen, weniger zu bedeuten, weniger geliebt zu werden. Wer neiderfüllt ist und anderen etwas nicht gönnt, ist verärgert, um dann sogar Wut, Hass und vor allem Feindseligkeit zu entwickeln. Neid provoziert plutonische Machtkämpfe, der andere soll nicht mehr haben, mehr geliebt werden, mehr bedeuten, besser sein und schon gar nicht größeren Einfluss besitzen als man selbst.

Die Farbe des Neides ist knalliges Gelb, ein Gelb, das Übelkeit in einem hervorruft, würde man etwa eine Wand damit streichen. Astrologisch gesehen ist Gelb die Farbe des Intellekts, die wiederum Merkur zugeordnet ist. Götterbote Hermes, der die Neuigkeiten unter den Göttern verbreitet, sieht ja auch genau, was welcher Gott besitzt, wie er lebt und wie es ihm geht. Als Herrscher über die Kommunikation und den Gedankenaustausch stellt er gerne Vergleiche an, die natürlich der beste Nährboden für Neid sind. In den Zwillingen und in der Jungfrau herrscht Merkur, weshalb Menschen, die von Neid und Missgunst geprägt sind, oft eine Mischung aus Zwillinge-, Jungfrau- und Pluto-Themen besitzen. Zwillinge sind oftmals nicht nur sehr schlau und gerissen, sondern eben auch neidisch, während Jungfrauen zumindest ansatzweise oft mit Unterlegenheitsgefühlen zu kämpfen haben, die allgemein wieder den Neid fördern und blühen lassen.

Kain erschlug seinen jüngeren Bruder Abel, weil Gott dessen Opfer vorzog. Das Gefühl, weniger wert zu sein, hat in Kain diesen unglaublich dunklen Neid erzeugt. Nehmen wir an, ein Mensch hat etwa eine Mond-Pluto-Spannung bzw. den Mond im Skorpion und gleichzeitig einen Jungfrau- oder Zwillinge-Aszendent, dann könnte ihn unter Umständen der Neid immer wieder heftig quälen. Es gibt jedoch noch zahlreiche andere Kombinationen von Merkur- und Pluto-Themen. Prominent sind sicher Merkur-Pluto-Konjunktion, -Quadrat oder -Opposition oder auch Merkur im Skorpion bzw. in Haus 8. Diese Menschen sind besonders gefährdet, neidvolle Gedanken zu entwickeln. Im Grunde genommen kann das Gift des Neides aber jeden Menschen überwältigen, jeder hat ja auch einen Merkur und einen Pluto im Horoskop. Neid ist immer auch etwas Zwanghaftes (Pluto = Zwang), das sich in unserem Kopf, in den Gedanken (Merkur) festsetzt.

Die Eifersucht, das zweite Geschwister des Neides, taucht häufig als starke Verlustangst auf, wie sie etwa bei Skorpion-Mond, Venus im Skorpion, Venus in Haus 8 oder bei Venus Konjunktion, Quadrat oder Opposition Pluto gegeben ist. Aber auch hier spielt immer das Denken, das Vergleichen mit anderen, hinein, das diese Verlustangst erst so dramatisch aufbaut, ja zur rasenden Eifersucht werden lässt.

Halten wir fest: Das Gefühl des Mangels, der Minderwertigkeit und gleichzeitig das analysierende, oft zersetzende, kritisch und vergleichend Denkende führt schnell in die Neid-Sackgasse. Der Neid ist astrologisch eine Kombination aus Merkur- und Pluto-Themen. Interessant ist in diesem Zusammenhang, dass der futterneidische Hund, der in so vielen Abbildungen des Neides vorkommt, als Hüter der Höllenpforte sowohl einen plutonischen Charakter als auch merkurischen besitzt, da der Hund eben auch Merkur, den Zwillingen sowie der Jungfrau und dem 6. Haus zugeordnet ist.

Wie kann man sich nun gegen Neid wappnen bzw. ihn überwinden? Ein Schlüssel ist ganz sicher die Dankbarkeit für das, was wir an Gutem und Wertvollem in unserem Leben erhalten haben. Eine große Rolle spielen hier aber auch das Überwinden von Minderwertigkeitsgefühlen sowie von Argwohn und Missgunst. Anderen ihr Glück zu gönnen, ist das Jupiter-Prinzip. Wer das schafft und idealerweise ganz bei sich bleibt, statt auf die anderen zu schielen, wird Glück im Leben ernten. Neid dagegen ist das Wesen des Pechs, das an einem klebt und das Leben unglücklich macht.

Borderline – eine plutonische Krankheit?

Bei Borderline handelt es sich um eine sehr ernsthafte Persönlichkeitsstörung, die etwa drei Prozent der Bevölkerung betrifft.

Mindestens 60 Prozent davon haben mindestens einen Suizidversuch verübt. Wenn wir die Anzeichen von Borderline-Störungen betrachten, stoßen wir unweigerlich auf das Thema Pluto. Und tatsächlich haben Menschen, die an Borderline leiden, tendenziell ein größeres Pluto-Thema in ihrem Horoskop. Eine befreundete Psychologin riet einst ihren Schülern, die sie zu Therapeuten ausbildete, einen großen Bogen um Borderline-Klienten zu machen, da diese nur extrem schwer zu therapieren wären und man sie nicht mehr losbekommen würde. Vor allem Psychologen und Therapeuten mit wenig Erfahrung kommen bei diesem Thema ganz schnell an ihre Grenzen.

Skorpione oder Menschen mit auffallend starkem Pluto im Horoskop wandeln von Natur aus an der Grenze zur Borderline-Störung, weil sie alle diese Anzeichen zumindest im Ansatz besitzen. Wie bei allen Persönlichkeitsstörungen sind ihre Ansätze zunächst normal und ihre Übergänge oft fließend. Kritisch und behandlungswürdig werden sie immer dann, wenn sie bedrohlich für den Betroffenen selbst und/oder seine Umgebung werden.

Menschen mit Borderline sind grundsätzlich instabil und leiden unter extremer innerer Anspannung und starken Gefühlsschwankungen, die jederzeit in Form von heftigen Emotionen zutage treten können und die von den betroffenen Menschen selbst als unerträglich und bedrohlich empfunden werden, weil sie sich nicht dagegen wehren können. Oftmals wechseln die Gefühle von übersteigerter Selbstliebe in Selbsthass. In ebenso kurzer Zeit wird aus Sympathie massive Antipathie für andere Menschen.

Borderliner neigen wie der typische Skorpion bzw. Plutonier dazu, sich immer auf eine Seite zu schlagen und sich immer mit einzelnen oder mehreren Menschen gegen andere zu verbünden. Sie brauchen das Feindbild und idealisieren ihre Mitstreiter, von denen sie sich dann irgendwann wieder bitter enttäuscht abwenden, weil diese nicht dauerhaft ihrem idealisierten Bild entsprechen können. Auf diese Weise können sie innerhalb kurzer Zeit eine ganze Gruppe „sprengen“.

Ein weiteres typisches Anzeichen von Borderline sind Suizidversuche oder zumindest Handlungen, mit denen sich diese Menschen enorm in Gefahr bringen und deshalb suizidalen Charakter haben. Auch kommt es häufig zu Selbstverletzungen, wie etwa das Ritzen. Unbewusst werden diese selbstschädigenden Handlungen gemacht, weil dadurch innerer Druck abgebaut wird. Hier erkennen wir den leidenden Skorpion bzw. Plutonier, der von Natur aus bereits zu extremem und bisweilen auch zerstörerischem Handeln neigt, das sich gelegentlich gegen sich selbst richtet und im Falle von Borderline in eine Art Suchtverhalten mündet.

Borderliner haben oft eine tiefe, aber verletzte Seele, die sich im Horoskop etwa in Form von Mond-Mars- oder Mond-Pluto-Spannungen zeigen kann. Es scheint gesichert, dass die Anlage in Form von genetischen Faktoren hier eine größere Rolle spielt. Auch hier kann die Astrologie aufdecken. Ein Borderliner hat oft ähnlich starke und schwierige plutonische Aspekte im Horoskop wie seine Eltern oder Großeltern. Die Auslösungen für Borderline können bei einer solchen Anlage in traumatischen Erlebnissen in der Kindheit liegen. Oft lebten diese Menschen in Familien, in denen sie sich irgendwie übergangen, gedemütigt und ungerecht behandelt gefühlt haben. An die 60 Prozent von Borderlinern berichten von schwerem Missbrauch. Letzterer taucht oft in Horoskopen auf, in den sich Venus-Pluto-Themen finden. Plutonier haben zumindest im Ansatz auch immer dieses Täter-Opfer-Thema.

Borderliner haben extrem große Angst, verlassen zu werden. Auch das ist ein typisches Skorpion- bzw. Pluto-Thema, vor allem dann, wenn ein Skorpion neben seiner Sonne auch noch Venus im Skorpion hat oder Venus Konjunktion, Quadrat oder Opposition Pluto, oder wenn Pluto in Haus 7 steht. Diese Menschen haben stets große Verlustängste, auch weil sie unendlich leiden, wenn sie verlassen werden und das meist schon einmal erlebt haben. Solch großer und unstillbarer Liebesschmerz, der nicht aufhören will, kann ebenfalls zum Suizid führen. Die Angst vor dem Verlassenwerden führt in Beziehungen oft zu plutonischen Machtspielchen, bei denen die Drohung, den anderen zu verlassen, als Mittel eingesetzt wird, um von der eigenen Angst, verlassen zu werden, abzulenken und den anderen durch Angst noch näher an sich zu binden.

Der typische Borderliner verlässt seine Partner nie wirklich, man wird ihn nie wieder los, so wie man in vielen Fällen auch den echten Skorpion und Plutonier nicht mehr loswird, was den nahen Kontakt mit ihm, ob als Freund, Partner oder Therapeut, so aufreibend und manchmal gefährlich machen kann.

Die Verlustängste von Borderlinern führen schließlich dazu, dass sie Menschen, die ihnen nahestehen, anfangen zu kontrollieren oder gar zu stalken. Und natürlich, dieses Potential hat jeder Skorpion oder Plutonier auf alle Fälle in sich.

Typische Skorpione und Plutonier erkennen wir an ihren bisweilen umschmeichelnden Worten und ihrer fast fürsorglichen Art. Und, Sie ahnen es, auch der Borderliner kann dieses Auftreten haben, das von zuckersüß urplötzlich in knallhart umschlagen kann, genau. Borderliner, Skorpione und Plutonier kennen nur die bedingungslose Liebe, die absolute Sympathie oder den Hass und die abgrundtiefe Abneigung.

Borderliner bringen Angehörige, Lebenspartner und Freunde an die Grenze der Belastbarkeit. Als Angestellte können sie ganze Teams sprengen und dabei einen völlig machtlosen Chef zurücklassen, der möglicherweise nicht schnell genug erkannt hat, welche zerstörerische Kraft Neid, Hass, Missgunst und Eifersucht in einem Team haben können.

Borderliner wandern immer an der Grenze, so wie manche fanatischen Skorpione oder Plutonier, die extrem schnell Auto fahren, trinken bis zur Bewusstlosigkeit, Drogen konsumieren bis zum Abwinken, exzessiven und gefährlichen Sex haben, Extremsport treiben und ihren eigenen Körper durch schonungslosen Einsatz malträtieren.

Nicht jeder Borderliner zeigt sich jedoch in extremen Handlungen, Selbstzerstörungstendenzen und Verletzungen. Manchmal verbergen sich auch Depressionen, Essstörungen, ADHS oder unterschiedliche Suchterkrankungen hinter einer Borderline-Störung.

Eine Beziehung mit einem Borderliner kann die wahre Hölle sein. Der Partner wird einmal auf einen Sockel gehoben und idealisiert, ein anderes Mal schroff abgewiesen, mit Vorwürfen und persönlichen Beleidigungen überschüttet. Das Leben mit einem

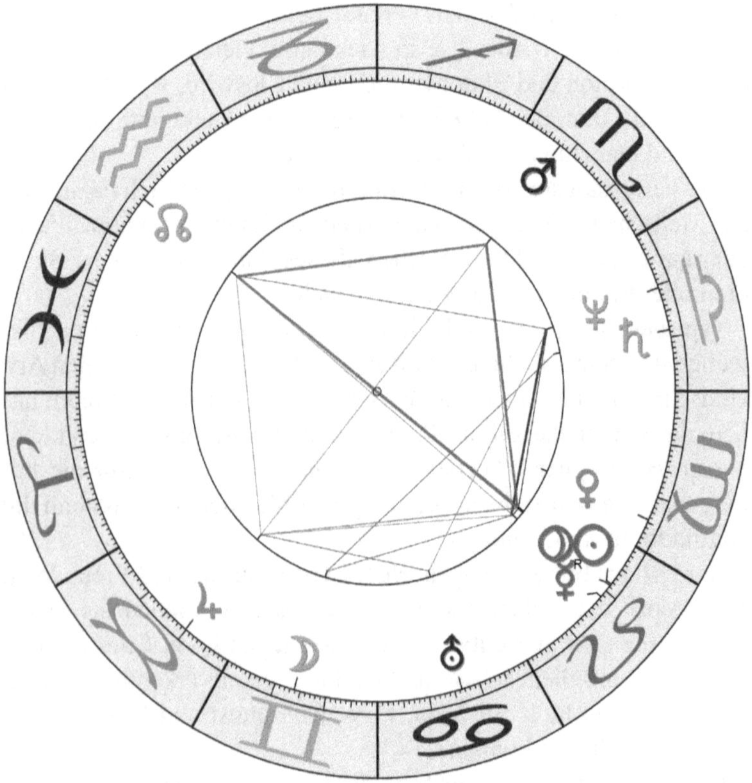

Radix Peter Fonagy

Borderliner ist ein einziges Drama – so wie es mit Skorpionen und Plutoniern sein kann. Niemals kommt man zur Ruhe, immer gibt es Kritik, große Probleme und Feinde.

Natürlich, und das sei hier noch einmal ausdrücklich gesagt, ist ein Skorpion bzw. ein plutonischer Mensch nicht gleich ein Borderliner. Diese Menschen haben nur mehr oder weniger große Anteile vom Borderliner, die bei diesem zur Persönlichkeitsstörung geworden sind.

Vor noch nicht all zu langer Zeit galt Borderline als unheilbar, als Grauen, das sich kein gesunder Menschen vorstellen kann. Was muss ein Mensch leiden, der sich selbst zerstört und Schmerzen zufügt, nur um den extremen Gefühlen Einhalt zu gebieten?

Eine wichtige Therapieform hat sich in den vergangenen Jahren durchgesetzt. Es geht dabei um die Mentalisierung, um die Fähigkeit, zu erkennen, wie die eigenen Gedanken, Wünsche, Vorstellungen und Ängste zu diesen Gefühlen und diesem Verhalten führen. Das Erkennen, die Bewusstmachung der eigenen Konflikte kann auch hier zu einem besseren Verstehen von sich selbst und anderen führen. Der bekannte englische Psychologe Peter Fonagy, der wesentlich Anteil an der Entwicklung der „Mentalisierungsbasierten Psychotherapie“ hatte, erklärt diese folgendermaßen: „Ich denke, dass du denkst, dass ich denke, also bin ich.“

Interessant ist, dass Peter Fonagy, der am 14. August 1952 in Budapest geboren ist, ein waschechter und keineswegs leicht umgänglicher Plutonier ist – wie so viele herausragende Psychologen, die deshalb so gut in ihrem Fach sind, weil sie innere Qualen und Konflikte von sich selbst kennen und damit einen natürlichen Drang besitzen, die Untiefen der Seele zu erforschen.

Peter Fonagy litt in jüngeren Jahren an Depressionen und geriet in Behandlung bei einer Kinderpsychotherapeutin, was ihn dazu inspirierte, selbst Psychoanalytiker zu werden. An seinem Geburtstag standen Sonne und Merkur in Konjunktion zu Pluto im Löwen im Quadrat zu Mars im Skorpion.

Macht und Ohnmacht und die richtige Balance zwischen Handeln und Vertrauen

Pluto ist das Synonym für die Macht. In unserem persönlichen Horoskop steht er für unser Handeln, Agieren, Auftrumpfen, Einfluss besitzen. Er hilft uns, selbstbestimmt zu leben, indem er auf innere und äußere Verwicklungen hinweist, aus denen wir uns lösen müssen, um wieder frei zu handeln, um „etwas machen" und verwirklichen zu können.

Das Gegenteil der Macht ist die Machtlosigkeit oder auch die Ohnmacht. Ein Gefühl der Hilflosigkeit und oft auch der Hoffnungslosigkeit, weshalb die Ohnmacht auch schnell in Bewegungsunfähigkeit und letztlich in die Depression abkippen kann.

Macht und Ohnmacht gehören zu den krassesten Gegensätzen, die Pluto in sich vereint und die immer wieder eine wichtige Rolle in unserem Leben spielen.

Ohnmachtserfahrungen können etwa durch Naturkatastrophen hervorgerufen werden, die alles um uns herum zerstören, ohne dass wir in irgendeiner Form eingreifen könnten. Berüchtigt sind in dieser Hinsicht vor allem heftige Erdbeben. Menschen, die schon einmal ein stärkeres Beben erlebt haben, sind oft stark traumatisiert und seelisch erschüttert, da die bebende Erde, unsere Lebensbasis, das Leben überhaupt infrage stellt.

Die tiefen Schichten der Erde und ihre Beben sind astrologisch, wie schon erwähnt, Pluto zugeordnet, der über die Unterwelt herrscht. Er ist und bleibt der Gegenspieler des Lebens, auch in der Natur und ihren Erscheinungen. Ohnmachtserfahrungen stehen nahezu immer in Verbindung mit Gewalt, mit psychischer oder/und physischer. Eine Frau, die vergewaltigt wird, Kinder, die misshandelt werden, alte Menschen, die in Alten- und Pflegeheimen mit Drogen ruhiggestellt werden, gemobbt werden am Arbeitsplatz, willkürlich und ungerecht vom Chef kritisiert werden, finanziell von jemandem abhängig sein, der das gnadenlos ausnutzt, von einem Menschen, den wir lieben, verlassen zu werden – es gibt so viele, oft alltägliche Situationen, in denen wir ohnmächtig und oft völlig verzweifelt sind.

Macht und Ohnmacht haben immer etwas miteinander zu tun und können letztlich nicht getrennt voneinander gesehen werden. Das eine folgt oft auf das andere und umgekehrt. Eine Ohnmacht kann uns enorm motivieren, alle Kräfte zu mobilisieren, um wieder die Macht zu erlangen.

Verwandt mit Macht und Ohnmacht ist das Pluto-Tema „Täter und Opfer", die, das belegen astrologische Beobachtungen immer wieder, oft sehr ähnliche Themen in ihren Horoskopen haben. Oft zitiert werden hier Mars-Pluto-Spannungen (Konjunktion, Quadrat oder Opposition), die beim einen Menschen zu gewalttätigem Verhalten, bei einem anderen Menschen zur Verdrängung von Gewalt führen können. Warum das so ist, hängt von der gesamten Persönlichkeit ab, ob sie mehr introvertiert oder extrovertiert ist, und oft spielen hier natürlich auch die Erziehung und das Milieu, in dem man aufwächst, eine große Rolle. Einem Jungen, dem seine Wut verboten wurde, der sich niemals mit anderen Jungen geprügelt hat und der seine Spannungen auch nicht in einem Kampfsport ablassen konnte, bei dem gehen Mars und Pluto in die Verdrängung, wo sie gefährlich werden können, da Gewalt abschieben zu einem Anziehen von Gewalt werden kann. Es ist also wichtig, sich dieser Kräfte bewusst zu werden und mit ihnen umgehen zu lernen. Erst dann verlieren sie ihren Schrecken.

Ähnlich ist das etwa bei Venus-Pluto-Spannungen, die oftmals Vergewaltiger in ihrem Horoskop haben und auch die Menschen, die Opfer von Vergewaltigungen sind. Venus-Pluto-Konjunktion, -Quadrat oder -Opposition haben viele Menschen, die eine nahezu unstillbare Lust auf Sex haben und solche, die dieses Thema völlig verdrängen. Es ist keine böse Kraft, es ist aber eine Energie, mit der wir umgehen lernen müssen und die wir auch nicht verdrängen dürfen, damit sie keinen Schaden anrichtet.

Ähnlich ist es mit vielen anderen Pluto-Aspekten auch. Sie fragen uns, je nach ihrer Bedeutung, immer: Wollen wir Macht oder Ohnmacht, Täter oder Opfer sein? Und hier kommt das Bemühen um Balance des aufgeklärten, bewussten Menschen ins Spiel.

Wer etwa ein Mobbing-Opfer wird, sollte unbedingt darüber nachdenken, was er aussendet, was die anderen Menschen so provoziert, ihn zu mobben. Umgekehrt sollte derjenige, der in die Versuchung kommt, einen Kollegen mit anderen Kollegen gemeinsam zu mobben, überlegen, was ihn an diesem Menschen, der das Opfer ist, triggert. Jeder Mensch, der uns nervt und aggressiv macht, den wir am liebsten vernichten wollen, stößt etwas in uns an, was mit uns selbst zu tun hat. Und blöderweise begegnen wir auch genau diesen Menschen immer wieder, als hätten wir hier etwas gutzumachen. Letztlich ist es das Gesetz der Resonanz, das uns diese Begegnungen beschert und an ihnen festhalten lässt, weil wir hier auf der Erde sind, um an uns und unseren Schwächen zu arbeiten und uns weiterzuentwickeln.

Wer Opfer ist, ist im ganzheitlichen Verständnis nicht immer das Opfer, für das wir es halten. Pluto kann so perfide sein, dass er aus einer Opferrolle eine Machtrolle kreiert, so wie das z. B. eine Mutter macht, die sich permanent für ihre Kinder einsetzt, alles tut und macht, um Nähe und Aufmerksamkeit, oft unausgesprochen, einzufordern.

Die Ohnmacht kann eine sehr dunkle Seite von Pluto sein. Ohnmacht stresst uns ungemein, wir können implodieren oder explodieren und können doch nichts ändern. Immer steckt hinter der Ohnmacht eine Art Verlust der Kontrolle, die ja auch zu den wichtigsten Eigenschaften Plutos gehört.

Menschen mit größeren Pluto-Themen im Horoskop und vor allem, wenn Venus in Spannung zu Pluto steht, sich im Skorpion oder 8. Haus befindet oder wenn Pluto im 7. Haus steht, lieben oft sehr intensiv und haben deshalb Angst, den Menschen zu verlieren, mit dem sie innerlich so stark verbunden sind. Als Reaktion darauf versuchen sie, den geliebten Menschen zu kontrollieren oder ihn in irgendeiner Form abhängig zu machen, Macht und Einfluss über ihn zu gewinnen. In einer Liebesbeziehung kann dieses Verhalten extrem belastend sein, da hier meist auch noch eine übertriebene Eifersucht hinzukommt. Will der Partner, nehmen wir an, es handelt sich um einen Mann, nun auch einmal seine eigenen Wege gehen, indem er abends mit einem Freund ausgeht, alleine in den Urlaub fahren oder sich gar mit einer anderen Frau, etwa einer Arbeitskollegin, treffen will, kann sich der plötzliche Kontrollverlust in Panik hochschaukeln. Und wenn der Partner fremdgeht, erst recht. Plutos Leidenschaften können in Verbindung mit dem Gefühl des Kontrollverlusts im Extremfall zu Zwangsstörungen mutieren.

Wenn uns die plutonischen Kräfte etwas lehren, dann ist es, dass wir das Leben, seine Unwägbarkeiten und Dynamiken nicht kontrollieren können. Wer sein Leben von Angst und Kontrollsucht bestimmen lässt, wird nicht nur viele unnötige Niederlagen und Trennungen in Kauf nehmen müssen, er kann psychisch und physisch krank werden.

Manchmal führt uns das Leben, wie gesagt, in Situationen, in denen wir nichts mehr machen können und jede Kontrolle aufgeben müssen. Das ist z. B. dann der Fall, wenn ein Mensch eine Krebsdiagnose im Endstadium bekommt. Das ist gewiss ein besonders krasses Gefühl von Ohnmacht. Was kann man jetzt noch tun? Die Antwort: Loslassen! Loslassen von Kontrolle und Verwicklungen im Leben, die nicht gutgetan und krankgemacht haben. Im Loslassen, das der inneren Wandlung vorausgeht, liegt die Chance, ja das Wesen der Heilung. Auf die Ohnmacht können wir reagieren, indem wir aufgeben, uns dem Schicksal ergeben und in Depressionen versinken, oder wir können da loslassen, wo es für uns wichtig ist. Ich glaube, jeder Mensch spürt, wo er loslassen sollte, nur will er es oft nicht wahrhaben und sucht stattdessen nach anderen Lösungen, die einem weiteren Verdrängen nahekommen.

Loslassen können heißt auch Vertrauen zu können. Der Schritt von der Angst und dem übergroßen Misstrauen, das plutonische Menschen oft im Überfluss besitzen, hin zum Vertrauen, kann enorm groß sein. Es ist letztlich der Schritt, den wir alle in unserem Leben, bewusst oder unbewusst, versuchen zu gehen und der in der Schöpfung für uns vorgesehen ist. Es ist ein magischer Schritt, einer, der komplett alles verändert, der uns von Argwohn, Misstrauen, Neid und Eifersucht befreien kann und mit dem völlig neue Lebensperspektiven auftauchen. Pluto ist eben nicht nur negativ. Seine dunklen Seiten und seine Wandlungskraft gehören, um es immer wieder zu sagen, zum Prozess der Erlösung und des inneren Wachstums.

Pluto ist das Prinzip der gewaltigen Gegensätze, die sich gegenseitig anziehen und spiegeln. Als Extreme tauchen sie in Täter und Opfer, Heilige und Hure, Priester und Atheist auf. Plutonische Menschen neigen selbst zum Polarisieren und brauchen oftmals Feindbilder, immer den Gegensatz, wobei sie auf der guten wie bösen Seite stehen können. Jeder Mensch, der von Beruf Kriminalist ist, hat ein großes Pluto-Thema. Mit dem gleichen Pluto hätten viele von diesen Kriminalisten auch den Weg des Kriminellen beschreiten können.

Aber zurück zur Ohnmacht, vor der kein noch so mächtiger und stabiler Mensch gefeit ist, hinter der sich aber auch eine wichtige Lebensaufgabe verbergen kann.

Manche Pluto-Transite können uns in Sackgassen hineinführen, in denen wir scheinbar unfähig werden zu handeln und in denen wir hilflos sind wie oftmals noch nie zuvor im Leben. Gemeint ist hier vor allem der Transit des Pluto in Konjunktion, Quadrat oder Opposition zu unserem Geburts-Saturn, der in aller Regel an die drei Jahre anhält. Pluto will seiner Natur nach stets die totale Transformation und Wandlung. Und Saturn steht stellvertretend für unsere Sicherheiten im Leben, für das, was wir uns unter Umständen viele Jahre aufgebaut haben. Die Transformation ist nun aber nur dann möglich, wenn alte Strukturen des Saturns aufgegeben bzw. zerstört werden. So kann es unter diesen Transiten passieren, dass wir den neuen Weg sehen und wissen, dass wir ihn, aus welchen Gründen auch immer, gehen müssen. Gleichzeitig haben wir Angst, die alte Sicherheit aufzugeben. Manchmal tut es auch nur unglaublich weh. Eine Spannung, eine Sackgasse, ein Ohnmachtsgefühl, unter dem wir letztlich wie im Zeitraffer wachsen können.

Die Macht aus der Opferrolle

Schwach sein, leiden, übergangen, krank, ausgenutzt, nicht gesehen und beachtet werden, kann aber auch eine ganz perfide Nummer Plutos sein, um daraus Macht und Einfluss auf andere Menschen zu schöpfen. Manchmal müsste man fast sagen: Hüte dich vor den Schwachen, denn sie werden dein Untergang sein. Sie geben jede Verantwortung ab mit Hinweis auf ihre Schwäche und beuten auf ihre Art diejenigen aus, die ihnen helfen wollen.

Täter, wie wir sie normalerweise kennen, missbrauchen Macht, um jemandem körperlich, seelisch oder auch materiell Schaden zuzufügen. Ihre Opfer haben interessanterweise mitunter ähnliche Gewaltaspekte in ihrem Horoskop wie sie. Der Unterschied ist, dass Opfer ihre Gewaltaspekte passiv erleben, in Form von ausgenutzt, missbraucht, misshandelt, seelisch erniedrigt, verprügelt werden usw.

Es gibt interessante Studien über das besondere Verhältnis, das oft zwischen Opfer und Täter entsteht, z. B. von Geiselnehmern und ihren Opfern, die zu starker Abhängigkeit und Dankbarkeit von Seiten der Opfer führen kann. Manchmal kommen Opfer nicht von ihren Tätern los, wie das vielfach auch bei misshandelten Frauen beobachtet werden kann, die trotz ihres Leids eine gewisse Solidarität zu ihren Peinigern besitzen. Natürlich gibt es dafür einige psychologische Gründe, die in der Regel mit Schuld und innerer Abhängigkeit zu tun haben. Täter und Opfer haben manchmal sogar einen inneren Draht zueinander, was etwa bei Stalkingfällen beobachtet werden kann. In sehr vielen Fällen hatten Opfer und Täter hier eine Vorbeziehung.

Wir ziehen letztlich an, was in uns ist. Ein heißes Eisen, dieses Thema, das schnell falsch verstanden und interpretiert werden kann. Und natürlich, das sei an dieser Stelle deutlich gesagt, gibt es einen großen moralischen Unterschied, ob jemand Täter oder Opfer ist.

Pluto-Themen sind schwierig. Sie zu erkennen, bedarf großer Wachheit und einiger Lebenserfahrung. Gewiss nicht leicht zu erkennen, ist speziell diese Variante Plutos: Die Macht aus der Opferrolle. Wie gesagt, gibt es Menschen, und das sind gewiss nicht wenige, die in die Opferrolle hineinschlüpfen, um Einfluss zu gewinnen, um auf ihre Art Macht auszuüben. Tückisch, ja perfide deshalb, da sie jetzt Täter im Opfergewand sind und die Moral auf ihrer Seite haben. Sie kennen diese armen Opfer alle aus Ihrem

Umfeld, wenn Sie nicht sogar selbst davon betroffen sind. Schuld haben für sie immer die anderen – an der schlimmen Arbeitsstelle, an der chronischen Krankheit, an überhaupt allem Üblen, das in ihrem Leben auftaucht. Diese Ausreden sind immer auch Schuldzuweisungen, die sich jedoch niemals auf die eigene Person, sondern immer auf andere Menschen, die ungünstigen Umstände oder das böse Schicksal beziehen. „Schaut her, wie arm ich bin ... ich hatte nie eine Chance ... mein Partner hat mich zerstört ... meine schwere Kindheit und meine Eltern, die nie für mich da waren, haben mir jedes Selbstbewusstsein geraubt ... ich habe den falschen Beruf gewählt, weil ... ich kann mich nicht bewegen und Gewicht abbauen, weil meine Knie kaputt sind ... ich kann nicht mehr lieben, weil ich verlassen wurde“... Mit diesen und zahlreichen ähnlichen Erklärungen werden Kollegen, Freunde, Kinder, Eltern, Partner usw. letztlich massiv mit der unausgesprochenen Forderung unter Druck gesetzt: „Sag mir, wie ich arme Seele, die immer nur Opfer war, endlich einmal Glück im Leben haben kann!“

Es dauert oft sehr lange, bis man es wahrnimmt, wenn ein naher Mensch mit diesem Thema zu tun hat. Gerade Menschen, die wir lieben, sind wir in dieser Hinsicht oft ein wenig ausgeliefert. Wenn die Mutter etwa immer wieder klagt, wie sehr ihr von allen möglichen Menschen Unrecht angetan wird, spüren wir zwar, dass da Methode dahinterstecken könnte. Wir bringen es aber meist nicht übers Herz, dagegen anzugehen und wollen helfen, helfen, helfen. Meist vergeblich. Ähnlich verhält es sich mit einem Partner, der immer irgendwie krank ist, leidet, Pech hat, von anderen nicht wahrgenommen wird etc. Auch ihm wollen wir unbedingt helfen und werden vielleicht erst spät erkennen, dass das vermeintliche Leid unserer Partners wie ein Fass ohne Boden ist und niemals gestillt werden kann. Das wäre auch nicht im Sinne des Opfers, das das Leid ja weiter nutzen will, um andere zu manipulieren.

Viele dieser Opfer-Menschen sind auch deshalb nicht wirklich harmlos, weil sie stets andere mit Vorwürfen und Schuld beladen und dabei Verbündete suchen, mit denen sie gemeinsam über ihre vermeintlichen Peiniger herziehen können. So entsteht oft üble Meinungsmache von den scheinbaren Opfern und ihren Mitstreitern. Ein dunkles Kapitel plutonischer Kriegsführung auf der menschlich sozialen Ebene.

Am Ende sind wir von diesen Opfern, denen wir helfen wollten und die uns dazu verleitet haben, gegen andere Stellung zu nehmen, oft bitter enttäuscht und desillusioniert. Denn spätestens dann, wenn wir nicht mehr helfen, verstehen oder uns verbünden wollen, werden wir oft ganz schnell selbst zum Feindbild erklärt.

Das Opfer, die eigene Schwäche, ist stets ein Neptun-Thema. Und Neptun bleibt immer irgendwie im Nebel, im Unsichtbaren, ähnlich wie Pluto mit der Tarnkappe, der sich nicht zu erkennen geben will. Schließlich würden sich dann ja seine eigentlichen Absichten offenbaren. Neptun, die Schwäche, wird aber erst durch Pluto gefährlich, so wie der Alkoholiker zwar durch Neptun zum Trinken verführt wird, durch Pluto aber erst der Sucht, die zum Zwang wird, erliegt.

Menschen, die Macht aus der Opferrolle schöpfen und durch ihre Schwäche und ihr Leid Aufmerksamkeit, Druck und schlechtes Gewissen bei anderen erzeugen, um sie bewusst oder unbewusst gefügig in ihrem Sinne zu machen, müssen allerdings häufig erleben, dass viele Menschen letztlich auf Distanz zu ihnen gehen und den Kontakt vermeiden, weil sie im zunehmenden Maße als mühsam, nervend, provozierend und einnehmend empfunden werden. Vielen fällt es nicht leicht, den Schiefstand einer solcher Beziehung zu beschreiben, sie fühlen jedoch zumindest, dass da etwas nicht stimmt.

Hinter dieser Opferhaltung stecken, wenn wir tiefer blicken, Selbstmitleid und das überzogene Bedürfnis nach Beachtung und Anerkennung. Man will auch etwas bedeuten und seinen Einfluss, seine Macht geltend machen. Einige dieser Menschen wollen sich durch ihre Opferhaltung aber auch nur selbst in eine moralisch gute Position befördern, indem sie anderen die Schuld zuweisen und den schlechten Charakter zuschieben. Das kann so weit gehen, dass alle eigenen negativen Gefühle, wie Wut, Ärger, Streitsucht, auf andere abgeschoben und projiziert werden.

Das Opferthema ist in unserem Kulturkreis weit verbreitet. Schließlich ist Neptun der Planet des Christentums, und darin existiert ja auch die sehr helle, positive, christliche Form des Aufopferns, des Helfens, des Verstehens, des Mitleidens usw. Diese hohen Ideale, die in unserem Kulturkreis fest verankert sind, animieren manche Menschen dazu, Mitleid moralisch einzufordern. Andere fühlen sich durch sie wiederum verpflichtet, Hilfestellung zu geben. Eine moralische Verpflichtung, die in unserer Gesellschaft eben auch vielfach ausgenutzt wird.

Interessant ist, dass wir mit einigen Unterbrechungen seit den 1940er Jahren ein Neptun-Pluto-Sextil am Himmel haben. Das heißt, dass ungeheuer viele Menschen diesen Aspekt, der mit Mystik, Magie, spirituellem Wachstum und Opferbereitschaft in ihrem Geburtshoroskop haben, auch wenn nur bei Wenigen dieser mächtige und lang andauernde Generationenaspekt eine größere persönliche Bedeutung besitzt. Dieses Sextil ist dafür verantwortlich, dass die Menschheit in menschlicher und spiritueller Hinsicht reifen und sich weiterentwickeln kann. Nur: Jede gute Energie kann, wie gesagt, auch falsch interpretiert, ausgenutzt und missbraucht werden.

In die Opferrolle können auch Länder geraten bzw. hineingehen, wie man das etwa bei Bundesrepublik Deutschland (gegründet am 23. Mai 1949 um 16 Uhr in Bonn) häufig beobachten konnte. Sie wird mit Neptun in Haus 1 nicht grundlos oft als Wohlfahrtsstaat bezeichnet, der aufgrund seiner schuldbehafteten Vergangenheit gerne in die Büßer- und Opferrolle geht, der möglicherweise öfter ausgenutzt wird, der mit seinem jetzigen hohen Anspruch auf menschliche Gerechtigkeit und soziales Denken aber auch großen moralischen Druck auf seine Verbündeten und andere Länder aufbauen kann. Deutsche Regierungen scheinen oft die Moral für sich gepachtet zu haben. Dabei ist dieser Staat mit Pluto in Haus 11, dem Bereich, der mundan mit Verbündeten und insbesondere dem Sozialwesen zu tun hat, gewiss nicht nur auf soziale Gerechtigkeit gerichtet. Denn Pluto ist von seiner Natur nicht sozial und deutet in Haus 11 stets auf den Einfluss mächtiger Verbündeter und größerer Interessensgemeinschaften hin, die den Staat und seine Geschicke aus dem Hintergrund stark beeinflussen, wenn nicht lenken. Allein Saturn in Haus 11 ist ein Hinweis dafür, dass die BRD zumindest die karmische Aufgabe hat, ein Staat zu sein, zu werden, in dem das soziale Bewusstsein dominiert.

Aber zurück zum Einzelnen. Astrologisch kokettieren natürlich Fische-Geborene, Fische-Aszendent, Menschen mit Neptun in Haus 1, mit Sonne- oder Mond-Neptun-Aspekten sowie Sonne und Mond in Haus 12 gerne mit ihrer Feinfühligkeit, und manchmal setzen sie auch vorgegebene Schwäche und Hilflosigkeit ein, um ein Ziel zu erreichen. Überaus schnell in die Opferrolle geraten auch Menschen mit Fische-Mond und Fische-Venus, bevorzugt Frauen in Liebesverbindungen.

Auch der Krebs-Aszendent und der Mond im Krebs verführen ihre Eigner dazu, Druck durch oft stilles Leiden und Verletztsein aufzubauen, womit sie nahe Menschen massiv bearbeiten und letztlich auch lenken können.

Allgemein sind auch alle Venus-Pluto- sowie Mond-Pluto-Spannungen, Venus im Skorpion, in Haus 8, der Mond in Haus 8 und im Skorpion berüchtigt für heftige Manipulationen auf der Gefühlsebene. Diese Menschen schaffen es, Schuldzuweisungen gegen die eigene Person in kürzester Zeit umzudrehen. Mit Hinweisen auf ihre eigene missliche Lage, ihre Ängste und erlittenen Verletzungen, das unfaire Verhalten der anderen usw. Wer diese Menschen kritisiert, muss damit rechnen, schnell selbst in die Rolle des Schuldigen zu geraten. Diese Menschen schaffen es oft, ganze Familien, berufliche Kollegen, Vereinsmitglieder usw. zu kontrollieren. Sie geben vor, was fair und unfair, gerecht und ungerecht ist, kämpfen sozusagen mit der Keule der Moral, um selbst immer als Gutmensch dazustehen. Sie verwickeln Menschen in ihre Machtspielchen wie die Spinne ihre Opfer durch ihr Netz fängt.

Unangreifbarer werden sie manchmal dadurch, dass sie alles für alle tun, die Gemeinschaft zusammenhalten, sich für jeden Einzelnen darin einsetzen usw. Wird so ein „edler" Mensch kritisiert, zeigt er sich schwer verletzt: „Wieder einmal werden mir meine guten Absichten falsch ausgelegt ... niemand dankt mir meine Hilfe ... ich sollte mich nicht mehr für andere einsetzen, es kommt ja doch nichts zurück ... ich bin so schwierig, weil meine Kindheit furchtbar war ... wenn ich selbst einmal Hilfe brauche, ist niemand da ... ich bin es, der sich bei Freunden immer meldet, umgekehrt kümmert sich niemand um mich." Eine Kette von Vorwürfen, die, wenn es sein muss, kein Ende kennt.

Klassisch für die „Macht aus der Opferrolle" steht die Konjunktion, das Quadrat und die Opposition zwischen Saturn und Pluto, da Saturn für das Leid und erlittene Unrecht und Pluto für die Macht steht. Der Aspekt der Schwarzen Magie, mundan der Aspekt des Krieges und der Zerstörung, wird auch oft auf diese Weise tätig. Nicht wenige Jahrgänge besitzen ihn, man denke hier etwa an die 1965er und 1966er, bei denen Saturn auch noch im „Opferzeichen" Fische in Opposition zu Pluto in der Jungfrau steht. Viele dieser Menschen kennen zumindest die Macht aus der Opferrolle recht gut. Vielfach verbirgt sich diese hier sogar hinter Erkrankungen, da die Zeichen Jungfrau und Fische mit unserer physischen wie psychischen Gesundheit zu tun haben.

Die Krankheit, meist unbewusst, als Mittel einzusetzen, um Beachtung, Liebe, Anerkennung und Einfluss zu gewinnen, ist ein besonders gefährlicher plutonischer Weg, der, sollte keine Selbsterkenntnis einsetzen, kein gutes Ende erhoffen lässt.

Jeder von uns sucht letztlich Einfluss und Anerkennung, mehr oder weniger stark auch Macht. Sicher ist der mangelnde Selbstwert immer ein starker Motor, der uns in dieser Hinsicht antreibt. Und das ist auch gut so. Die Opferrolle mutet jedoch wie das allerletzte Mittel an, um Anerkennung zu erreichen. Sie tut uns und anderen nicht gut.

Glückliche Beziehungen und das Gleichgewicht der Macht

Wie wir gesehen haben, sind die Themen Macht-Ohnmacht bzw. Täter-Opfer bis hin zur Macht aus der Opferrolle bei Plutoniern ziemlich präsent. Der Schlüssel für eine glückliche Beziehung mit einem bzw. zwischen zwei plutonischen Menschen ist daher das

„Gleichgewicht der Macht". Dies klingt im ersten Moment zugegebenermaßen nicht nach romantischer und inniger Liebe, eher nach Wettkampf und Gegnerschaft. Die meisten unter uns assoziieren mit Macht etwas Negatives, schon gar in Beziehungen. Dominiert hier einer den anderen, kann die Beziehung nicht glücklich sein. Glücklich wird sie aber, wenn beide Partner dominieren dürfen – auf ihre jeweilige Art.

Die Macht gehört, wie so viele Entsprechungen Plutos, zu den Begriffen, die irgendwie negativ behaftet oder gar tabuisiert sind. Wenn wir an Macht denken, haben wir als inneres Bild meist eine oder mehrere Personen vor uns, die andere unterdrücken, indem sie versuchen, ihnen ihren Willen aufzuzwingen und sie zu steuern. Macht ist für die meisten Menschen gleichbedeutend mit Unterdrückung. Natürlich können Pluto und die Macht genau so sein und sind es auch oft. Aber, es gibt auch eine andere Seite der Macht, eine Art von Dominanz und Bedeutung, die jeder Mensch gemäß seiner Natur und Möglichkeiten besitzt und die überhaupt wichtig ist, um sich entfalten zu können.

Die negative Macht, die wir oft im Sinn haben, wenn dieses Wort fällt, ist der Machtmissbrauch. So wie Neptun und die Heimlichkeiten wichtig sein können, weil jeder Mensch auch das Bedürfnis und das Recht hat, etwas ganz allein für sich selbst zu machen, ohne sich rechtfertigen zu müssen, so brauchen wir auch Macht. Denn ohne sie sind wir schlichtweg machtlos, werden zum Spielball der anderen und haben nichts zu melden. Daraus kann nichts entstehen.

Machtlosigkeit in Beziehungen bedeutet, sich dem anderen zu unterwerfen bzw. völlig anzupassen und damit letztlich das Leben des Partners zu führen. Jeder, der so eine Beziehung schon einmal im Ansatz durchleiden musste, in der er unterlegen war, ausgenutzt und übergangen wurde, weiß, welch schales Gefühl der Demütigung am Ende bleibt.

Wer in solch eine Beziehung hineingerät, in der es zu einer Abhängigkeit mit Unterdrückung kommt, dem muss jedoch klar sein, dass er dies selbst zu verantworten hat, weil er seine Macht, seinen Pluto, letztlich abgegeben hat, was bestimmt nicht nur, aber relativ häufig bei Venus Konjunktion, Opposition oder Quadrat Pluto sowie Venus im Skorpion oder in Haus 8, dem Spiegel des Skorpions, und Pluto in Haus 7, dem Bereich der Partnerschaft, beobachtet werden kann. Venus-Pluto-Themen sprechen im eher schwierigen Sinne von der abhängigen Liebe, während etwa Venus-Neptun-Themen mit der aufopfernden Liebe zu tun haben können.

Eine extreme Art der Abhängigkeit stellt dabei die Hörigkeit dar, bei der das Machtthema besonders krass erscheint. Beide suchen und brauchen sich gegenseitig in dieser plutonisch symbiotischen Beziehung. Der eine übt extreme Macht aus, der andere lebt die Macht passiv, indem er sie vom anderen aufnimmt und sich dominieren lässt. Bei beiden ist Pluto nicht in Balance und führt deshalb zu einem extremen Beziehungsleben. Der dominante Part verkörpert möglicherweise den Mächtigen, weil er im Leben so oft unterdrückt worden ist und machtlos war. Und sein unterwürfiger Partner empfindet möglicherweise eine Art Lust und Schmerz dabei, ausgeliefert zu sein, die Macht des anderen zu spüren und die Kontrolle dabei abzugeben.

Überwältigt werden ist der passive Pluto in der Sexualität, in der das Ausgeliefertsein, das Nichtstun und Vertrauen müssen erst die ganz großen Leidenschaften und Gefühle entfachen kann.

Fast jeder Mensch, der das bereits erwähnte Venus-Pluto-Thema hat, weiß, wovon hier die Rede ist. Überwältigen und auch die Gewalt gehören zur Sexualität, wobei das Thema Gewalt immer eine Gratwanderung bleibt. Die Sexualität befindet sich oft auch in der Spannung zwischen Tabus einhalten müssen und überschreiten wollen, was sie für viele Menschen letztlich auch so konfliktreich macht. Grenzerfahrungen können wichtig sein, um sich innerlich zu befreien.

Zu dominieren heißt Verantwortung zu übernehmen. Dominiert zu werden, heißt, sich hinzugeben, zu vertrauen. Speziell bei der sexuellen Hörigkeit wird das alles häufig noch in Form von sadomasochistischen Spielereien und Praktiken auf die Spitze getrieben. Auch hier geht es letztlich um das Spiel von Macht, Dominanz und Vertrauen, weshalb diese Spielerei auch bei Paaren beobachtet werden kann, die ansonsten ein ausgeglichenes Beziehungsleben führen. BDSM, eine spezielle Spielart des Sadomasochismus, die aus lust- und schmerzvollen Fesselspielen besteht, findet in unterschiedlichen Ausprägungen immer mehr Eingang in die Schlafzimmer ganz normaler Bürger unserer Zeit. Auch sie wollen das Spiel von Ausgeliefertsein und Vertrauen erleben. Als Spielart mit plutonischen Kräften können solche sexuellen Praktiken durchaus bereichernd sein, solange diese Spielarten im geschützten Rahmen bleiben und von beiden gewollt sind.

Auch im Alltag und realen Leben ist es bis zu einem gewissen Punkt normal, wenn einer von beiden in Beziehungen etwas dominanter ist bzw. mehr die Führung übernimmt und eher der ist, der handelt, während der andere es genießt, das Geschehen aus dem Rückraum heraus zu beobachten, um es vielleicht indirekt zu beeinflussen. Wenn das für beide passt, funktioniert die Beziehung im Alltag und kann glücklich werden.

Wenn jedoch etwa ein Mann, wie es in früheren Zeiten gang und gäbe war, aber auch heute noch häufig ein Thema ist, der Alleinverdiener ist, weil die Frau sich zuhause um Kinder kümmern muss, kann leicht eine ungewollte Schieflage der Macht entstehen. Es gibt nämlich nicht wenige Männer, die genau die Form von materieller Abhängigkeit ausnutzen, um ihre Frau gefügig zu machen und noch enger an sich zu binden. Das sind genau die kontrollierenden und dominanten Typen von Mann, die eine unglaubliche Angst vor starken (mächtigen) Frauen haben. Noch schlimmer als die materielle Abhängigkeit scheint jedoch die emotionale zu sein, die die Abhängigen immer kleiner, unsicherer und schwächer werden lässt, bis das seelische Leid zu schweren Erkrankungen führt.

Eine glückliche Beziehung muss letztlich immer auf Augenhöhe stattfinden. Ein Mann kann vielleicht den stärkeren Part spielen, was aber nur dann passt, wenn ihn die Frau gewähren lässt, weil sie, wie gesagt, gerne diese andere Rolle übernimmt. Das war in der Vergangenheit oft so und hat sicherlich seine Berechtigung, auch wenn dieses Beziehungsmodell am Aussterben ist in einer Welt, in der die Menschen allmählich androgyner werden und in der die Männer immer mehr ihre weiblichen Seiten entdecken und leben wollen sowie die Frauen ihre männlichen.

Letztlich ist die Freiwilligkeit für glückliche Beziehungen entscheidend, wozu eine Aufgabenverteilung gehört, die für beide passt. So kann ein Mann vielleicht den Part übernehmen, sich um das Thema Auto zu kümmern, das ihn so wieso schon immer brennend interessiert hat, während sich die Frau mehr der Einrichtung des Hauses widmet, weil sie einfach das bessere Auge und den besseren Geschmack hat.

Es kann aber auch umgekehrt sein. Es gibt auf alle Fälle in jeder Beziehung zahlreiche Entscheidungen, die nicht alle gemeinsam gefällt werden können, oder sagen wir besser, bei denen der eine oder der andere zumindest die Entscheidungshoheit genießen möchte. Eine Beziehung, in der direkt oder indirekt alles nur einer entscheidet, kann auf Dauer nicht gutgehen bzw. wird nicht wirklich glücklich werden. Denn derjenige von beiden, der nichts zu melden und zu sagen hat, wird seine Kreativität nicht leben können und wird keinen Einfluss auf die Beziehung und sein eigenes Leben ausüben können. Ihm fehlt, um es kurz zu sagen, jede Macht.

Die Persönlichkeitsforscher Robert Körner und Astrid Schütz und ihr Team der Martin-Luther-Universität Halle-Wittenberg (MLU) und der Universität Bamberg haben in einer Studie, in der sie 81 heterosexuelle Paare, die zwischen 18 und 71 Jahre alt und durchschnittlich acht Jahre lang in einer Beziehung waren, befragt, was ihnen in einer Beziehung wichtig ist, was ihre Beziehung glücklich macht. Natürlich spielten für diese Paare Vertrauen, bedingungslose Liebe, geistiger Austausch und guter Sex eine größere Rolle in einer guten und glücklichen Beziehung. Ihr Ergebnis, das sie in der Fachzeitschrift „Journal of Social and Personal Relationships" veröffentlicht haben, sorgte dennoch für großes Erstaunen: Es ging den Beteiligten tatsächlich auch um Macht, um die Möglichkeit, in einer Beziehung wichtige Entscheidungen treffen zu können, wobei es dabei nicht um die Frage ging: „Wer von uns hat mehr das Sagen?", sondern um das eher subjektive Gefühl, nicht übergangen zu werden.

Letztlich geht es in Beziehungen um die Balance der Macht, was sehr wache und bewusst lebende Menschen schon lange vor dieser Studie wussten. Glücklich fühlen sich Paare erst dann, wenn eben beide mächtig sind, Einfluss ausüben dürfen und das Gefühl haben, nicht kleiner als der andere zu sein. Liebe kann sich nur dann entfalten, wenn jeder von beiden in seiner Persönlichkeitsentwicklung wachsen darf und man sich auf Augenhöhe befindet, unabhängig davon, wie groß der Altersunterschied, die Bildung und der Beruf sind. Eine Beziehung, in der immer nur derjenige abgefeiert wird, der etwa großen beruflichen Erfolg hat und der es gewohnt ist, alle Bewunderung auf sich zu ziehen, gerät schnell in Schräglage und führt dazu, dass der nicht beachtete Partner, der lediglich die Rolle des „Rückenstärkers“ ausfüllen darf, am ausgestreckten Arm hängend emotional verhungert.

Letztlich bestätigt diese Studie, dass es in Beziehungen immer von großer Wichtigkeit ist, seine eigenen Bedürfnisse anzumelden und darum auch zu kämpfen. Eine Beziehung, die im Ungleichgewicht ist, in der die Macht nicht harmonisch und gerecht verteilt ist, wird wohl früher oder später scheitern, auch wenn sich das Scheitern bei manchen Paaren nicht nur Jahre, sondern manchmal nahezu ein ganzes Leben hinziehen kann.

Kleinere Machtspielchen in seiner Beziehung kennt fast jeder von uns in Form von Worthakeleien, in den es immer darum geht, wer Recht hat und wer es besser weiß. Das ist normal und gehört bis zu einem gewissen Punkt zu jeder lebendigen Beziehung, in der man sich kontrovers auseinandersetzt und in der der eine oder der andere auch einmal versucht, in Diskussionen die Oberhand zu behalten. Wenn dieses Spiel allerdings tagtäglich stattfindet, wenn jede unbedeutende Kleinigkeit zum Zankapfel wird und die sinnlosen Diskussionen dabei immer noch gehässiger werden, oder wenn Paare anfangen, permanent gegenseitig die jeweiligen Schwachpunkte zu triggern und sich mehr als Konkurrenten denn liebende Menschen begegnen, dann ringen diese Menschen mehr oder weniger um ein Gleichgewicht der Macht, das sich nur sehr schwer herstellen lässt. Kommt ein Paar aus einem solch destruktiven Verhalten überhaupt nicht mehr heraus, kann die Beziehung in gegenseitige Abneigung und Hass kippen.

Natürlich gehört der Streit auch zu einer guten und glücklichen Beziehung. Paare, die sich nicht mehr streiten, haben sich meist auch nicht mehr viel zu sagen, sondern haben sich mehr oder weniger auf ein Gleichgewicht der Macht geeinigt, das nach außen funktionieren mag, aber innerlich beide nicht wirklich glücklich macht, da dieses Gleichgewicht von Notwendigkeiten und Ängsten und nicht von Freiwilligkeit lebt. Durch das Vermeiden von Streit und Konflikten, die nicht geklärt werden, beginnen sich Paare auseinanderzuleben und verlieren ihre gegenseitige Anziehungskraft. Oft schwelen unausgesprochene Konflikte im Untergrund weiter und führen zu wortlosen Machtkämpfen oder zu besagter „Macht aus der Opferrolle"-Strategie beim unterlegenen Partner, die endgültig jede Freude in Beziehung ersticken.

Zum Gleichgewicht der Macht, das beide erfüllt und glücklich macht, gehört, dass sich beide nicht davor fürchten müssen, dem jeweiligen anderen durch sein freies und selbstbestimmtes Handeln zu schaden. Konflikte, die in jeder Beziehung immer wieder gegeben sind, sind letztlich dazu da, um geklärt zu werden, um auf diesem Weg sich unter Umständen noch besser kennen- und lieben zu lernen. Jede Beziehung braucht sie, um zu wachsen.

Das Gleichgewicht der Macht muss das Ziel jeder Beziehung sein, die neu beginnt oder die schon länger besteht und in eine Krise geraten ist. Manchmal kann ein Partner vielleicht gar nichts dafür, wenn sich der andere ihm generell unterlegen fühlt. In diesem Fall scheint es möglicherweise einfach nicht zu passen, denn den Selbstwert muss sich jeder Mensch selbst erobern. Den kann ihm auch der beste Partner nicht schenken.

Die Saboteure und Verbannten in uns

Um ein guter Analytiker und Tiefenpsychologe zu sein, braucht es spezielle Talente, die sich im Horoskop unter anderem in Form eines feinen Neptuns (Psyche) und eines aufnahmebereiten und empathischen Mondes (Seele) zeigen können. Daneben braucht ein Tiefenpsychologe, wie das Wort schon sagt, Tiefe, das heißt, in seinem Horoskop sollte ein größeres Pluto-Thema in Form spezieller Pluto-Aspekte, einer starken Skorpion- oder 8. Haus-Besetzung auftauchen. Erst das macht einen Psychologen zum Forscher, der den Instinkt und das Wissen besitzt, um herauszufinden, was in einem Menschen wirklich vorgeht. Idealerweise besitzt ein guter Astrologe ebenfalls diese Eigenschaften, denn auch bei ihm geht es um das Erforschen und Erkennen von dem, was hinter der sichtbaren Welt und hinter den vordergründigen Fragen seines Klienten liegt.

Bei manchen Tiefenpsychologen und erst recht Astrologen spielt sicherlich auch noch Uranus eine größere Rolle, der dritte geistige Planet, der innerlich mit der höheren Welt in Form der Intuition in Verbindung steht.

In der Astrologischen Aufstellungsarbeit stellen Uranus, Neptun und Pluto unsere Hauptseelenanteile auf der feinstofflichen Ebene dar. Sie gehören zu unserem festen inneren Team und verkörpern Kräfte, die in Kommunikation mit uns stehen und einen Einfluss auf unsere Meinungen und Entscheidungen haben. Nur wenn dieses innere Team in unserem Sinne arbeitet, kann es uns wirklich gut gehen. Arbeitet einer der Seelenanteile bewusst oder unbewusst gegen uns, schwächt er uns. Hier handelt es sich um Selbstsabotage. Klingt ein wenig verrückt, hat aber nichts mit einer seelischen Erkrankung oder gar Wahnsinn zu tun.

Psychologen sagen sogar, dass in uns ein ganzes Team mit noch viel mehr Statisten lebendig ist, so dass häufig in unserem Kopf ein regelrechtes Stimmengewirr tobt, mit dem wir uns selbst motivieren, aber auch sabotieren können.

Aus unserer astrologischen Sicht wollen sich neben Uranus, Neptun und Pluto auch die anderen Planeten, die Sonne, der Mond, Merkur, Venus, Mars, Jupiter und Saturn zu Wort melden. Oft sind diese unterschiedlichen inneren Stimmen, die jeweils ein Interesse von uns verkörpern, nicht einer Meinung, so dass unter Umständen gewaltige Kämpfe in uns toben.

Nehmen wir ein einfaches Beispiel: Eine Frau möchte sich eine sehr schöne und sehr teure Handtasche kaufen. Sie sammelt leidenschaftlich Handtaschen, die für sie ästhetisch und gleichzeitig nützlich sind. Kurzum, sie besitzt eine Leidenschaft für Taschen.

Sie hat die Venus in den Zwillingen, die es liebt, viele kleine und unterschiedliche Dinge bei sich zu tragen, wie das nur eine schmucke Handtasche kann. Nun hat sie bereits eine Sammlung von mindestens 25 Taschen zuhause. Und ihr Mann sagt: „Du hast doch genug Taschen, warum jetzt noch eine weitere? Sie verstaubt doch nur im Regal…“ Doch der Verkäufer sagt: „Diese Tasche ist ein Unikat, etwas ganz Besonderes.“ Und jetzt startet das innere Team der Frau seine Diskussion. Venus sagt: „Diese schicke Tasche müssen wir um jeden Preis haben!“ Merkur rechnet und sagt: „Die Tasche ist zu teuer, vielleicht können wir sie noch runterhandeln.“ Saturn möchte stoppen: „Das wäre ein unvernünftiger Kauf. Und wirklich gebraucht wird sie auch nicht.“ Jupiter entgegnet: „Warum sich etwas so Schönes versagen? Leben heißt auch, sich etwas leisten dürfen. Und mit dieser Marke bist du wer, das darf ruhig jeder sehen!“ Neptun tritt als Verführer auf und meint: „Die Tasche steht dir wirklich sehr gut.“ Uranus will immer das Neue: „Diese Tasche hat die angesagten Farben der Saison…“ Und was macht eigentlich Pluto? Er will diese Tasche vielleicht deshalb, weil sich die Frau so etwas Besonderes früher, als sie beruflich noch nicht so erfolgreich war und jeden Cent umdrehen musste, noch nicht leisten konnte. Oder weil ihre Eltern, aus deren Einfluss sie sich mühsam heraus entwickelt hat, so eine Tasche als dekadent angesehen hätten. Die extravagante Tasche wird für diesen Pluto zum Symbol des Sieges: „Geht doch, wir können uns aus allen Zwängen herausentwickeln und uns holen, was wir wollen.“

Pluto spricht in diesen inneren Diskussionen häufig das Machtwort und führt die Entscheidung herbei. Pluto kann jedoch, je nach Begebenheit, zu ganz anderen Reaktionen in unserem Leben führen. In ihm ist wiederum eine eigene, große Welt angelegt, die sich aus Verboten und verdrängten Konflikten gebildet hat. In dieser Welt leben, um das Ganze wieder zu personifizieren, viele Verbannte, die in unserem Leben als sogenannte Saboteure in Erscheinung treten. Denn diese Verbannten fühlen sich ungerecht behandelt, nicht erhört und weggesperrt, weshalb sie aufbegehren und rebellieren.

Nehmen wir ein oft gesehenes Beispiel: Ein Mann hat mit einer Mars-Pluto-Spannung (Konjunktion, Quadrat oder Opposition) in seinem Geburtshoroskop als Kind erlebt, dass er mit seiner aufbrausenden Art und seinen Wutanfällen Ablehnung auf sich zog, vor allem von Seiten seiner Eltern und Geschwister. Das hat dazu geführt, dass er im Laufe seines Lebens seine Aggressionen verbarg und Angst hatte, wütend zu sein, sich aufzulehnen und zu widersprechen, auch wenn es berechtigt war.

Die Angst vor erneuter Ablehnung wurde so groß, dass dieser Mann, wie bereits beschrieben, in die Opferrolle hineinging. Das heißt, er wehrte sich nicht mehr gegen die Angriffe gegenüber seiner Person, er versuchte die attackierenden Personen nicht nur zu verstehen, sondern gab ihnen innerlich auch noch Recht. In seiner kleinen Firma mit einer Handvoll Angestellten ließ er sich von einer Mitarbeiterin, der es vor allem um ihre eigenen Rechte und Vorteile ging, im plutonischen Sinne immer wieder geschickt manipulieren. Er verdrängte seine plutonische Macht, die er nun im Außen erlebte, so dass ihm letztlich nur noch die Opferrolle blieb und er, in Erinnerung an seine Kindheit, jahrelang nach ihrer Pfeife tanzte, ohne ihr zu kündigen, so lange, bis er seine Selbstsabotage-Blockade therapeutisch auflöste.

Würde es sich bei diesem Mars-Pluto-Thema um eine Frau handeln und würden wir unser Handtaschen-Beispiel bemühen, dann würden die inneren plutonischen Saboteure möglicherweise die kostbare Handtasche in Form einer unbewussten Angst vor Neidern, also auch wieder Feinden, zwanghaft ablehnen. Vielleicht würde Pluto als Überreaktion sogar einen weltanschaulichen Kampf führen nach dem Motto „Wer so eine Handtasche trägt, ist unmoralisch / ein Fashion-Victim / muss irgendetwas kompensieren …"

Menschen mit größeren Pluto-Themen in ihrem Horoskop bleiben letztlich nur zwei Möglichkeiten: Entweder sie stehen zu ihrer Macht und lernen, mit ihr umzugehen, oder sie bleiben, gegen ihren eigenen Pluto gerichtet, in der Opferrolle. Die Unterdrückten und Verbannten in unserer Seele müssen Gehör finden, wenn wir nicht wollen, dass sie ein Eigenleben führen und uns mit Recht zu bekämpfen beginnen.

In meiner Beratungspraxis habe ich unzählige Beispiele von Menschen, die sogar krank werden, weil sie ohnmächtig verfolgen, was das Leben und die Menschen mit ihnen anstellen, ohne dass sie eingreifen können. Natürlich, es fehlt ihnen die Macht, das „machen" können, das Selbstgestalten ihres Lebens und Schicksals.

Was die Verdrängung bzw. Verbannung der weiblichen Macht anrichten kann, erlebe ich ebenfalls immer wieder in Beratungen. Frauen mit Mond im Skorpion, Mond in Haus 8, Mond-Pluto-Spannungen, Pluto am Nadir oder in Haus 4, die sich ihrer Stärke nicht bewusst sind bzw. nicht erkennen, welchen großen Einfluss sie auf andere besitzen, sei es durch ihre enorme Überzeugungskraft, ihre starke innere Wunschkraft, ihre manipulativen Fähigkeiten sowie unter Umständen ihre weiblichen Reize, erleben immer wieder krasse Anfeindungen von anderen Frauen, die wie aus dem Nichts entstehen. Der Schatten der Verdrängten und Verbannten sabotiert auf diese Art und Weise die betroffenen Frauen. Selbiges ist bei Venus-Pluto-Themen zu beobachten.

Der ganze Spuk kann sich ein ganzes Leben lang durchziehen oder eben vorher aufhören, werden die Verbannten erlöst. In der Astrologischen Aufstellungsarbeit, in der diese Verbannten als unintegrierte Seelenplaneten dargestellt werden, kann durch die Integrierung des entsprechenden Seelenanteils (Planeten) die Erlösung dieses inneren Anteils erreicht werden.

Vampire, die uns täglich begegnen

Wir alle kennen diese Situationen: Wir treffen uns mit einem Menschen und fühlen uns hinterher müde, kaputt, irgendwie beschmutzt und total ausgesaugt. Wenn das passiert, sind wir einem Menschen begegnet, der irgendwie seinen Pluto nicht im Griff hat und der wie Graf Dracula, der Fürst der Finsternis, zwar nicht unser Blut aussagt, anstatt des Lebenssaftes dafür unsere Lebensenergie anzapft.

Wie wir wissen, ist der Skorpion das Zeichen, in dem sich die Kräfte aller anderen Tierkreiszeichen ansammeln, so wie auch das 8. Haus, der irdische Spiegel des Skorpions, den Bereich der Kräftekonzentration und Verschmelzung von Energien darstellt. Plutonische Menschen können ja auch unglaublich symbiotisch und vereinnahmend sein und sich andere Menschen regelrecht einverleiben.

Pluto als Planet und Person kann der Heiler und Energieträger sein, der andere Menschen belebt, das Beste aus ihnen herausholt, sie im positiven Sinne transformiert. Pluto kann aber auch wie das schwarzes Loch Licht und Energie in sich hineinziehen. Plutonier haben immer etwas Magnetisches, Anziehendes, man kommt nicht so einfach an ihnen vorbei, und wenn sie einmal angedockt haben, wird man sie normalerweise auch nicht mehr so schnell los.

Aber, wie gesagt, nicht jeder Plutonier saugt, es gibt auch Plutonier, die anderen viel Kraft geben, nahe Menschen oft allein durch ihre Nähe heilen, weil sie sich der geistigen Welt zuwenden und selbst so unermesslich viel Energie besitzen. Diese Plutonier können über ihre Hände heilende Energie übertragen und sind aufgrund ihrer großen plutonischen Vorstellungskraft in der Lage, positive Entwicklungen und Prozesse anzuregen und zu manifestieren. Das sind echte, wenn auch meist unerkannte Magier in einem oft völlig normalen Leben.

Der dunkle Plutonier jedoch, der allein auf sich selbst und seine Ziele fixiert ist und der die Energie von anderen braucht, um selbst zu wachsen und sich lebendig zu fühlen, kann Menschen, die sich in seinem näheren Umfeld befinden, regelrecht zerstören. Manchmal sterben Frauen oder Männer schon in jungen Jahren, die mit solch einem Vampir liiert sind. Saugende Männer rauben ihren Frauen dabei oft auch über die Sexualität, den Gebrauch, der zum Missbrauch wird, alle Kraft und Energie, so dass am Ende jeder Widerstand und Lebenswille schwindet. So etwas ist gar nicht einmal so selten. Die Opfer dieser negativ plutonischen Menschen haben oft selbst einen schwieriges 8. Haus in ihrem Horoskop bzw. einen Pluto, den sie abgegeben und verdrängt haben.

Letztlich hat jeder Mensch einen Pluto in sich, auch wenn das allein noch nicht reicht, um als Plutonier bezeichnet zu werden. Jeder Mensch kann auf seine Art jedoch zum Vampir, zum Energieräuber werden, und vielen von uns ist das mit Sicherheit schon einmal selbst in Phasen unseres Lebens passiert, in denen Kraft und Zuversicht gefehlt haben und in denen wir bei guten Freunden Trost und Gehör gefunden haben.

Diese Art von Energiesaugen ist jedoch nicht zwangsläufig negativ. Oft ist es wichtig zu geben, wenn Menschen in Not sind. Allein das Zuhören und das Schenken von Aufmerksamkeit bedeutet Energie geben. Und das kann sehr gut und wichtig sein. Oftmals wird genau das allerdings zu einer Gratwanderung. Denn wenn Energie saugende Menschen erst einmal gewittert haben, dass es irgendwo einen Menschen in ihrer Umgebung gibt, der bereit ist, zuzuhören und auch sonst bereitwillig hilft, wenn Not am Mann ist, dann gibt es kein Halten mehr. Interessanterweise sind diese Opfer, die als Sorgentaschen von Freunden und guten Bekannten fungieren, dann auch noch überzeugt, etwas Gutes getan zu haben, um spätestens dann aber umso mehr enttäuscht zu sein, wenn sie erkennen, dass diese Sauger nur die Energie von ihnen wollten und sonst nicht wirklich an ihnen oder einer tieferen Freundschaft interessiert sind.

Als erfahrener Therapeut oder Astrologe kennt man natürlich den Vampir ganz genau. Bei genauerem Hinsehen steht es vielen schon auf der Stirn geschrieben: „Ich will deine Energie." Einen solchen Helferberuf in jungen Jahren zu starten, ist deshalb nicht einfach, weil man sich jung in aller Regel noch nicht so gut abgrenzen kann. Ich erzähle aus eigenen schmerzlichen Erfahrungen. Als ich meine ersten größeren Seminare mit knapp 30 Jahren hielt, dachte ich noch, ich muss jedem weiterhelfen und auch noch in den wichtigen Pausen meiner Wochenendseminare auf persönliche Fragen antworten und in jedes Horoskop hineinschauen. Und wenn man sich am Samstagabend während so eines Seminars zum gemeinsamen Essen traf, war garantiert ein Schüler dabei, der mitten im Restaurant seine Horoskope auspackte und beraten werden wollte. Klar, ich war jung und hatte selbst viel Kraft und Energie. Heute kann ich mir so etwas nicht mehr leisten. Bereits als Lehrer, als Seminarleiter gibt man ja schon Kraft und Energie an seine Schüler weiter, indem man sich bemüht, Wissen so zu vermitteln, dass es auch aufgenommen werden kann. Allein der dauerhafte Konzentrationsaufwand ist schon sehr anstrengend. Das Abgrenzen für einen Astrologen oder Therapeuten ist wichtig.

Mein inzwischen verstorbener und hochgeschätzter Astrologenlehrer, der die Sonne im Stier hatte, sagte Scherzes halber öfter einmal zu mir: „Wenn ich kein Geld bekomme, kann ich nicht denken.“ Dabei schüttelte er sich immer vor Lachen, und ich hatte damals nicht wirklich verstanden, was er meinte, da er doch ein sehr idealistischer Mensch war, der als Plutonier mit einem Sonne-Pluto-Quadrat im Horoskop einen großen Einfluss auf andere besaß und Menschen nicht nur mit seinem astrologischen Wissen weiterhalf, sondern mit seinen enormen Heilkräften sogar totgesagte Menschen von Krebs heilen konnte. Warum sagte er nur so etwas? Heute kann ich es verstehen, und immer, wenn ich an seine Worte denke, muss ich insgeheim ein wenig schmunzeln. Denn klar: Ein Astrologe oder Seminarleiter, der es ehrlich meint, muss sehr viel Energie in seine Beratungen und Schulungen investieren. Er muss sich innerhalb kurzer Zeit in die Horoskope mehrerer Menschen vertiefen, was allein schon viel Kraft kostet. Er muss genau zuhören können und er muss um die richtige Wortwahl ringen, wenn es darum geht, wichtige Lebensratschläge zu geben.

Wenn meine Frau von einem Ausbildungswochenende ihrer Astrologischen Aufstellungen kommt, braucht sie unbedingt Ruhe, muss sie sich erst einmal frei machen, in ihre eigene Mitte kommen und kann keinen Menschen mehr ertragen, der etwas von ihr will. Ähnlich geht es mir, wenn ich zwei, drei Beratungen an einem Tag hatte, was bei mir gar nicht einmal so selten ist. Würden meine Frau und ich nicht wieder bewusst Energie auftanken, indem wir uns nach arbeitsintensiven Phasen auch gelegentlich von Freunden, guten Bekannten und Angestellten zurückziehen, könnten wir, energetisch gesehen, nicht lange überleben. Lebensberater oder Therapeut zu sein, welcher auch immer, ist ein anspruchsvoller Job und der Verdienst oft hart erworben. Da darf man sich nichts vormachen. Und ja, in seiner Freizeit will sich kein Lebensberater freiwillig mehr aussaugen lassen. Gerade als Astrologe finden sich mit Sicherheit auch abseits der Arbeit immer wieder Menschen mit der Bitte: „Kannst du mir nicht schnell einmal in mein Horoskop hereinschauen?“ Bei eigenen Kindern, dem Ehepartner und besonders engen Freunden natürlich sehr gerne. Bei allen anderen gilt dann: „Ohne Geld kann ich nicht denken…“ Ich bin schließlich Profi und keine Sorgentasche, die jeden Tag ausgesaugt werden möchte, um das Gefühl zu haben, ein besserer Mensch zu sein, was bei Menschen mit ausgeprägtem, aber eben krankhaften Helfersyndrom der Fall sein kann. In diesem Fall kann gegenseitiges Saugen durchaus seine Berechtigung haben.

Es gibt viele Menschen, die sich bei anderen beliebt machen, indem sie sich alle Sorgen und Nöte anhören und im Gegenzug dafür Gast auf deren Partys sind. Es ist eine Möglichkeit, Freunde zu gewinnen, um nicht alleine zu bleiben, auch wenn es letztlich fraglich ist, ob diese Freunde dann auch wirkliche Freunde sind.

Es gibt nicht wenige Menschen, die in aller Regel schon sehr starke plutonische Themen haben, die permanent darum bemüht sind, gute Kontakte zu knüpfen, um beruflich weiterzukommen. Natürlich spricht auch dagegen erst einmal nichts. Doch diese Vitamin B-Schiene ist letztlich wieder so eine Gratwanderung. Oft handelt es sich bei diesen Kontakten auf gesellschaftlicher Ebene im Prinzip um vorgetäuschte Freundschaften mit Menschen, die eine Machtposition haben, einen Einfluss besitzen, der weiterhelfen könnte. Oftmals werden vermeintliche Freundschaften mit erfolgreicheren Menschen im selben oder ähnlichen Metier geschlossen, die einem ihr Erfolgsgeheimnis verraten sollen, das dann gnadenlos zu kopieren versucht wird. Die Eroberung solcher Freunde, die einem insgeheim „etwas bringen“ sollen, geschieht oft, und das ist sehr plutonisch, über viel Einfühlungsvermögen und Schmeicheleien. Und am Ende wird das ganze Wissen, um das es von Anfang an ging, aus den Erfolgreichen herausgeholt, nur durch Zuhören. Es gibt in dieser Hinsicht zahlreiche Vampire, die sich zum Schein selbst etwas aussaugen lassen, um anschließend für sie wichtiges Knowhow zu bekommen. Am Ende werden diese Vampire, so ist jedenfalls meine Erfahrung, allerdings keinen nachhaltigen Erfolg durch ihr geistiges Schmarotzen haben, da sie in Wahrheit selbst oft eine innerliche Leere, wenig Talent und Kreativität besitzen. Wer denkt, im Leben nur durch Manipulation anderer weiterzukommen, hat schon verloren, worüber auch scheinbare Ersterfolge nicht hinwegtäuschen können. Erfolg haben zuletzt nur die Menschen, die ihre eigene schöpferische Kraft nutzen und ganz bei sich bleiben.

Natürlich gibt es auch zahlreiche Lehrer und Seminarleiter, die vorwiegend zu der Gruppe der Narzissten gehören, die sich in der Gruppe vor allem dann wohl fühlen, wenn sie bewundert werden. Sie rücken ihre Großartigkeit in den Mittelpunkt und schaffen es so, Energie von ihren Schülern zu saugen. Beispiele dafür kennen Sie wahrscheinlich. Auffallend ist für mich, dass sich gerade unter den Coachs, Speakern, Mentaltrainern, die andere Menschen zum Erfolg bringen und motivieren sollen, ausgesprochen viele Großsprecher befinden, die mit ihrer narzisstischen Persönlichkeitsstörung auch noch viel Geld verdienen. Und ihre Schüler bzw. Opfer sagen: „So will ich auch werden!“

Viele Narzissten haben nicht nur, aber auch ein ausgesprochenes Pluto-Thema. Der Narzisst „ernährt“ sich, wie gesagt, von der Bewunderung und Aufmerksamkeit der anderen. Narzissten verstehen es bestens, in Schuldfragen den Spieß umzudrehen, um in anderen Schuldgefühlen zu wecken. Ein Narzisst beachtet nicht die Bedürfnisse von anderen und hört schon gar nicht auf das, was sie sagen. Denn er hört nur sich selbst reden. Besonders anstrengend sind die, die unter „Verbal-Diarrhö“ leiden, also unentwegt quasseln, andere permanent unterbrechen und regelrecht niederreden. Diese Menschen sind irgendwann einmal in ihrer Entwicklung zum Energieräuber geworden, sie haben wie der Vampir Blut geleckt, als es ihnen mehr und mehr in ihrer Entwicklung gelang, die Aufmerksamkeit von anderen auf sich zu ziehen. Sie haben erfahren, wie schön es ist und wie gut es sich anfühlt, allen inneren Müll in endlosen Monologen auf ein Opfer abzuladen und dabei noch Kraft durch sein Zuhören zu bekommen. Jede Wiederrede bei solchen Menschen ist zwecklos, sie fahren anderen einfach über den Mund, reden weiter, saugen ihre Zuhörer aus und bekommen aufgrund dieser Energiezufuhr, die sie süchtig gemacht hat, glänzende Augen und gute Laune, wie ein Schauspieler auf der Bühne, dessen Lebenselixier der Applaus ist. Doch wir als Zuhörer fühlen uns in diesem Fall richtig schlecht. Es ist wie ein geistig-seelischer Kater, der uns am nächsten Morgen überkommt, verbringen wir einen Abend mit solch einem Vampir. Vorsicht! Astrologisch könnte man sagen, dass der narzisstische Vampir der uranische Sauger mit Pluto-Einschlag ist, denn Narzissmus ist häufig bei stark Uranusgeprägten Menschen zu finden.

Dann gibt es, wie im Kapitel „Die Macht aus der Opferrolle" beschrieben, den scheinbar hilflosen, neptunischen Vampir, der seinen saugenden Pluto geschickt verbirgt. Solche Menschen wirken durchsetzungsschwach, oft übersensibel und haben ungeheuer viele Probleme im Leben, für die es keine Lösung zu geben scheint. Auch die besten Ratschläge führen zu keinem Ergebnis. Sie sehen sich oft als Opfer, weil von Kollegen gemobbt und vom Chef ausgenutzt, von eigenen Freunden oder gar der Familie hintergangen. Diese Menschen strahlen eine große Hilfsbedürftigkeit aus und wecken dabei den Helferinstinkt von anderen. Ihr übergroßes Selbstmitleid, in dem sie sich baden, entdecken wir oft spät. Und unbemerkt docken sie an, fangen an zu saugen, deuten ihre Erwartungen allenfalls an, die in großen Lettern dennoch auf ihrer Stirn geschrieben stehen. Hinter diesen scheinbaren hilflosen Opfern befindet sich mitunter eiskaltes Kalkül. Es gehört einfach zur Lebensstrategie dieser Menschen, andere auszusaugen. Ein kleiner Tipp: Wenn wir das Gefühl bekommen, jemanden retten zu müssen, dann sollten wir so schnell wie möglich laufen.

Ein weiterer gefährlicher Energieräuber ist der emotionale Erpresser, als Freund oder als Partner auf Dauer nur schwer zu ertragen. Emotionale Erpressung hat mit dem Mond und Pluto zu tun, und häufig haben diese Menschen auch Mond-Pluto-Spannungen oder Mond im Skorpion in ihrem Horoskop oder eine Kombination mit dem Tierkreiszeichen Krebs und Pluto, wobei natürlich nicht jeder, der so einen Mond-/Krebs-Thema im Horoskop hat, zwangsläufig ein emotionaler Erpresser sein muss. Ansätze davon hat er allerdings meistens in sich. Menschen dieses Typs, die zum Energieräuber mutiert sind, üben regelmäßig seelischen Druck auf Nahestehende aus, in Form von Beleidigtsein oder in Form von Schuldvorwürfen. Sie beklagen sich darüber, vernachlässigt zu werden, nicht genügend beachtet zu werden und geben sich selbst als unglaublich empathisch und aufopfernd, weil sie ja immer nur das Beste für alle wollen und dafür nicht genügend geschätzt und gewürdigt werden. Sie fordern quasi über die emotionale Erpressung Beachtung und Aufmerksamkeit ein, was Nahestehende immer mehr in die Defensive und zum Nachgeben zwingt. Das kostet Kraft. Wer in so einem Spinnennetz verfangen ist, hat nur eine Chance da rauszukommen: Er muss sich überlegen, was er selbst eigentlich will und sollte sich hüten, jedem seelischen Druck sofort nachzugeben. Denn dann wird alles zur Normalität.

Wir begegnen diesen Vampiren, die ihre plutonischen Kräfte einsetzen, um anderen Energie zu rauben, tagtäglich. Sie befinden sich letztlich überall, auch in unserem näheren Umfeld. Gelegentlich ist Saugen von Energie des anderen normal und gut, solange es nicht zur Gewohnheit wird. Ein wichtiger Gradmesser ist unser Gefühl. Fühlen wir uns nach einer Begegnung nicht mehr gut, vielleicht sogar ausgelaugt, dann sollten alle Alarmglocken bei uns schrillen.

Der Machiavellismus

Wie gesagt, Energievampiren begegnen wir mehr oder weniger täglich. Richtig gefährlich wird es erst, wenn wir einem so genannten Machiavellisten begegnen!

Kennen Sie den Begriff Machiavellismus? Nun, Machiavellismus ist eine im 16. Jahrhundert aufgekommene Bezeichnung für eine politische Theorie des italienischen Philosophen, Diplomaten, Staatssekretärs und Schriftstellers Niccolò di Bernardo dei Machiavelli (geboren am 3. Mai 1469 in Florenz), die besagt, dass zur Erlangung politischer Macht jedes Mittel erlaubt ist, unabhängig von Recht und Moral. Ganz schön düster! Aber, es entspricht dem Vorgehen vieler Menschen und nicht nur dem von Politikern, unabhängig von Zeit und Epoche.

Der Kampf zwischen den hellen, geistigen, sonnenhaften Kräften und den dunklen, plutonischen, die um jeden Preis Macht und

Einfluss besitzen wollen, durchzieht die Geschichte des Menschen wie ein roter Faden. Zu allen Zeiten gab es Unterdrücker und Unterdrückte, Menschen und ganze Länder, die ihr Glück auf dem Unglück anderer aufzubauen versuchten. Pluto in seiner destruktiven Erscheinung verführt Menschen zu Macht und Machtmissbrauch, macht sie zu gewissenslosen Verführern und lässt sie jedes Mittel adäquat erscheinen, das der Erlangung persönlicher Ziele dient. Pluto und seine dunkle Energie können das Gewissen ganz schnell ausschalten und zu einer bedeutungslosen Randfigur im inneren Team machen. Wer weiterkommen und es zu etwas bringen will, muss laut Machiavelli „ein großer Heuchler und Täuscher sein, den Menschen schmeicheln oder sie sich unterwerfen". Machiavelli rät ferner, „niemals die Treue halten, wenn dies seinen Interessen zuwiderläuft". Es sollte nie an Gründen fehlen, seine Versprechen zu brechen, und dabei gilt es auch noch, stets die Fassade zu wahren und sich freundlich, loyal, liebenswürdig und aufrichtig zu geben. „Jeder sieht, was du zu sein scheinst, und nur wenige wissen, was du bist". Das ist Pluto in seiner Rolle als Mephisto, als Teufel, als Mensch, der mit der Tarnkappe des Hades umherläuft, damit niemand seine niederen Beweggründe und Motivationen entdeckt.

Und ja, solche Menschen gibt es mehr, als wir vielleicht vermuten. Schließlich hat jeder einen Pluto in sich, nicht nur der klassische Plutonier. Und jeder Mensch kann, wenn er dem Dunklen keine höheren Einsichten und Ideale entgegensetzen kann, verführt werden. Bei manchen, bei denen die Gier nach Geld, Erfolg, Sex und Macht die Oberhand gewonnen hat und die letztlich mit ihrem Geburts-Pluto nicht zurechtkommen, wird das Täuschen von Menschen und den eigentlichen persönlichen Absichten zur Masche. Menschen mit einer negativ machiavellistischen, plutonischen Persönlichkeit sehen es keineswegs als verwerflich an, den für sie wichtigen und bedeutenden Persönlichkeiten zu schmeicheln, um sie so in ihrem Sinne zu manipulieren. Ihre Auffassung über Recht und Ordnung muten zynisch an. Für sie ist es keineswegs unmoralisch, etwas vom Gesetz her Unrechtes zu tun. Der Unterschied zwischen normalen Menschen und Kriminellen besteht für sie in erster Linie darin, dass Kriminelle bzw. die, die man als Kriminelle bezeichnet, nur nicht schlau genug waren, sich nicht erwischen zu lassen. Diese Menschen können sich immer rechtfertigen und stricken grundsätzlich ihre eigene Moral. Am Ende stellen sie sogar oftmals ihre Opfer als unmoralisch dar. Sie beeinflussen andere geschickt, können in Gruppen und Gemeinschaften regelrecht Meinung machen, sollte diese ihren Zielen dienen.

Zugegeben, der Übergang von „normal" plutonischen Menschen zu denen, die keine Moral mehr kennen, ist hier meist fließend. Denn die meisten Menschen sind auf ihre Art manipulierend, ohne sich dessen immer bewusst zu sein. Oft sind unbewusste Manipulationsversuche anerzogene Mechanismen, mit denen Menschen fast selbstverständlich versuchen, ein Ziel zu erreichen. So wird Ihnen Ihr Arbeitgeber, von dem Sie sich ein höheres Gehalt wünschen, wohl niemals erzählen, dass er in Reichtum schwimmt, sondern vermutlich öfter jammern, wie schlecht seine Geschäfte laufen. Und klar, ein Chef, der die plutonische Kontrolle und das Spiel um Einfluss und Macht beherrscht, wird Ihnen bestimmt nicht mit Kündigung drohen, wenn Sie mehr Gehalt fordern, sofern er Sie behalten will. Er wird Ihnen vielmehr schmeicheln, von Ihren großartigen Fähigkeiten und Ihrer Unersetzlichkeit sprechen.

Umgekehrt sichern sich plutonische Angestellte ihren Arbeitsplatz oftmals dadurch, dass sie sich dem Chef besonders zuvorkommend zeigen. Kommt es zu einem späteren Zeitpunkt doch zu einer Kündigung aufgrund von fehlender Leistung, wird sich der manipulierte Chef die Frage stellen, wieso er die Kündigung so lange hinausgezögert hat. Die Arbeit war schließlich von Anfang an fehlerhaft, doch irgendwie war der/die Angestellte einfach so nett … Bemerkenswert ist in diesem Zusammenhang, dass gerade plutonische Chefs besonders anfällig sind für derartige Schmeicheleien und diese trotz ihrer sonst ausgeprägten Instinkte oft erst spät als Manipulation entlarven.

In der Liebe gehört die Manipulation fast schon zum guten Ton, wenn wir ehrlich sind. Welcher Mann oder welche Frau erzählt auf seinen Eroberungszügen schon gerne von seinen größten Schwächen? Höchstens dann, wenn diese Geständnisse einen eigenen

Charme besitzen, mit dem das „Entwaffnen“ gelingen kann. Das scheint aber eher harmlos. Echte machiavellistische Beweggründe sind auch in der Liebe dunkler. Wenn ein Mann etwa nur Sex von einer Frau will und versucht, sie gefügig zu machen, indem er von der großen Liebe spricht, handelt er zweifellos tückisch manipulativ, was er auch mit seinem starken Sexualtrieb nicht entschuldigen kann.

Echter Machiavellismus taucht häufig in Gemeinschaft mit zwei prominenten wie gefährlichen Gefährten auf. Psychologen kreierten den Begriff der „dunklen Triade“, einer Kombination aus Narzissmus, Machiavellismus und Psychopathie. Menschen, die diese dunkle Triade verkörpern, haben häufig großen Erfolg im Leben und erlangen fast immer Machtpositionen, auch deshalb, weil niemand sie aufhalten kann. In führender politischer Stellung, im Topmanagement und in leitenden Positionen von Unternehmen fanden und finden sich immer wieder Vertreter der dunklen Triade.

Die Psychologen Delroy Paulhus und Kevin Williams von der University of British Columbia im kanadischen Vancouver waren die Ersten, die die dunkle Triade erforschten. Mit der dunklen Triade sprachen sie drei Eigenschaften an, die sich häufig zusammentun und eine erfolgreiche wie eben dunkle Gemeinschaft in Menschen bilden.

Wer narzisstisch ist (der Narzissmus wird astrologisch vor allem Uranus zugesprochen), besitzt automatisch oft machiavellistische und psychopathische Züge.

Psychopathen manipulieren und handeln, ohne Reue zu empfinden, sind oft sehr risikobereit und besitzen so gut wie keine Empathie. Menschen dieses Typs sind rücksichtlos, unehrlich, unmoralisch und allein auf sich und ihren Erfolg gerichtet. Bisweilen sind sie notorische Lügner und Schwindler, wohinter sich nach Uranus und Pluto der dritte geistige Planet, Neptun verbirgt.

Uranus, Neptun und Pluto verkörpern, wie bereits erwähnt, in der Astrologischen Aufstellungsarbeit unsere Hauptseelenanteile, die nicht immer harmonisch eingebunden sind und mitunter ein bizarres Eigenleben führen, was im Leben zu allerlei Problemen führen kann, von der bereits beschriebenen Selbstsabotage bis hin zu autoaggressiven Krankheiten oder, wie im Falle von Machiavellismus, zu extrem destruktivem Verhalten.

Die Psychologen Paulhus und Williams meinten, dass jeder Mensch bis zu einem gewissen Grad die dunkle Triade in sich trägt, deren Führung wohl immer Pluto, der Planet der Macht, innehat. Gefährlich werden Pluto und die dunkle Triade nur dann, wenn sie in einem Menschen dominieren und extreme Werte erreichen.

Die Wiederherstellung der Harmonie zwischen einem Klienten und seinen problembehafteten Seelenplaneten im Zuge einer Astrologischen Aufstellung bewirkt in der Regel eine enorme Verbesserung seiner seelischen Verfassung.

Menschen mit so einer dunklen Persönlichkeit zu erkennen, ist sehr wichtig. Denn sie können uns verführen, vergiften, hintergehen, ins Dunkle ziehen und in allen möglichen Beziehungen Schaden zufügen.

Die Psychologen behaupten, dass es mehr von solchen Menschen gibt, als wir wirklich annehmen. Und tatsächlich haben diese Menschen oft schnelleren und größeren Erfolg als andere. Doch im Leben bleibt selten etwas ungesühnt. Wer diesen Weg geht, wird früher oder später stürzen, und wenn es die Einsamkeit ist, die am Ende dieses Lebens zum Schicksal wird. Denn wer diese Menschen näher kennt, wird Abstand von ihnen nehmen wollen. Das zeigt sich vor allem in der Liebe. Gerade Menschen mit narzisstischen Zügen, die selbstbewusst und erfolgreich sind, kommen zunächst beim anderen Geschlecht besonders gut an. Aber eben nur im ersten Moment …

PROMINENTE PLUTONIER

Mahatma Gandhi und sein Kampf für das Gute

Mahatma Gandhi gilt unter allen Politikern und Menschheitsführern als einzigartig. Ohne Anwendung von Gewalt, allein durch passiven Widerstand, vertrieb er die damalige britische Kolonialmacht aus Indien und verhalf seinem Land damit zur Unabhängigkeit.

Man weiß, dass Gandhi mit den großen Yogis Indiens in Kontakt stand, die ihn zu diesem gewaltlosen Vorgehen inspirierten. Sein Motto war: Festhalten an der Wahrheit. Er wollte damit seine Gegner zur Einsicht in ihr Fehlverhalten zwingen. Er setzte als einer der Ersten den Hungerstreik als politische Waffe ein, um Menschenrechte für die Dalit, die Unberührbaren, durchzusetzen, ohne dabei das Kastensystem in Indien infrage zu stellen. Sein Ziel und sein Wunsch waren ein Indien, in dem Hindus und Moslems vereint und in Frieden zusammenleben sollten. Die Unabhängigkeitsbewegung Indiens, die von Gandhis gewaltfreien Aktionen und zivilem Ungehorsam geprägt waren, führten 1947 zum Ende der britischen Kolonialherrschaft über Indien.

Gandhi wurde geboren am 2. Oktober 1869 um 7:08 Uhr LMT in Porbandar (was seine exakte Geburtszeit betrifft, gibt es unterschiedliche Auffassungen und leichte Differenzen. Waage-Aszendent scheint jedoch gesichert. Unsere Quelle: www.astrotheme.com) und starb am 30. Januar 1948 in Neu-Delhi, Indien.

Gandhis Leben und Wirken gilt bis heute als großes Beispiel dafür, dass man auch ohne Gewalt viel erreichen kann. Als doppelte Waage (Sonne und Aszendent in Waage) gelang es ihm, dort nachzugeben, wo es notwendig war. Speziell seine Sonne im 12. Haus deutet seine Spiritualität und auch sein großes psychologisches und diplomatisches Geschick an. Der Waage-Aszendent sowie vor allem die sensible 12.-Haus-Sonne in der Waage deuten auf eine Person hin, der Frieden und Harmonie wichtig war.

Radix Mahatma Gandhi

Unterschätzen dürfen wir einen Waage-Aszendenten und eine Waage-Sonne dennoch niemals. Schließlich ist die Waage ein kardinales Zeichen, das heißt, sie kann führen und herrschen, was bei der Waage im besten Falle immer über den gemeinschaftlichen Zusammenhalt geschieht.

Gandhi hatte noch ganz andere charakterliche Seiten, die weniger versöhnlich erscheinen. Ein ganz wichtiger Planet in seinem Horoskop ist Uranus, der deshalb große Bedeutung besitzt, weil er bei ihm direkt am Zenit, dem höchsten Himmelspunkt, steht. Uranus ist der Planet der Revolution, des Neuen und des Widersetzlichen. Er deutet daneben seinen großen Kampf um Freiheit an.

Gandhi war aber auch ein extrem plutonischer Mensch. Mit Merkur, Venus und Mars tauchen gleich drei persönliche Planeten im Skorpion und im 1. Haus, dem Bereich der Persönlichkeit, auf. Merkur im Skorpion deutet auf einen tief denkenden, aber auch sehr kritischen Menschen hin, der die Gabe besaß, andere Menschen durch seine Wortgewalt zu überzeugen und in seinen Bann zu ziehen. Ein besonders heißes Eisen ist seine Venus-Mars-Konjunktion im Skorpion, die von gewaltigen Leiden und Emotionen spricht. Allein dieser Mars im Skorpion ist ungeheuer willensstark und kann auf seine Art brutal in der Durchsetzung sein. Diese Durchsetzung wird aber noch gesteigert durch die Opposition seines Skorpion-Mars zu seinem Herrscher Pluto, der nahe Jupiter von einem gierigen Verlangen nach Macht und Bedeutung spricht. Und damit nicht genug: Sein Mond, Symbol für die Seele, seht im stolzen Löwen und im 10. Haus und bildet von dort zusätzlich Quadrate zu dieser heftigen Opposition.

Insgesamt haben wir hier mit Merkur, Venus und Mars gleich drei Planeten im von Pluto beherrschten Skorpion und mit der Venus-Mars-Konjunktion im Skorpion, Mond Quadrat Pluto, Venus Opposition Pluto und Jupiter Konjunktion Pluto sage und schreibe vier schwierige plutonische Aspekte. Das heißt, dass Gandhi ein in sich zerrissener, schwieriger, äußerst aggressiver, dominanter, machthungriger Mensch gewesen sein muss. Ein Horoskop, das eher an einen Tyrannen oder gar Mörder erinnert als einen Menschen, der sich durch passiven Widerstand durchgesetzt hat. Andererseits könnte man hier einwenden, dass auch der passive Widerstand eine Form von Gewalt ist. Schließlich zwang er damit eine Weltmacht, aus Indien abzurücken, was diese bestimmt niemals freiwillig getan hätte. Er rief seine Landsleute zur Verweigerung des Gehorsams auf, was die Briten zur Verzweiflung brachte. Dennoch kann man wohl sagen, dass der kämpferische Gandhi seine Sache gut gemacht hat, schließlich hat er niemanden umgebracht oder andere dazu angestiftet. Den Hass dazu hätte er aber bestimmt in sich gehabt. Zu bedenken ist zudem, dass der passive Widerstand damals die einzige Möglichkeit war, die Gandhi blieb, um seine Ziele zu erreichen. Er selbst bezeichnete sich bei einer Rede als „Anarchist anderer

Art". Mit Waffengewalt wären er und sein Land chancenlos gewesen. Und natürlich: Echte Skorpione und Plutonier sind die wahren Meister der Strategie, und sie lieben es, wie Hades, der Gott der Unterwelt, mit ihrer Tarnkappe verdeckt zu kämpfen.

Kritiker der Astrologie könnten nun einwenden: Was für ein Blödsinn. Gandhi war ein charismatischer und friedliebender Mensch, der Großes vollbracht hat. Das würden wir bestätigen, jedoch mit dem Hinweis, dass Gandhi durch seine weltanschauliche und religiöse Gesinnung erst zu dem geworden ist, der er am Schluss war. Und natürlich: Seine plutonische Natur hat ihm dabei geholfen, sich in seinem Leben tief zu wandeln.

In jungen Jahren galt Gandhi als Mensch, der voller Widersprüche, Schwächen und Aggressionen war, wie man das von seinem Horoskop erwarten müsste. So zwang er seine Frau Kasturbai, täglich die Toilette (übrigens auch Pluto in seinen Analogien zugeordnet) zu schrubben. Er wollte damit von seiner Frau einen Unterwerfungsbeweis einfordern, was man durchaus als Tyrannei und seelische Grausamkeit bezeichnen könnte. Viele erinnerten sich damals deshalb nicht nur an den lächelnden Revolutionär als Ikone, sondern sahen ihn auch als einen Menschen mit tiefen Abgründen.

Seine Frau Kasturbai antwortete damals auf diese Erniedrigung von ihm nicht mit Wut und Aggression, was Gandhi tief erschütterte und beschämte und was letztlich der Anstoß für ihn war, seine Idee der Gewaltlosigkeit zu entwickeln. Er selbst erkannte die Gewalt und Aggression in sich, die durch seinen mehrfach angespannten Skorpion-Mars im Überfluss vorhanden war. Und er wandelte kraft seiner hohen Überzeugungen Gewalt in Gewaltlosigkeit um. Er hielt an dieser neuen Überzeugung eisern fest und brach politische Aktionen umgehend ab, sobald einer seiner Anhänger und Mitstreiter vom Weg des Gewaltverzichts abwich. Denn Gewalt war für ihn fortan ein Zeichen von Schwäche und niedriger Gesinnung. Er begann die Gewalt zu hassen. Und genau hier taucht wieder der plutonische Mensch auf, der die tiefen Abgründe der Seele kennt, der in seinem Leben oft mehrmals vor dem Scheidweg steht, bei dem der eine Weg in das Licht und der andere in das Dunkle geht. Ein Plutonier, der sich wandelt und seine Geschicke in höhere Hände legt, geht mit Leidenschaft und auch einem gewissen Fanatismus den Weg des Guten. Natürlich brauchte Gandhi diesen enorm starken Mars, gerade auch in seinen Spannungsaspekten, um den Mut zu haben, gegen eine Weltmacht wie England aufzustehen.

Gandhis Horoskop ist das Beispiel eines Menschen, der sich durch ein asketisches Leben und eine religiöse Grundhaltung, die er vorgelebt hat, selbst erlöst hat. Er hat sein Schicksal in die eigene Hand genommen. Einen primitiveren Menschen hätten seine teilweise überaus kritischen Aspekte sicherlich zum Mörder und Verbrecher gemacht, was anhand zahlreicher Horoskope von berühmt-berüchtigten Personen bewiesen werden kann.

Gandhis Horoskop ist ferner ein Beispiel dafür, wenngleich sehr extrem, dass aufgrund von kritischen Aspekten niemals vorschnell geurteilt werden darf. Der Mensch hat Bewusstsein und damit Willensfreiheit und kann auch mit schwierigen Aspekten und Anlagen viel Positives im Leben bewirken.

Ganz ohne Folgen blieben seine Spannungsaspekte trotzdem nicht. Im Bemühen, feindliche Moslems und Hindus zu versöhnen, wurde er im Jahr 1947 von einem fanatischen Hindu durch drei Pistolenschüsse in die Brust erschossen. Er wurde also letztlich Opfer von Gewalt, die er auch in sich trug.

Am Tag, als Gandhi erschossen wurde, am 30. Januar 1948 in Delhi, stand Saturn im Transit exakt auf seinem Mond und damit im Quadrat zu seiner Venus, seinem Mars und auf der anderen Seite zu seinem Jupiter und Pluto. Saturn gilt als Schicksals- und Karmaplanet, der als schwieriger Transit immer eine Krise anzeigt. Als Mehrfachtransit auf die Schwachstellen von Gandhis Horoskop verrät er, dass Gandhi in dieser Zeit und an diesem Tag seelisch an einem Tiefpunkt angelangt war (Saturn Transit Konjunktion Mond), dass er enorm frustriert war (Saturn Transit Quadrat Venus), dass er unter unglaublichen inneren Spannungen litt und große Wut mit sich herumschleppte (Saturn Transit Quadrat Mars), dass er etwas um jeden Preis ändern wollte, dabei aber auf massive Widerstände stieß und Macht abgeben musste (Saturn Transit Quadrat Pluto), dass ihn starke Zweifel plagten und er sein Glück verloren glaubte (Saturn Transit Quadrat Jupiter).

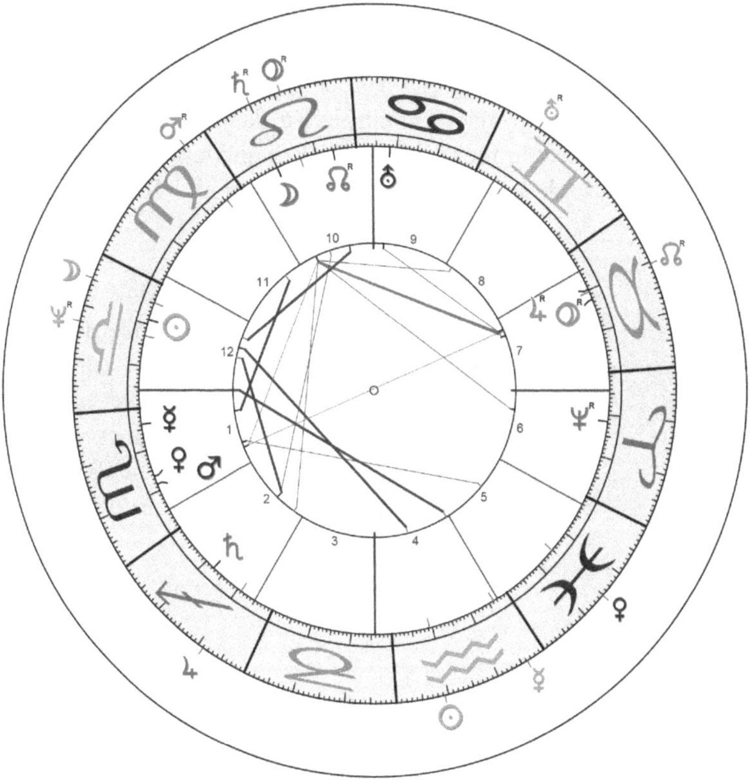

Mahatma Gandhis Transite zum Zeitpunkt seiner Ermordung

Astrologie-Kundige wissen, dass die Häufung solch schwieriger Transite zumindest die Wahrscheinlichkeit von äußeren Auslösungen drastisch erhöht und immer große Gefahren heraufbeschwört. Streng genommen besagen die Transite ja, dass sie nur das auslösen können, was der betreffende Mensch als Anlage besitzt. Gandhi besaß, wie gesagt, eine Häufung massiver Gewaltaspekte, die bei diesem Saturn-Transit zur Zeit des Attentats angesprochen waren. Speziell seine im Horoskop angelegte Spannung zwischen Mars und Pluto lässt, sofern sie nicht bewältig wird, oft nur zwei Möglichkeiten zu: Täter sein oder Opfer werden.

Zur Zeit des Attentats muss Gandhi in einer heftigen Krise gewesen sein, die sich immer dann zur Katastrophe aufschaukelt, wenn kein Ausweg aus ihr gefunden werden kann. In der Öffentlichkeit sprach niemand von einer Gandhi-Krise damals. Die Astrologie lässt den Kundigen immer dahinter blicken und lehrt ihn, ganzheitliche Hintergründe von Krankheiten, Unfällen und Todesfällen zu erkennen.

Mahatma Gandhi: „Sei du selbst die Veränderung, die du dir wünschst für diese Welt.“ Worte, die nur aus dem Munde eines echten Plutoniers kommen können.

Sterbehelferin Elisabeth Kübler-Ross

„Ja, ich bleibe dabei. Es gibt keinen Tod. Der Tod ist nur ein Übergang in eine andere Frequenz und ein wunderbares Erlebnis. Das Leben ist viel schwerer als der Tod. Die Angst vor dem Tod ist unbegründet“. Das alles und noch viel mehr sagte die wohl berühmteste Sterbeforscherin aller Zeiten, Elisabeth Kübler-Ross, die allein in den USA für 2000 Sterbehospize verantwortlich war, kurz vor ihrem eigenen Tod, der sich aufgrund schwerer Erkrankungen jahrelang hinzog. Immer wieder sprach Elisabeth Kübler-Ross in ihrer Tätigkeit von „unerledigten Geschäften“, die einen manchmal leiden ließen und am Sterben hinderten. Am Ende ihres Lebens ist es auch ihr so ergangen, was der „Spiegel“ zum Anlass nahm, um an ihrer Person, ihrer Arbeit und ihren Thesen über das Sterben zu zweifeln. In einem ihrer letzten Interviews, die sie mit der „Welt“ führte, wurde sie gefragt, ob sie nun selbst „unerledig-

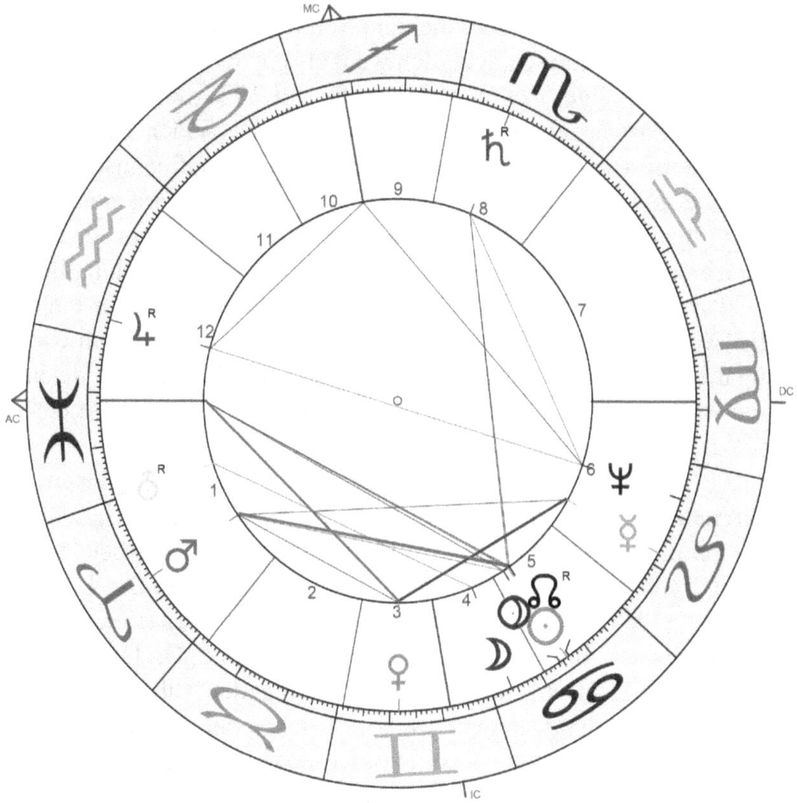

Radix Elisabeth Kübler-Ross

te Geschäfte“ vor sich herschiebe. Kübler-Ross antworte lachend: „Ja, ja, Geduld muss ich halt noch lernen.“

Der „Spiegel“ und seine ungläubigen Journalisten hatten die Größe und die Tragweite ihres segenreichen Wirkens nicht verstanden. Auch von anderer, wissenschaftlicher Seite wurde sie oft über ihre Ansicht vom Sterben, dem Tod und was danach kommt, kritisiert, ja angefeindet. Doch die Frau, die das Sterben und die Vorstellung vom Tod letztlich revolutioniert hat und so vielen Menschen im Augenblick ihrer schwersten Stunde großartig weitergeholfen hat, wurde durch nichts und niemanden in ihrer Haltung und ihrem Wissen irritiert: „Ich hatte selbst mehrere Nahtod-Erlebnisse. Das heißt, ich war auf der anderen Seite. Ich weiß also, wovon ich spreche“.

Elisabeth Kübler-Ross wurde am 8. Juli 1926 um 22.45 Uhr MET in Zürich geboren. Zusammen mit ihren beiden Drillingsschwestern wuchs sie in einer protestantischen Kaufmannsfamilie auf. Sie studierte Medizin und heiratete 1958 den amerikanischen Arzt Emanuel R. Ross. Elisabeth Kübler-Ross arbeitete zunächst in verschiedenen Krankenhäusern und spezialisierte sich schließlich auf Psychiatrie. Mit der Zeit entdeckte Kübler-Ross immer mehr die Grenzen der Schulmedizin, sah, wie unmenschlich und unwürdig die meisten Menschen ihr Leben in Krankenhäusern beendeten und wandte sich daher der Sterbeforschung zu. Wie sie selbst einmal sagte, sah sie in den Sterbenden selbst ihre Lehrer.

Kübler-Ross gründete unter anderem das „Children‘s Hospital International“ für todkranke Kinder. Ihre bekanntesten Werke sind: „Befreiung aus der Angst“ (1983), „Interviews mit Sterbenden“, „Reif werden zum Tode“ (1983), „Über den Tod und das Leben danach“ (1985) und „AIDS, Herausforderung zur Menschlichkeit“ (1988). Bereits 1969 schrieb sie ihr Standardwerk „On Death and Dying“, zu Deutsch „Interviews mit Sterbenden“ über die fünf Phasen des Sterbens, in denen sie das Erleben der Sterbenden beschreibt, die sie bis zur Schwelle des Todes begleitete. Diese fünf Phasen unterteilen sich folgendermaßen: 1. Nicht-wahrhaben-wollen (Leugnen), 2. Zorn, 3. Verhandeln, 4. Depression und Leid, 5. Annahme. In der ersten Phase wollen Menschen von ihrem bevorstehenden Tod oft nichts wissen, leugnen vorhandene Krankheiten, sehen sich als Opfer falscher Diagnosen usw.

In der zweiten Phase kommt die nackte Wut, der Widerstand gegen die Krankheit, die Frage: „Warum ausgerechnet ich?“ Damit geht auch oft Neid auf die gesunden Menschen einher, denen es gar nicht bewusst ist, welches Glück sie haben.

In der dritten Phase nehmen die Sterbenden oft kindliche Züge an, werden abergläubisch, legen irgendwelche Gelübde ab, die ihnen helfen könnten, den Tod doch noch zu vermeiden. In der vierten Phase dominieren Frust und Depression. Die Unausweichlichkeit des Todes wird bewusst.

Und in der fünften Phase folgt die Annahme, die Akzeptanz des nahenden Todes, in der sich viele Menschen in sich und auch von ihrem Umfeld zurückzuziehen beginnen.

Elisabet Kübler-Ross hatte Eingebungen von oben, diese fünf Phasen seien „plötzlich zu ihr gekommen, fast so wie durch göttliche Inspiration".

Darüber hinaus wendete sich Kübler-Ross aber auch immer mehr den spannenden Nahtoderfahrungen der Sterbenden zu, so dass sie schließlich felsenfest davon überzeugt war, dass es ein Leben nach dem Tod und die Wiedergeburt gibt. Sie sah dies sogar als wissenschaftlich erwiesen an, was Wissenschaftler wiederum dazu veranlasste, ihr die Verharmlosung und das Schönreden des Todes vorzuwerfen.

Nein, das tat Kübler-Ross nicht. Wer ihr Horoskop sieht, wird schnell und eindrucksvoll erkennen, dass es tatsächlich ihre große Lebensaufgabe war, unser Bild vom Tod und vom Sterben zu korrigieren, das in unserer Gesellschaft so schrecklich ist, weil der Glaube und das Vertrauen in das Leben fehlen. Pluto war der Lehrer ihres Lebens.

Blicken wir auf das Horoskop von Kübler-Ross, fällt auf, dass sich bis auf Saturn und Jupiter alle Planeten auf der Nachtseite, also unter dem Horizont, befinden, den die Achse zwischen Aszendent und Deszendent bildet. Sie war also ein Mensch, der alles Erlebte sehr stark verinnerlichte. Mit Sonne und Mond im Krebs und dem Aszendenten in den Fischen war sie zudem ein hochsensibler, emotionaler, ausgesprochen gemütvoller und manchmal sicherlich auch launischer Mensch. Allein der Fische-Aszendent spricht von großem Mitgefühl und der Bereitschaft, anderen zu helfen und immer wieder zu verzeihen. Es ist der menschlichste aller Aszendenten, der niemandem etwas Böses tun kann. Fische-Aszendenten sind irgendwie nicht von dieser Welt, sind oft mehr mit dem Jenseits als mit dem Diesseits verbunden und finden oft schwer Zugang zu der harten, irdischen Realität.

Speziell ihr Mond im Krebs ist ein Sinnbild für die weiche, überaus empfindsame mütterliche, aufnehmende Seele. Kein Mond hat so viel Gefühl wie der Krebs-Mond. Im 4. Haus, dem irdischen

Spiegel des Krebses, gewinnt er weiter an Kraft und Bedeutung. Ja, Elisabeth Kübler-Ross war eine große Seele!

Das Quadrat ihres Mondes mit Uranus machte sie zu einem rastlosen Menschen, der aber auch über eine ungewöhnlich große Intuition verfügte. Uranus machte ihren Mond hellfühlend.

Mit ihrer enorm starken Wasserbetonung im Horoskop war sie überhaupt ein extrem emotionaler Mensch. Ihre Emotionen wurden zusätzlich gesteigert durch die Konjunktion der Sonne mit Pluto, die auch noch im Quadrat zu Mars steht. Damit war sie ein Mensch, der schnell hochkochen, manchmal regelrecht ausrasten konnte. Auf jeden Fall war sie mehr Gefühls- als Kopfmensch, anders als viele ihrer Ärztekollegen, bei denen nur die Ratio zählte, weshalb sie allein dadurch oft angefeindet und als Spinnerin tituliert wurde. Ihr starkes Mitgefühl für die Sterbenden, die im Augenblick des Todes oft abgeschoben werden und einsam sind, war mit Sicherheit ein großer Antrieb ihres segensreichen Schaffens. Die Sterbenden, denen sie Mut und Hoffnung schenkte, fragten nicht nach der wissenschaftlichen Korrektheit ihres Wirkens, sondern nahmen ihre Gefühlstiefe und -wärme dankend an.

Uranus im 1. Haus ihres Horoskops, dem Bereich der Persönlichkeit, deutet auf ihre revolutionäre Gesinnung hin und trieb sie zu den Reformbemühungen in der Sterbeforschung. Menschen mit dieser Uranus-Stellung wollen sich von allem Althergebrachten frei machen und sind bereit, alle Konventionen zu sprengen. Sie sind freiheitsliebend und sehr eigenwillig.

Mars, der ebenfalls in ihrem 1. Haus und im Widder steht, spricht von einer großen Kämpferin mit unglaublichen Energien und einer gewaltigen Durchsetzungskraft, die ihr geholfen hat, sich gegen alle äußeren Widerstände und Anfeindungen durchzusetzen. Ohne diesen Mars hätte sie bei ihrer sonst so großen Feinfühligkeit keine Chance gehabt, diesen schwierigen Weg zu gehen. Sonne Konjunktion Pluto Quadrat Mars erzählt, wie gesagt, aber auch von einer Frau, die es mit ihrem Kampfwillen und ihrer Aggression oftmals überzog.

Allein schon die enge Konjunktion ihrer Sonne mit Pluto weist sie als sehr plutonischen Menschen aus. Das Leben, die Sonne, steht hier in enger Umarmung mit dem Tod. Die meisten Menschen, die so eine gewaltige Konjunktion in ihrem Horoskop haben, besitzen gewisse despotische Züge, haben einen Drang zu Macht, wollen Einfluss und Kontrolle im Leben. Sie haben Angst vor Verlusten, da Pluto, der Planet des Todes und der Vergänglichkeit, die Sonne, den Geist, das Bewusstsein durchdringt. Häufig werden Menschen mit Sonne-Pluto-Spannungen mit Verlusten und dem Tod konfrontiert. Manchmal besitzen sie außergewöhnliche Fähigkeiten und auch Heilkräfte.

Interessant ist, dass diese Konjunktion im 5. Haus steht, dem irdischen Spiegel des Löwen. Es ist also das Sonnenhaus, in dem die Sonne natürlicherweise eine besondere Kraft besitzt. Sie ist in diesem Fall stärker als Pluto und somit auch stärker als der Tod. Ihr Versprechen auf ein besseres Leben im Jenseits spiegelt sich hier wider.

Ihr aufsteigender Mondknoten, der in Horoskopen so etwas wie das Tor zum Himmel darstellt, die große Perspektive eines Menschen, der die Lösung aus belastenden karmischen Verwicklungen anzeigt, befindet sich auf dieser magischen Sonne-Pluto-Konjunktion. Das heißt, dass ihre intensive Auseinandersetzung mit dem Leben und dem Tod, mit Sonne und Pluto, ihre absolute Berufung war. Dafür ist sie geboren worden.

Mit ihrem sonnenhaften Merkur im Löwen, der im 6. Haus, dem Bereich der Arbeit, Krankheit und Gesundheit steht, war sie in der Lage, kranken Menschen durch positive Worte Mut zuzusprechen. In dieselbe Kerbe schlägt auch ihre kontaktfreudige Zwillinge-Venus im 3. Haus, dem Bereich der Kommunikation. Sie erzählt hier von warmen und besonders lebendigen, aufbauenden Gedanken. Merkur im Löwen bildet ein harmonisches Sextil zu dieser Venus, was zudem ihr positives Denken unterstreicht.

Ihr MC, der die höheren Lebensziele und den Idealberuf anzeigt, steht im Schützen, der Herrscher ihres MC und 10. Hauses, Jupiter, befindet sich im 12. Haus und im Wassermann. Im Wassermann deutet der „große Wohltäter" wiederum auf neue Wege der Hilfe an. Im 12. Haus hat er die Qualitäten eines Geistheilers, der den Weg in den Himmel anzeigt, der sich im 12. Haus, dem Austritt aus dem Tierkreis, offenbaren kann.

Entscheidend über ihr Leben und Wirken aber war Karma-Planet Saturn, der Hüter der Schwelle, der uns erst dann aus dem Rad des Karmas entlässt, wenn wir seine irdischen Lektionen und Aufgaben verstanden und bewältigt haben. Im 8. Haus steht dieser Saturn im Bereich des Plutos, dem irdischen Spiegel des Skorpions. Es ist das Haus des Todes. Menschen mit dieser Saturn-Stellung haben eine enorme Angst vor dem Tod und vor Verlusten und können häufig nur schwer vom Leben loslassen. Elisabeth Kübler-Ross hat die Aufgabe dieser schwierigen Saturn-Stellung angenommen und versucht, dem Tod den Schrecken zu nehmen – für sich selbst und andere. Dass sie selbst schwer starb, da sie eben nicht so leicht loslassen konnte oder, wie sie sagte, noch „unerledigte Geschäfte abwickeln" musste, schmälert keineswegs die Größe ihrer Person und ihres Werkes. Es war nur ihr eigener Weg. Danke Elisabeth Kübler-Ross! Sie hilft uns allen, den Tod mit neuen Augen zu betrachten. Eine ihrer letzten öffentlichen Aussagen in ihrer eigenen Leidenszeit war: „Ich glaube an ein Leben nach dem Tode. Aber ich will nicht wieder kommen. Ich lerne jetzt noch ein paar Sachen, die man zum Leben braucht, und dann ist es gut. Ich werde mit den Galaxien tanzen. Und ich freue mich darauf." Saturn hat sie wohl entlassen.

Bill Gates und die unstillbare Gier

Bill Gates ist der Mann, der nicht nur als Gründer von Microsoft, der größte Softwarehersteller weltweit, in die Geschichte eingehen wird. Sein sagenumwobener Reichtum, der 2021 auf etwa 144 Milliarden US-Dollar geschätzt wurde, ist ebenfalls untrennbar mit seinem Namen verbunden. Bill Gates ist so etwas wie das Synonym für Reichtum. Und genau das scheint sein Triggerpunkt: Er will nicht nur reich, sondern auch geliebt und anerkannt sein, er will als ein Mensch in die Geschichte eingehen, der etwas Gutes im größeren Stil vollbracht hat. 2008 zog er sich aus dem operativen Geschäft zurück und gründete mit seiner Frau Melinda Gates, von der er sich 2021 scheiden ließ, die Bill & Melinda Gates Foundation und sieht sich seither selbst als Philanthrop, als einer, der seine gesamte Liebe und Energie auf das Wohl der Menschheit konzentriert. Seitdem mischt Bill Gates überall mit, wo es um die Verbesserung von Gesundheitsvorsorge und der Bekämpfung extremer Armut geht.

Kritiker werfen ihm vor, dass er an vielem, was der reinen Menschenliebe dienen soll, indirekt verdient. Und dass er seine Stiftung, die immerhin Einlagen von 46 Milliarden US-Dollar hat, nur dann zum Einsatz bringt, wenn seine politischen Interessen gewahrt sind. Als größter Geldgeber der WHO, der Weltgesundheitsorganisation, nimmt er großen Einfluss auf das, was seine Vorstellung von Gesundheitsförderung in der Welt ist, die gerade in der Coronakrise und beim Thema Impfen, das er offensiv propagiert, vielen Menschen negativ aufstieß.

Um eines klarzustellen: Ich gehöre nicht zu den Verschwörungstheoretikern, die glauben, dass Bill Gates die Menschheit dezimieren will. Selbst viele seiner Kritiker würdigen seinen extrem hohen finanziellen Einsatz für die Weltgesundheit. Er ist so gesehen tatsächlich ein Philanthrop, der er ja, „um jeden Preis“ sein will. Aber, er ist aus astrologischer Sicht auch ein Machtmensch, einer, der letztlich nichts umsonst macht.

Allein schon ein Skorpion als Philanthrop lässt aufhorchen, da Skorpione doch immer sehr von Machthemen durchdrungen sind, wie immer und an welcher Stelle diese im Leben auch erscheinen mögen.

Das Horoskop von Bill Gates (geboren am 28. Oktober 1955 um 22:00 Uhr in Seattle, USA) spricht in dieser Hinsicht Bände. Dort steht nämlich Pluto, sein Zeichenherrscher, im 2. Haus, dem Bereich des Geldes und des Selbstwerts. Heißt wörtlich: Macht (Pluto) durch Geld und Besitz (2. Haus), was wiederum den Selbstwert steigert. Und Pluto steht da nicht allein. Jupiter bildet eine gradgenaue Konjunktion mit ihm. Das ist einer der größten Machtaspekte überhaupt, denn Jupiter ist der Gewinner, der Planet, der über allem steht und unter Plutos Einfluss in seinem Verlangen nach materieller Macht geradezu maßlos wird. Allein Jupiter in Konjunktion, Quadrat oder Opposition zu Pluto wird häufig auch als der Aspekt

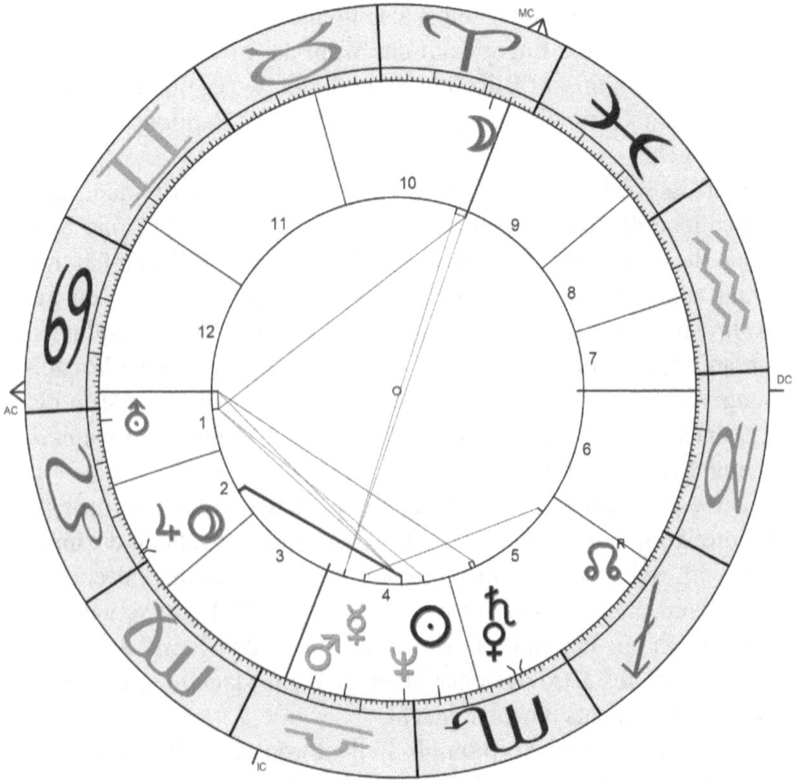

Radix Bill Gates

der unstillbaren Gier umschrieben. Pluto sagt: Gib mir mehr und immer noch mehr von diesem Jupiter, damit ich strahlen und vor allem etwas bedeuten kann.

Dramatisch wird diese Jupiter-Pluto-Konjunktion im Löwen dadurch, dass sie in einem Quadrat steht zu seiner Venus-Saturn-Konjunktion im Skorpion. Obwohl das Quadrat relativ weit ist, muss es gewertet werden, da Venus schneller läuft als Saturn, Jupiter und Pluto und damit dieses große Quadrat verbindet. Heftig!

Venus Konjunktion Saturn im Skorpion spricht von enormer Eifersucht, von Neid sowie dem Gefühl, nicht geliebt zu werden, immer und überall zu kurz zu kommen und nicht wirklich verstanden zu werden. Bill Gates möchte aber geliebt werden und zwar „um jeden Preis". Und wenn es nicht anders geht, so muss denn seine Macht Menschen dazu bringen, seinen Wert zu sehen und anzuerkennen. Es geht ihm in seinem enormen Anspruch auf Geltung und Bedeutung durch diese Jupiter-Pluto-Konjunktion in Haus 2 und im Löwen nicht allein um die Liebe einzelner Mensch, nein er will die Anerkennung der gesamten Menschheit, weshalb er so viel Gutes tut. Natürlich macht er das, aber es verbirgt sich auch ein wenig der Teufel, der Schwarzmagier hinter diesem Ansinnen, weil sich in diesem großen Quadrat Saturn und Pluto entgegenstehen und Dunkelheit verbreiten und weil es niemals nur selbstlos ist, was ihn zu seiner großen Stiftung motiviert hat.

Bill Gates ist ein Mensch, der nicht viel Lebensfreude besitzt, worauf Saturn Konjunktion Venus und der aufsteigende Mondknoten in Haus 5 hinweisen. Er neigt zu innerer Härte und erwartet letztlich mehr, als er geben kann, womit nicht das Geld gemeint ist.

Mit seinem MC im Widder und seinem Aszendenten im Krebs ist er ein kardinaler Typ, der herrschen und führen will. Sein gefühlsbetonter Krebs-Aszendent in Verbindung mit seinem Mond im Widder, im 10. Haus und in Opposition zum Mars besagt, dass er dabei sehr emotional und unbeherrscht reagieren kann. Er ist ein Typ, der schnell hochkocht und so manche Entscheidung impulsiv fällt. Dahinter könnte sich auch ein Tyrann verbergen, der letztlich niemanden neben sich gelten lässt. Er ist außerdem extrem eigenwillig, worauf erstens sein Uranus in Haus 1 und zweitens seine Skorpion-Sonne im Quadrat zu Uranus hinweisen. Auch das ist ein „Ausraster-Aspekt", der nur den eigenen Weg kennt und ihn als alles andere, nur nicht als Teamplayer ausmacht.

Bill Gates wollte schon immer etwas Besonders sein, und er wollte schon immer viel Geltung, Liebe und Anerkennung, was er durch die Macht des Geldes zu erreichen versucht. Er ist ein ausgesprochener Plutonier mit stark narzisstischer (Uranus) Beimischung.

Sean Connery – der beste Bond-Darsteller aller Zeiten

Als Sean Connery (geboren am 25. August 1930 um 18:05 Uhr in Edinburgh, Schottland) am 31. Oktober 2020 mit stolzen 90 Jahren starb, waren viele unter uns doch sehr betroffen. James Bond war alle Jahre ein immer wiederkehrendes Kino-Highlight, das einfach zum Leben dazu gehörte. Viele unter uns erlebten von ihrer Kindheit bis jetzt alle unterschiedlichen Bond-Darsteller von Sean Connery über Roger Moore bis hin zu Daniel Craig, von denen jeder etwas ganz Besonderes hatte.

Sean Connery, der erste Bond, ist bis heute sicherlich weltweit der beliebteste Geheimagent 007. Er hatte nicht unbedingt den Charme und das vornehme, wohlerzogene Auftreten von Roger Moore oder Pierce Brosnan. Er hatte auch nicht die raue Art und die Brutalität von Daniel Craig. Sean Connery hatte von allem etwas: Einen überzeugenden, durch hartes Training gestählten Körper, der die Brustbehaarung zelebrierte, er wirkte trotz vertrauenswürdigem Lächeln irgendwie unterschwellig brutal, zu allem bereit, weshalb man ihm unbedingt die Rolle des unbesiegbaren Superagenten abnahm. Und: Jean Connery war als Bond extrem cool, nicht durchschaubar und geheimnisvoll. Er hatte die Mischung, die viele Männer gerne hätten und auf die (fast) alle Frauen stehen. 1999, als er schon 69 Jahre alt war, wurde er zum „Sexiest Man Alive“ und zum „Sexiest Man of the Century“ gewählt.

Sean Connery war aber nicht nur ein Bond-Darsteller. Der schottische Patriot, der für die Freiheit und Unabhängigkeit seines Landes kämpfte und viele schottische Einrichtungen förderte, war überhaupt ein Charakterdarsteller, der in zahlreichen weiteren Filmen brillierte.

Den James Bond wurde er allerdings nie los. „Wenn er könnte, dann würde er ihn umbringen“, soll er einmal bereits in den 60er Jahren über sein Film-Ego gesagt haben. Aber, Sean Connery war eben der Bond schlechthin, den keiner nach ihm toppen konnte. Und astrologisch hat das natürlich seine Gründe.

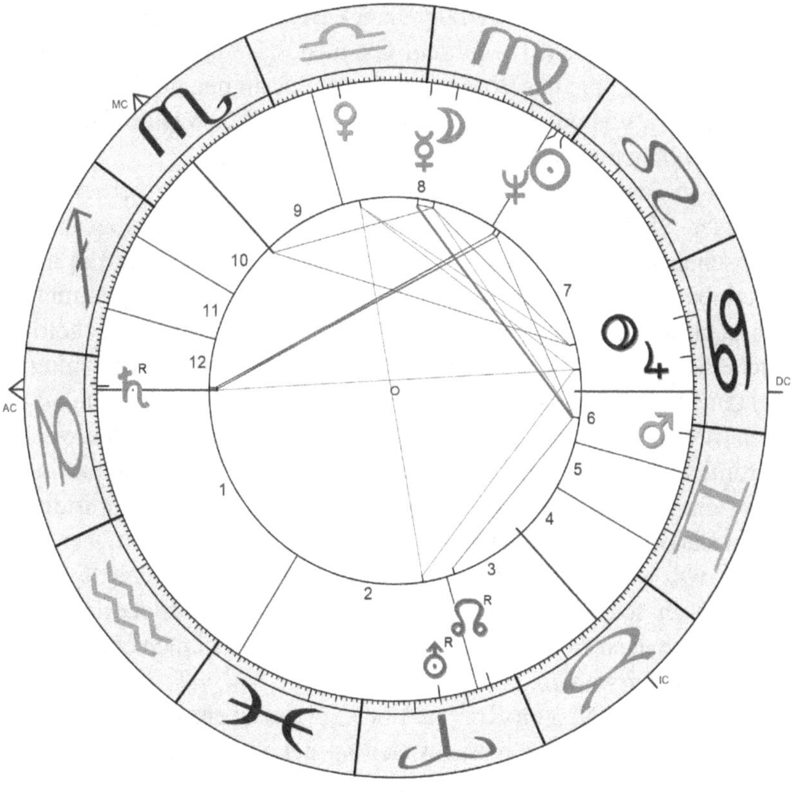

Radix Sean Connery

Sean Connery war ein typischer Plutonier, nicht nur im Film. Er hatte diesen faszinierenden, durchdringenden Blick, den nicht nur manche Skorpione, sondern eben alle Menschen haben, die stark von Pluto beeinflusst sind. Plutonische Menschen sind geheimnisvoll und undurchschaubar, und manche unter ihnen haben diese magische, ja oft ein wenig bestialische sexuelle Ausstrahlung und Anziehungskraft wie er. Und natürlich, der klassische James-Bond-Film, in dem auch die besonders schönen Bond-Girls brillierten und berühmt wurden, war immer eine Mischung aus „Sex and Crime“, einer faszinierenden Liebesgeschichte und großen

Verbrechen. Und ganz wichtig: James-Bond-Filme bestärkten uns – zumindest vor 2021 – in dem Glauben, das am Ende doch immer das Gute über das Böse triumphiert. Zusammen mit Rache und Vergeltung, wie wir sie auch aus den klassischen Western kennen, ein Lieblingsthema vieler plutonischer Menschen.

Um in Sean Connery den plutonischen Menschen zu erkennen, müssen wir bei der ersten Betrachtung seines Horoskops zweimal hinschauen. Denn vom Sternzeichen her ist er eine Jungfrau mit Steinbock-Aszendent. Ziemlich erdbetont. Sean Connery stammte ja auch aus einfachen Verhältnissen, war ein ehemaliger schottische Milchmann, den der Erfinder von James Bond, Ian Fleming, eigentlich „viel zu grob und bäurisch" empfand, bis er ihn zum ersten Mal eine Szene spielen sah. Klar, Sean Connery hatte den wohl prominentesten Schauspieler-Aspekt überhaupt, eine Konjunktion zwischen seiner Jungfrau-Sonne und Neptun. Menschen mit diesem starken Neptun auf ihrer Sonne wissen oft selbst nicht, wer sie sind, was es ihnen wiederum erleichtert, in die unterschiedlichen Rollen zu schlüpfen. Sonne-Neptun-Menschen sind letztlich auf der Suche nach sich selbst, weshalb manche unter ihnen eben auch Schauspieler werden.

Diese Sonne-Neptun-Konjunktion, und das ist entscheidend, was den Plutonier angeht, befindet sich an der Spitze des 8. Hauses, dem irdischen Spiegel des Skorpions. Dadurch wird seine Sonne plutonisch, beginnt, sich für den Tod, die Sexualität, das Verbrechen und andere plutonische Inhalte zu interessieren. Das Stirb-und-Werde-Prinzip der 8. Haus- oder Skorpion-Sonne führt dazu, dass diese Menschen viele Wandlungen und Umbrüche im Leben vollziehen. Bei Sean Connery hat dieser Wandlungsprozess vom einfachen Milchmann zum Weltstar geführt.

Mit Mond, Merkur und Venus hat Sean Connery drei weitere wichtige Planeten im 8. Haus, die ihm diese sehr plutonische, gefährliche, tiefe Ausstrahlung verliehen. Speziell die Venus in Haus 8 und zusätzlich im Quadrat zu Pluto (Sex und Crime in purer Form), hat eine ähnliche Wirkung wie die magische Skorpion-Venus. Die Opposition seiner Venus zu Uranus verrät einen Menschen, der in der Liebe schnell entflammte und in den sich natürlich auch viele weiblichen Fans verliebten. Sein Mond, Symbol für die Seele, gewinnt im 8. Haus an Tiefe. Merkur im 8. Haus ist der Forscher, der Grübler, der Mensch, dessen Gedanken ebenfalls in die Tiefe gehen. Sein Merkur im Quadrat zu Mars in den Zwillingen verlieh ihm die kommunikativen, sprachlichen und intellektuellen Fähigkeiten, die zu seinem überragenden Erfolg beitrugen.

Von einer harten, düsteren, dunklen und verschlossenen Seite, die Sean Connery auch besaß und die in seinen Bond-Filmen auch irgendwie durchkam, spricht nicht zuletzt Saturn am Steinbock-Aszendent. Mit diesem Saturn auf seiner Persönlichkeit und dem starken 8. Haus perfektionierte er den geheimnisvollen und unergründlichen James Bond, den niemand durchschauen konnte. Er spielte sich selbst, weshalb er so extrem erfolgreich wurde.

Klaus Kinski und sein dunkler Pluto

Klaus Kinski (geboren am 18. Oktober 1926 um 21:30 Uhr in Sopot/Danzig, Polen) war einer der besten Schauspieler der Welt, wenn auch wahrlich nicht der beliebteste. Er brillierte in Kinofilmen wie im Theater oder bei Soloauftritten. In seinen Rollen spielte er rastlose, getriebene, psychopathische Typen. Großartige schauspielerische Leistungen vollbrachte er vor allem in den bekannten Werner- Herzog-Filmen Nosferatu – Phantom der Nacht, Aguirre, der Zorn Gottes und Fitzcarraldo. International bekannt wurde Klaus Kinski zuvor durch Rollen in Edgar-Wallace-Filmen und Italowestern geworden.

Kinski spielte immer sich selbst. Er war ein Ausraster, ein gestörter Mensch, von dem man nie wusste, ob er nun die Wahrheit erzählte oder log. Seine Schauspielkarriere startete er in einem britischen Gefangenenlager, in das er als Soldat der Wehrmacht eingeliefert wurde. Bereits damals fiel er durch seine plötzlich auftretenden Wutausbrüche auf, die nicht selten in Handgreiflichkeiten endeten. Ärger provozierte er vor allem immer dann, beim Dreh oder in Interviews, wenn er nicht genügend Beachtung fand.

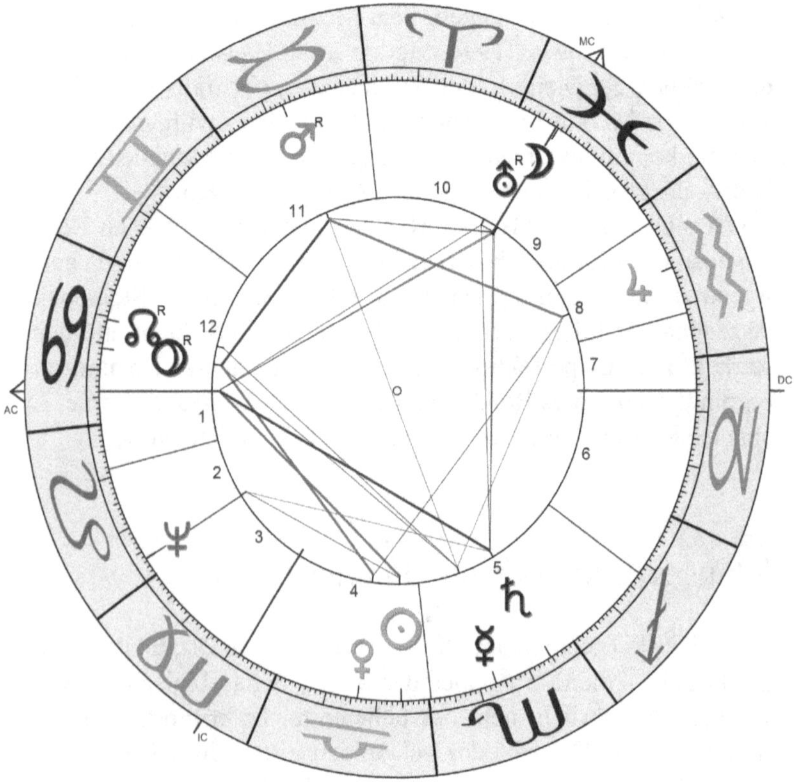

Radix Klaus Kinski

Als einen sehr dunklen, ja schrecklichen Menschen bezeichneten ihn seine beiden Töchter Nastassja und Pola Kinski. Nastassja bezeichnete ihn als Tyrannen, vor dem sie als Kind „fürchterliche Angst“ hatte, der sie zwar nicht geschlagen, „aber niederträchtig beschimpft“ hatte. Was ihr als vier- bis fünfjähriges Kind widerfahren sei, ist „mehr“ gewesen „als die liebevolle Umarmung eines Vaters“. Kinski habe sie „immer viel zu sehr angefasst“ und sie „ganz eng an sich gedrückt“. Sie habe ihn nicht als Vater gesehen: „Ich würde alles dafür tun, dass er auf Lebzeiten hinter Gitter kommt. Ich bin froh, dass er nicht mehr lebt.“ Pola Kinski berichtet in ihrem 2013 erschienenen Buch Kindermund ebenfalls, dass ihr Vater sie von ihrem 5. bis 19. Lebensjahr sexuell missbraucht hat.

Kinski galt als Mensch mit wechselhaftem Temperament, war einmal sanft und liebenswürdig, dann wieder zornig und unbeherrscht. Als Krebs-Aszendent ist man nun mal launisch. Stimmt. Und sein Mond steht in Fischen, in Konjunktion mit Uranus. Auch der Fische-Mond ist eigentlich sanft, wird jedoch durch die Nähe des Uranus unglaublich emotional und exzentrisch. Der „verrückte“ Auftritt im Sinne des Uranus war sein Markenzeichen und sein Beruf, da Mond und Uranus schließlich am MC standen, dem höchsten Himmelspunkt des Berufs und der großen Ziele.

Natürlich deutet ein so prominent gestellter Uranus mit Mond den Narzissten an. Mond Konjunktion Uranus setzt Menschen unter Strom und lässt sie wie Kinski oftmals plötzlich und unvermittelt ausrasten und hochkochen.

Seine Boshaftigkeit und wüsten Beschimpfungen, mit denen er andere zu demütigen, ja zu vernichten versuchte, erscheinen in seinem Skorpion-Merkur, der eine Opposition zu Mars bildet. Ein Aspekt, der streitsüchtig und oft handgreiflich macht. Da Merkur im 5. Haus (Kreativität) steht, konnte er seine Wortgewalt sehr gut in seine schauspielerische Tätigkeit einbringen.

Das dunkelste Kapitel seines Lebens, der Missbrauch seiner Töchter, taucht in Form seines Venus-Pluto-Quadrats auf. In Kombination mit seiner unglaublichen Emotion, die sein Horoskop in dieser extremen Wasserbetonung anzeigt (Krebs-Aszendent, Mond Konjunktion Uranus in den Fischen, Merkur im Skorpion Opposition Mars), wurde dieser Aspekt der sexuellen Zwänge und Wollust zum großen Problem für ihn. Er konnte seine Gier nicht mehr unter Kontrolle halten und hatte als sehr selbstbezogener Mensch, der nur in seinem eigenen Kosmos lebte und andere kaum beachtete, nur seine eigenen Bedürfnisse im Blick.

Letztlich war Kinski auch selbst Opfer seiner Anlagen, was seine schlimmen Taten gewiss nicht entschuldigen soll. Sein Pluto in Haus 12 verrät den Psychopathen, der von Leidenschaften (Venus Quadrat Pluto) getrieben wurde. Pluto in Haus 12, dem Bereich der Psyche, kann Menschen regelrecht durchdrehen lassen, weil im Unterbewusstsein große Ungeheuer lauern, die Menschen regelrecht besetzen können. Ja, Venus in Spannung zu Pluto in Haus 12 ist eine Konstellation der Besessenheit in Bezug auf Liebe und Sexualität. Klaus Kinski war tatsächlich ein gefährlicher Mensch – genauso wie in seinen Filmen.

Joaquin Phoenix – der Skorpion, der als Joker das Böse spielt

2019 bewegte vor allem ein Film die Gemüter wie lange nicht mehr. Die Rede ist von der Comic-Verfilmung „Joker", in der der widersprüchliche Schauspieler Joaquin Phoenix in der Hauptrolle brillierte. Beim 76. Filmfestival von Venedig wurde er für seine Darstellung von Kritik und Publikum euphorisch gefeiert. Er spielte den bislang sicher düstersten, aber auch interessantesten Joker aller bisherigen Batman-Filme. Es ging in seiner Rolle um viel mehr als um einen Bösewicht, es ging konkret um einen guten Menschen, einen Clown, der durch kaum erträgliche Lebensumstände und die Kälte der Gesellschaft zum Bösen mutiert, da er nur so überleben konnte. Joaquin Phoenix: „Es ist seine verzweifelte Suche nach Glück, Gemeinschaft, Wärme und Liebe, die mich an seinem Charakter (Joker) am meisten interessiert hat."

Wie immer tauchte Joaquin Phoenix auch diesmal tief in seine Rolle ein, was das Besondere an diesem charismatischen Schauspieler ist. Mehr als 20 Kilo nahm er für die Dreharbeiten ab und war danach kaum wiederzuerkennen, so knochig und diabolisch erschien er plötzlich. Joaquin Phoenix lebte seine Rolle, er hat eine unglaubliche Verwandlungsfähigkeit, er transformierte sich auf einer tiefen Ebene für seine Rolle. Und das gelingt nur einem echten Skorpion, wie er einer ist, der das Stirb-und-Werde-Prinzip nicht nur in sich trägt, sondern selbst verkörpert. Kein Zeichen macht so viele Wandlungen in seinem Leben durch wie der typische Skor-

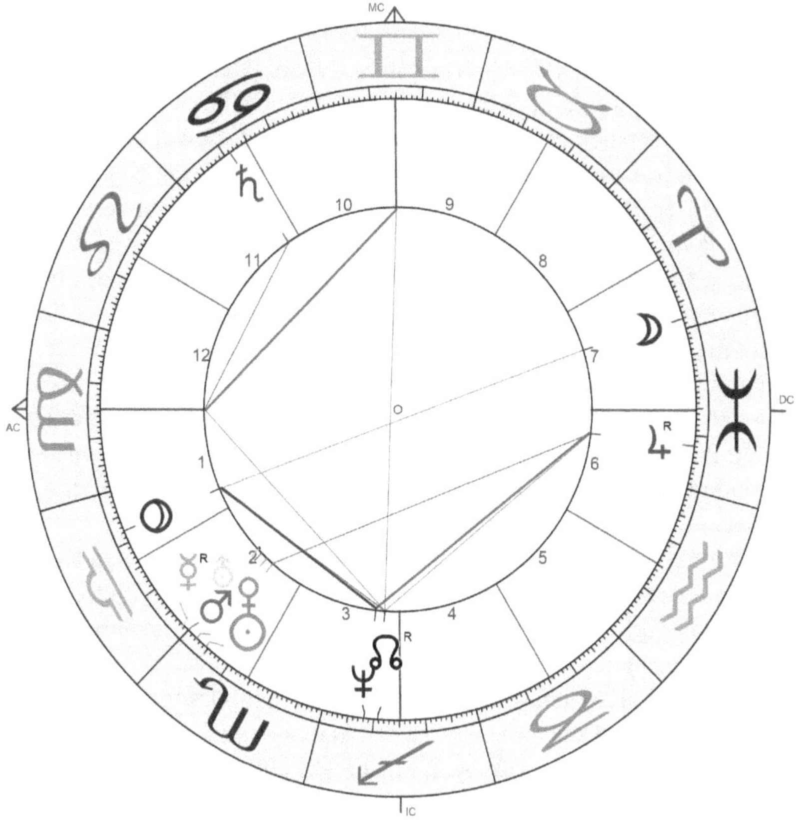

Radix Joaquin Phoenix

pion. Und Joaquin Phoenix ist noch dazu ein ganz gewaltiger Skorpion, der alle Höhen und Tiefen dieses Zeichens kennen dürfte. Nomen est omen, heißt es, der Name ist in ein Vorzeichen. Der Phönix, griechisch der Wiedergeborene, ist ein mythischer Vogel, der am Ende seines Lebenszyklus verbrennt, um aus seiner Asche neu zu erstehen.

Skorpion und Pluto verkörpern nicht zuletzt die dunkle Seite der Macht, der sich in besagtem Film auch der Joker anschließt, um endlich etwas zu bedeuten und nicht mehr getreten und beiseite geschoben zu werden.

Zu seinem Hintergrund: Joaquin Rafael Phoenix wurde am 28. Oktober 1974 um 2:55 Uhr AST in San Juan, Puerto Rico geboren. Seine Eltern waren als Missionare der Sekte Children of God tätig. 1978 wandte sich die Familie von der religiösen Bewegung ab und ließ sich in Los Angeles nieder. Als Zeichen für diesen Neuanfang wurde der Familienname von Bottom in Phoenix geändert. Der amerikanische Schauspieler, Produzent und Regisseur ist Golden-Globe-Preisträger und wurde dreimal für den Oscar nominiert. Bereits in jungen Jahren verdiente Joaquin Geld als Kinderdarsteller, um die Haushaltskasse seiner armen Eltern aufzufüllen. Sein internationaler Durchbruch als Schauspieler gelang ihm in der Rolle des römischen Kaisers Commodus in Ridley Scotts „Gladiator“ im Jahr 2000. Zum Weltstar und absoluten Top-Schauspieler wurde er 2006 mit dem Film über Johnny Cash, „Walk the Line“. Extra für diesen Film lernte er singen und Gitarre spielen.

Die Skorpion-Sonne von Joaquin Phoenix bildet eine enge Konjunktion mit Merkur, Venus, Mars und Uranus. Und Pluto, der Herrscher des Skorpions, steht in Haus 1, dem Ich. Er ist durch und durch Skorpion.

Allein die Konjunktion zwischen Sonne und Uranus macht ihn eigenwillig und entsprechend dem Uranus einfach anders als die anderen. Er ist ein Spaßvogel, ein Freak, ein Außenseiter, der irgendwie auch nicht zu fassen und sicher auch privat nur schwer zu verstehen ist.

Sonne, Venus, Mars und Uranus machen ihn unglaublich kämpferisch, mitunter sicher aggressiv. Er ist ein extrem leidenschaftlicher Mensch, was allein schon die Venus im Skorpion verrät, die bei ihm vor allem durch Mars und Uranus zusätzlich befeuert wird.

Nicht vergessen dürfen wir seinen Geburtsgebieter Merkur, der über seinen Aszendenten Jungfrau herrscht und auch in diese dichte Planeten- und Kräfteballung miteinbezogen ist. Als Jungfrau-Aszendent ist er ein Mensch, der vieles über den Kopf zu verarbeiten sucht, sein angespannter Merkur in Verbindung mit Mars und Uranus macht ihn zum Grübler, zum großen Zweifler und Kritiker.

Sein Erfolgsgeheimnis verbirgt sich auch in dem Trigon, das die Sonne zu Jupiter bildet, der Glücksaspekt schlechthin, den so viele erfolgreiche Menschen in ihrem Geburtshoroskop haben.

Diese gesamte große Konjunktion (= Stellium) im 2. Haus deutet auf ein finanziell großes Sicherheitsbedürfnis, einen starken Erwerbstrieb und Geltungsdrang hin.

Saturn in Haus 11 deutet eine große Lebensaufgabe an: Die Entwicklung von sozialem Bewusstsein, etwas, das ganz typischen Skorpionen oft fremd ist.

Der Mond in Haus 7, dem Du, verrät dennoch, dass er sich in andere Menschen sehr gut einfühlen kann, ja deren innerste Beweggründe und Gefühlslagen erspüren kann. Ein wirklich spannender Mensch!

Dieter Nuhr – Querdenker und Kämpfer für Meinungsfreiheit

Der Kabarettist Dieter Nuhr (geboren am 29. Oktober 1960 in Wesel bei Düsseldorf) ist ein Zyniker, Querdenker und ein großer Kämpfer für die Meinungsfreiheit. Er ist, wen wundert es, ein hundertprozentiger Skorpion und echter Plutonier und das in gleich mehrfacher Hinsicht. Er ist gewiss kein normaler Comedian, nein, er ist ein Kabarettist mit gehobenem Anspruch. Und er ist einer, dem es bedingungslos um die Wahrheit geht. Einer, der keine Rücksichtnahme kennt. Sein Wort ist eine gefährliche Waffe, die den einen Menschen vor Empörung die Luft zum Sprechen raubt und andere, die sich, ob seiner gnadenlosen Worte, fast ein wenig fremdschämen oder ertappt fühlen, in hemmungslose Lachanfälle stürzt.

Dieter Nuhr ist mitnichten ein Spaßvogel, er betreibt auf seine Art Meinungsbildung und schreckt dabei vor nichts zurück. Er griff unter anderem den radikalen Islam an, wurde von Moslems als „Hassprediger“ bezeichnet. Als er über die junge Klimaaktivistin

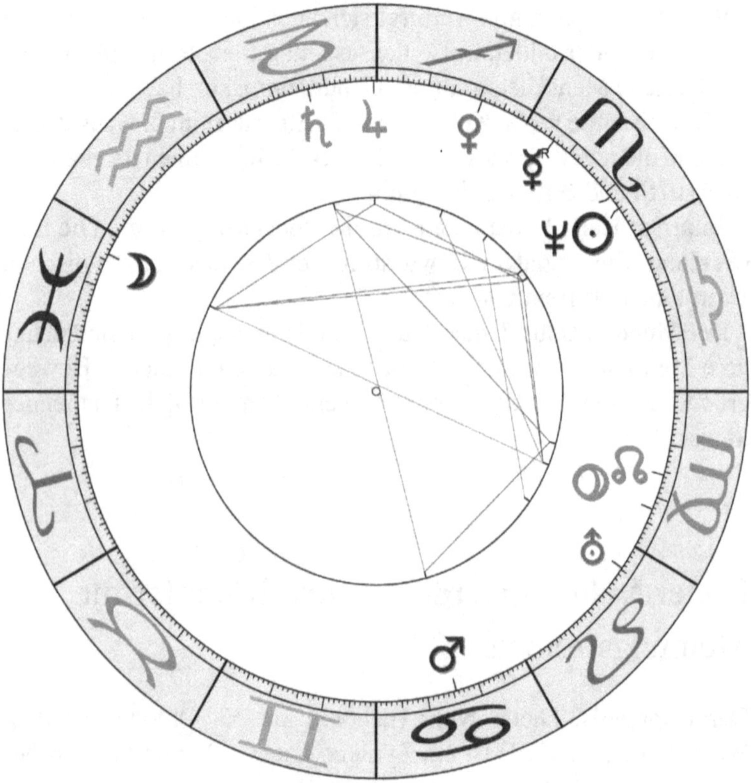

Radix Dieter Nuhr

Greta Thunberg Witze machte, ergoss sich ein mächtiger Shitstorm über ihn, der vielleicht noch einen Tick stärker war als sonst. Und Dieter Nuhr schürte weiter: „Ich habe einen Witz gemacht, was im Kabarett natürlich nicht vorkommen sollte. Ich habe sinngemäß gesagt, dass mit Greta das Klima Thema wird, und ich habe gesagt, dass ihre Forderungen in ihrer Radikalität in die Katastrophe führen werden. Was ich vergessen habe zu sagen: „Wahrscheinlich auch zu einem Dritten Weltkrieg."

Und er legte noch eins drauf: „In Deutschland ist eine Stimmung wie 1434. Wer Witze macht, spürt heute die Macht der Inquisition." Dabei hatte er sich in seiner ARD-Show „Nuhr im Ersten" unter anderem gefragt, was Thunberg bei Kälte tue. Seine Antwort: „Heizen kann es ja wohl nicht sein."

Er prangerte immer wieder die Meinungsfreiheit in Deutschland an: „Bei uns gibt es links wie rechts Bestrebungen, die Freiheit zu beschränken. Ich widersetze mich dem Zeitgeist und mache diejenigen, die glauben, alles zu wissen, lächerlich." Seiner Überzeugung nach darf man zwar in Deutschland alles sagen, aber es gäbe dennoch ein größeres Problem mit der Akzeptanz anderer Meinungen. Das mussten er, viele Künstler und Andersdenkende gerade in der Coronakrise krass erleben. Dabei war er nie ein Coronaleugner und stand sogar hinter den Maßnahmen des Staates.

Dieter Nuhr ist einer, der halt überall ins Fettnäpfchen tritt und von allen Seiten Anfeindungen erhält. Dabei ist er ein durchaus sensibler, ja feingeistiger Skorpion, da seine Sonne in Konjunktion mit Neptun steht. Ein Aspekt, der ihm ungemein viel Fantasie verleiht und ihn sogar zum großen Idealisten macht. Ein Aspekt, der ihn aber auch zur Projektionsfläche vieler Menschen und Meinungen macht. Niemand erkennt seinen wirklich Charakter, der bleibt unter der Skorpion-Sonne und dem Neptun-Einfluss im Verborgenen. Er trägt die Tarnkappe Plutos und darf nicht hoffen, gesehen oder gar verstanden zu werden.

Auf der anderen Seite trägt er auch viel Wut und Hass in sich, der ihn oftmals über das Ziel hinausschießen lässt. Er hat diesen emotionalen Mars im Krebs in harter Opposition mit Saturn. Ein Aspekt, der wie die Axt im Walde toben kann und keinen Kompromiss kennt. Und genau damit geht er eine Gratwanderung, auf der er auch einmal tief abstürzen könnte.

Aber, der Plutonier liebt die Provokation und Gefahr, sein Stachel ist jederzeit bereit, zuzustechen. Sein Merkur im Skorpion, dem Reich Plutos, hat die Macht, Menschen mit dem Wort zu zerstören. Es ist der messerscharfe, alles anzweifelnde, sezierende Merkur, der mit seiner Tiefe und der Fähigkeit, alles schonungslos aufzudecken, in die Wunde der Menschen, der Gesellschaft stößt. Dieser Merkur steht zudem in Spannung zu Uranus, dem Narr, dem Revoluzzer, was seinen Freigeist steigert und ihn noch hämischer macht. Ein Aspekt, der ihn keinen Gedanken zurückhalten lässt, sei er noch so provokant.

Merkur im Skorpion, im Quadrat zu Uranus, lässt ihn nahezu jedes Wortgefecht gewinnen, macht ihn geistig rastlos und schenkt ihm eine weit überdurchschnittliche Intuition.

Pluto selbst, der die Regie in seinem Leben führt, findet sich in der intellektuellen Jungfrau und bildet von dort einen Spannungswinkel mit Venus im Schützen. Das ist der Motor, der ihn antreibt. Es ist die pure Leidenschaft. Wenn jemand ganz sicher zum Club der Plutonier gehört, dann dieser Dieter Nuhr.

Magier und Zauberer und ihre geheimnisvollen Horoskope

Berühmte Magier und Zauberer haben uns oftmals erstaunt und voller Faszination vor dem Fernseher zurückgelassen. Wir haben uns gefragt: Haben sie nur gute Tricks auf Lager oder sind sie wirkliche Magier?

Uri Geller (geboren am 20. Dezember 1946 um 02:30 Uhr in Tel Aviv, Israel) machte bei uns in den 70er Jahren den Anfang, was das Erscheinen großer Zauberkünstler bzw. Magier in der Öffentlichkeit betrifft. Seine Hauptkunst war, Löffel und anderes Küchenbesteck zu verbiegen ohne körperliche Krafteinwirkung. Und: Er zelebrierte das sogar vor laufender Kamera, indem er versuchte, das Besteck in der heimischen Küchenschublade bei den Zuschauern zu verbiegen. Und bei vielen Zuschauern klappte dies offensichtlich auch. Geller schien wirklich über telepathische und psychokinetische Fähigkeiten zu verfügen.

Aufsehen erregt hat im deutschsprachigen Raum zudem Vincent Raven (geboren am 13. September 1966 in Südtirol, Geburtszeit unbekannt), ein Schweizer Mentalist, der von sich behauptete, übersinnliche Kräfte zu besitzen und Kontakt mit den Toten aufnehmen zu können. Er war der Gewinner von Uri Gellers Casting-

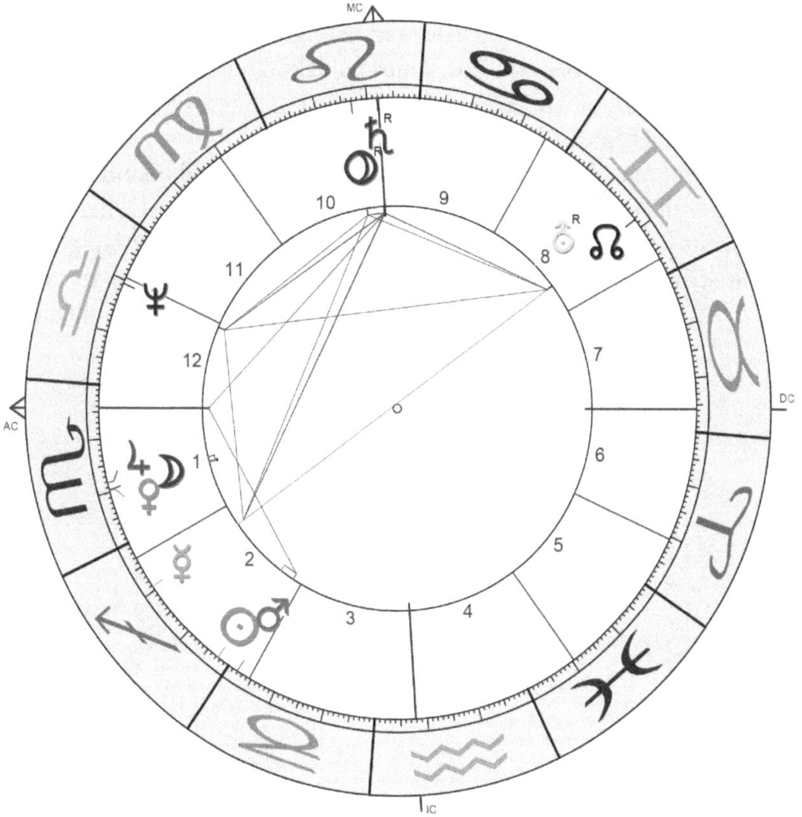

Radix Uri Geller

show „The Next Uri Geller", die 2008 und 2009 als Mystery-Serie die Zuschauer begeistern sollte. Tat sie aber nicht, weshalb sie auch relativ schnell wieder eingestellt wurde. Einziges Highlight war eben dieser ungewöhnliche Vincent Raven, angeblich ein Satanist, der schon als Kind von Vögeln und Gruselgeschichten begeistert war und der bei seinen Auftritten mit seinen drei Raben Corax, Asael und Odin geheimnisvoll kommunizierte.

Mit 600 Liveshows in aller Welt und zahlreichen TV-Auftritten seit den 70er Jahren ist David Copperfield (geboren am 16. September 1956 um 7:02 Uhr in Metuchen NJ, USA) der wohl weltweit bekannteste, trickreichste und erfolgreichste Zauberkünstler überhaupt. Er ist berühmt für seine spektakulären Tricks. So ließ er unter anderem einen Ferrari, dann sogar ein ganzes Flugzeug und die Freiheitsstatue verschwinden.

Zweifel an ihren tatsächlich übersinnlichen Fähigkeiten, die nichts mit Tricks zu tun haben, ließen vor allem Uri Geller und Vincent Raven niemals aufkommen. Speziell Uri Geller weigerte sich strikt, seine Fähigkeiten wissenschaftlich analysieren zu lassen. Anfeindungen hatte er genug. Der ebenfalls einst als Bühnen-

Radix Vincent Raven

künstler tätige James Randi machte eine regelrechte Jagd auf ihn und versuchte ihn als Betrüger zu entlarven. Es gab und gibt mehrere Hypothesen darüber, wie er es schaffte, seine Löffel trickhaft zu verbiegen.

Zauberer und Magier gab es zu allen Zeiten und in allen Kulturen. Einmal waren sie wundertätige Menschen, die über ungewöhnliche Heilkräfte und übersinnliche Fähigkeiten verfügten, ein anderes Mal füllten sie die Rolle der Hofmagier, sprich Hofnarren aus, dann wurden sie wieder als Hexer und Hexen verfolgt und

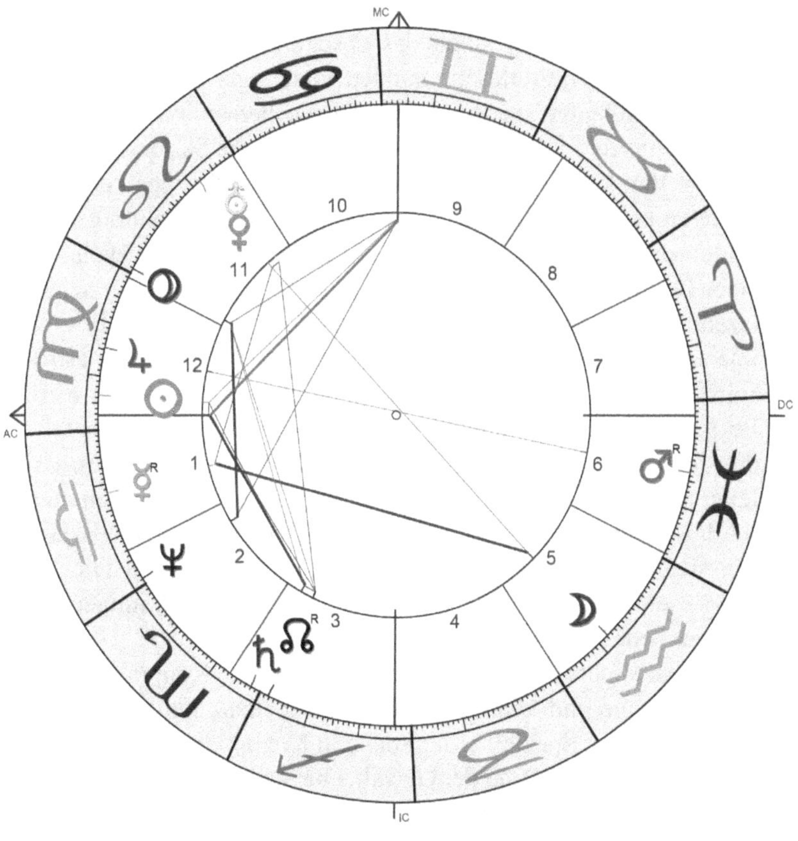

Radix David Copperfield

verbrannt. Viele von ihnen waren wohl Scharlatane, andere echte Magier.

Beim Stichwort Magier sind wir natürlich sofort bei Pluto angelangt, dem Herrn der Unterwelt, der mit der Tarnkappe unterwegs ist und sich nicht gerne in die Karten schauen lässt. Er beherrscht beides: Den Trick, die Manipulation, die Suggestion, den Schwindel, aber auch das tatsächliche Außerkraftsetzen von Naturgesetzen. Die Kraft Plutos ist schließlich unermesslich und von geistiger Natur, die alles transformieren kann, auch die Materie.

Ob diese drei großen Künstler trickreiche Zauberkünstler oder gar echte Magier waren, bleibt dahingestellt. Ich denke, sie sind beides. Echt ist auf jeden Fall ihr Vermögen, ein Riesenpublikum in ihren Bann zu ziehen. Allein das ist schon eine Form von Magie.

Uri Geller ist zweifellos ein hundertprozentiger Plutonier. Er hat seinen Aszendenten im Skorpion und die persönlichen Planeten Mond, Venus und Jupiter in enger Konjunktion im Skorpion und im 1. Haus. Ihm könnte man auf jeden Fall abnehmen, übersinnliche Kräfte zu besitzen. Seine Persönlichkeit ist von den plutonischen Kräften durchdrungen, ja er ist selbst Pluto. Und er ist auch von seiner Berufung her ein Magier. Denn Pluto, der Herrscher seines Aszendenten, steht am MC, der die großen Lebens- und Berufsziele anzeigt. Gleich daneben steht Saturn. Ein Aspekt, der astrologisch auch mit Schwarzer Magie in Verbindung gebracht wird. Die Tarotkarte „Der Schwarzmagier", genannt auch „Der Teufel", steht für Massensuggestion, Beredsamkeit und Magnetismus. Uri Geller konnte wohl Löffel verbiegen, aber bestimmt nicht immer, und das schon gar nicht unter öffentlichem Druck der Beweislast. Seine Kunst war teils echte Magie, teils notgedrungene Trickserei. Mit seiner Schütze-Sonne in Haus 2 wollte er auch immer viel Geld verdienen.

Auch bei Vincent Raven dominiert Pluto. Seine Konjunktion mit Merkur, Sonne und Uranus verrät den Rebellen, den Sonderling, den Außenseiter. Speziell seine Sonne in Konjunktion mit Pluto ist ein Aspekt der Macht und der Gewalt, aber auch ein Aspekt der ungewöhnlichen Fähigkeiten, wie ihn z. B. Heiler öfter besitzen. Saturn, der in Opposition zu Sonne und Pluto steht, verrät wiederum den Schwarzmagier, den dunklen, geheimnisvollen Menschen, der durch Suggestion und übersinnliche Kräfte die Masse verführen, bestimmen, beeinflussen will.

Auch der letzte in diesem Bunde, David Copperfield, hat, wen wundert es, ein Saturn-Pluto-Quadrat in seinem Horoskop, noch dazu ein sehr genaues. Wieder erscheint der Schwarzmagier, der Aspekt der Dunkelheit und der größtmöglichen Zerstörung wie Transformation. Wie die beiden anderen Zauberkünstler hat er auf seine Art magische Fähigkeiten, mit denen er das Publikum in seinen Bann zog.

Es ist, wie gesagt, nicht so wichtig, ob diese Zauberkünstler nur Trickser oder echte Zauberer waren. Auf jeden Fall besitzen alle drei sehr viel Magie, die sie einsetzen, um berühmt und erfolgreich zu werden.

Sowohl Uri Geller als auch Vincent Raven und David Copperfield besitzen eine Saturn-Pluto-Spannung. Saturn und Pluto haben in der karmischen Horoskopbetrachtung eine große Bedeutung. Schließlich ist Saturn der Karmaplanet überhaupt, der Versäumnisse und karmische Belastungen aus Vorleben anzeigt, während Pluto mit den dunklen Schattenseiten voriger Leben verbunden ist. Die kritischen Aspekte zwischen diesen beiden Planeten deuten auf eine dunkle Welt hin, aus der der betroffene Mensch stammt. Im Falle dieser drei Zauberkünstler sprechen diese Aspekte von einer Laufbahn als Schwarzmagier in vorigen Leben. Eine Laufbahn, die sie im Jetzt wieder aufgegriffen haben, da sie Drang, mit Magie zu arbeiten, immer noch besitzen, auch wenn sie vielleicht die eine oder andere wirkliche übersinnliche Fähigkeit aus Vorleben inzwischen verloren haben. Klingt zugegeben alles ein wenig verrückt. Aus astrologischer Sicht erscheint dies aber absolut nachvollziehbar.

MACHTVOLLE PLUTO-TRANSITE

Manchmal lässt uns das Schicksal keine Wahl

Ja, wir haben unser Schicksal selbst in der Hand. Oder doch nicht? Sicher können wir durch Bewusstheit unser Leben lenken, und dennoch scheint es so etwas wie ein Schicksal, eine Art höhere Gewalt, zu geben, der wir manchmal einfach nicht entkommen können. Als Pluto 1930 entdeckt wurde, war er für die Astrologen damals noch ein unbeschriebenes Blatt, bzw. es gab noch keine Erfahrung mit diesem Planeten. Eines war jedoch schnell klar: Pluto musste der Herrscher des Skorpions sein, dessen Stelle bis dahin der ihm verwandte Mars einnahm, der seinen Hauptsitz im Widder hat. Pluto trat im Skorpion also an die Stelle von Mars und wurde als seine höhere Oktave bezeichnet.

Pluto ist die höhere Gewalt, weil er wie Uranus und Neptun der geistigen Welt angehört, die jenseits von Saturn, dem „Hüter der Schwelle" liegt. Plutos Kraft baut sich ganz langsam im Inneren auf, tritt nicht sofort und unmittelbar in Erscheinung wie die von Mars. Seine Auslösungen treten oft verzögert ein, sind oft mit größeren dramatischen Geschehnissen verbunden und können das Leben nachhaltig verändern. Wir empfinden sie oft als schicksalhaft, weil wir ihre Anbahnung nicht erkannt haben.

Aber auch die „höhere Gewalt" tritt zumindest nicht immer willkürlich in unser Leben ein. Was wir sagen können, ist, dass sie auf jeden Fall einen Weg beendet, der uns möglicherweise nicht mehr weiterbringt, der uns vielleicht in eine Sackgasse geführt hat, aus der wir einfach nicht mehr herausfinden. Diese Krise muss für Außenstehende nicht immer ersichtlich sein.

Manchmal steuern Menschen aber auch sehr offensichtlich regelrecht auf ein Unglück zu, und man muss sich fragen, warum es so lange gedauert hat, bis etwas passiert ist.

Ich hatte einen Onkel, den ich sehr mochte und der in meiner Jugend stets die größten und schnellsten Autos fuhr. Er fuhr jedoch dermaßen schnell Auto, dass ich als Kind schon mächtig Angst hatte, mit ihm mitfahren zu müssen. Sicher, er war ein sehr guter, routinierter und reaktionsschneller Autofahrer, aber er nutze die öffentliche Straße oftmals wie eine Rennstrecke. Schon damals, als Kind, hatte ich die große Befürchtung, dass er durch einen Unfall ums Leben kommen könnte. Uns so ist es dann auch passiert. Allerdings erst viele Jahre später, als ich schon lange erwachsen war und meinen Onkel durch die weit auseinanderliegenden Wohnorte aus den Augen verloren hatte. Als die Nachricht von seinem Tod kam, war ich nicht überrascht. Getroffen und sehr nachdenklich gemacht hat mich jedoch der Bericht von dem Unfallhergang: Er war unschuldig und keineswegs so schnell und aggressiv wie oft zuvor unterwegs gewesen.

Vermutlich geht es auch hier um die Energie, um die Spannung, um die persönliche Anlage, die hinter einem Unfall steht und diesen auslöst. Dem Leben ist es dabei völlig egal, ob wir nun von der Rechtsprechung her im Recht oder Unrecht waren. Denn hinter dem Sichtbaren liegt nur eine Wahrheit. Nach Unfällen und anderen Schicksalsschlägen fragen wir uns oft, ob wir das vermeiden hätten können. Und wir ärgern uns, weil es passiert ist. Aber, wie gesagt, meist bahnt sich ein Schicksalsschlag schon lange vorher durch das Leben an. Wir prägen mit unserem Charakter unser eigenes Schicksal, ziehen Gutes oder Schlechtes in Form von Geschehnissen und anderen Menschen an. Es gibt den Zufall nur in dem Sinne, dass uns etwas „zufällt". Was unsere persönliche Einstellung und unser Bewusstsein betrifft, können wir unser Leben durchaus in eine positive Richtung drängen und Unglück abwehren. Aber, wir haben niemals alles im Griff, was unserem persönlichen Pluto wohl gut gefiele, was aber einfach nicht möglich ist. So sehr wir uns auch bemühen, gut zu leben. Wir sind keine Übermenschen, wir brauchen Erfahrungen, auch die schlechten, um in unserer Entwicklung voranzukommen.

Wichtig ist, dass wir in unsere innere Führung vertrauen lernen. Alles hat seine Richtigkeit, alles gehört zu unserem Leben, das

Glück, das Unglück, das Leben und der Tod. Wir müssen das Leben nehmen, wie es ist, und auch die Tatsache akzeptieren, dass es manchmal ein Schicksal gibt, dem wir nicht entrinnen können. So konnte auch der berühmte Rennfahrer Wolfgang Graf Berghe von Trips (geboren am 4. Mai 1928 in Köln), der als erster deutscher Rennfahrer, noch lange vor Schumacher und Vettel, nach der Formel-1-Krone griff und nach einem Unfall in Monza am 10. September 1961 starb, seinem Schicksal nicht entkommen.

Sebastian Vettel war noch ein kleines Kind, als er Graf Berghe von Trips zum ersten Mal „begegnete". Er fuhr damals, wie auch Michael Schumacher zuvor, noch auf der Kartbahn in Kerpen. Und „ganz hinten im Wald gab es eine Haarnadelkurve, die seinen Namen trug", erinnerte sich Vettel in „auto, motor und sport" an den legendären Grafen. Die berühmte Kartbahn in Kerpen, ohne die weder Vettel noch Schumacher wohl Weltmeister geworden wären, war dem Grafen zu verdanken, auf dessen Initiative hin die Bahn von Amerika nach Kerpen verlegt wurde. Der Graf war in Deutschland so populär wie kaum einer vor ihm. Von Zeitzeugen wurde er als blaublütiger Casanova, als humorvoller Edelmann, rasender James Dean und Philosoph am Steuer bezeichnet. Der große Enzo Ferrari sagte über ihn ehrfurchtsvoll: „Als Fahrer war er genauso ein vollendeter Herr wie in seinem täglichen Umgang." Der Graf wollte nicht heiraten, weil er das Rennfahren und die damit verbundenen Risiken keiner Frau antun wollte. Er hatte ein großes Herz, und vielleicht hatte er damals schon eine Vorahnung, wie sein Leben einmal enden würde. Seltsam auch, dass er vor dem Start seines Schicksalsrennens seinem Mechaniker seinen Ring, seine Uhr und seinen Ausweis gab, was er noch nie zuvor getan hatte.

Der Graf war ein leidenschaftlicher Rennfahrer, der von sich selbst sagte: „Ich kann nicht leben, ohne etwas zu wagen." Am Anfang seiner großen Karriere bei Ferrari wurde er 1959 wegen seiner Furchtlosigkeit und seinem Draufgängertum von seinem Chef Enzo Ferrari sogar aus dem Verkehr gezogen. Dieser hatte es satt, dass der „deutsche Gentleman" ihm mit seiner rücksichtslosen Fahrweise permanent die kostbaren Autos demolierte. Diese

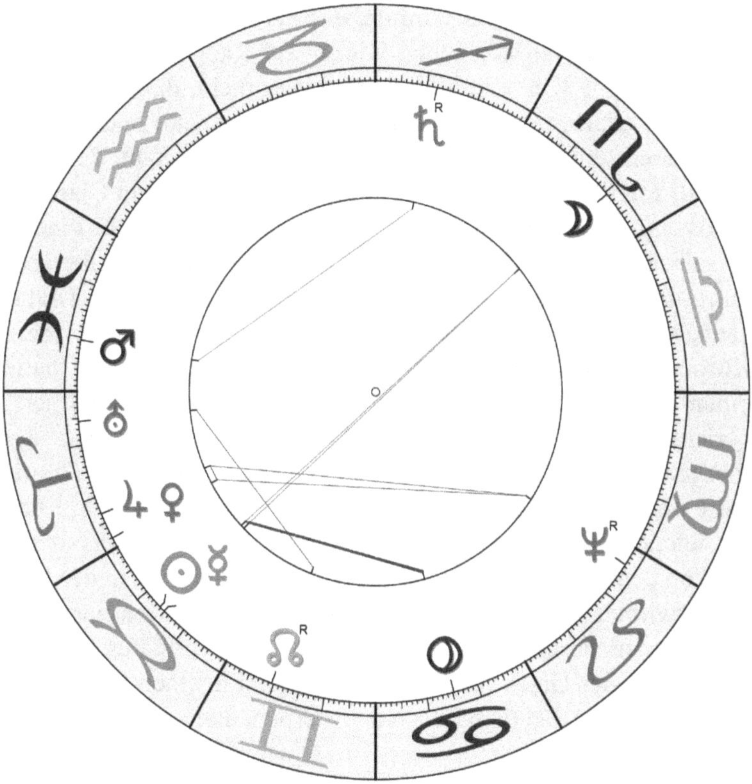

Radix Wolfgang Graf Berghe von Trips

Erziehungsmaßnahme hatte Erfolg. Der Graf fuhr fortan sehr viel umsichtiger und gewann 1961 als erster Deutscher überhaupt ein Formel-1-Rennen.

Nun, am 10. September 1961, jenem schicksalhaften Tag, stand der Graf in Monza vor dem größten Triumph seiner Karriere. Mit ihm fieberte ganz Deutschland. Die Vorgabe war klar: Er musste zumindest Dritter werden, um den Titel zu holen. Er startete erstmals von der Poleposition, hatte damit eine ideale Ausgangsposition. Aber er verschlief den Start und fiel schnell auf Rang 6 zurück, was ihn natürlich ziemlich unter Druck setzte.

Doch der Graf biss und kämpfte, und bereits am Ende der zweiten Runde hatte er sich schon wieder auf Rang 4 vorgekämpft. Als er auf eine Kurve zufuhr, bemerkte er nicht, dass der Lotus-Pilot Jim Clark, der weniger Benzin getankt hatte und deshalb später bremsen konnte, gerade zum Überholen ansetzte. Bei Tempo 240 zog der Graf nach innen und kollidierte mit Jim Clark. Er schoss mit seinem Ferrari die Böschung neben der Straße hinauf. Er selbst wurde aus dem Auto geschleudert (er fuhr aus Überzeugung grundsätzlich unangeschnallt), prallte gegen einen Drahtzaun, von dem er zurück auf die Straße geworfen wurde. Sein Körper lag leblos da. Der Graf war auf der Stelle tot, er hatte einen Genickbruch erlitten. „Er hatte keinen Kratzer am Körper", berichtete der Ferrari Teamchef Romolo Tavoni hinterher, der ihm später im Krankenhaus die letzte Ehre erwies. Das Drama hatte noch weitere schreckliche Ausmaße und schien kein Ende zu nehmen. Mit dem Rennfahrer starben 15 weitere Personen, die von dem verwaisten Ferrari getroffen wurden, der in der Luft umherwirbelte und die nahe am Zaun stehenden Menschen wie ein Rotor niedermähte. Und wieder tauchten Worte aus der Vergangenheit des Grafs auf: „Sollte ich einmal in einen Unfall verwickelt werden, bei dem Zuschauer sterben, dann möchte ich lieber auch tot sein."

Blickt man in das Horoskop des Grafen, dann fällt sofort sein Mars-Saturn-Quadrat auf, ein Aspekt, der extrem destruktiv machen kann und zur Willensüberziehung geneigt macht. Diese Menschen wollen stets „auf Biegen und Brechen" ihre Ziele erreichen und übergehen dabei mit Gewalt alle bestehenden Hindernisse. Ein aus Sicht der alten Astrologen böser Aspekt, der sich im Leben oft negativ auswirkt.

Sein Mars stand in den Fischen, die den Kampfplanet oft instinktiv handeln und entscheiden lassen. Dieser Mars bildete zudem ein Trigon mit Pluto und gewann dadurch noch einmal an Stärke und Durchsetzungskraft.

Mars Quadrat Saturn sowie Mars Trigon Pluto ist gigantisch und deutet einen Menschen an, der es gewohnt war, mit der Kraft seines Willens seine Ziele zu erreichen. Aber: Die harten Mars-Sa-

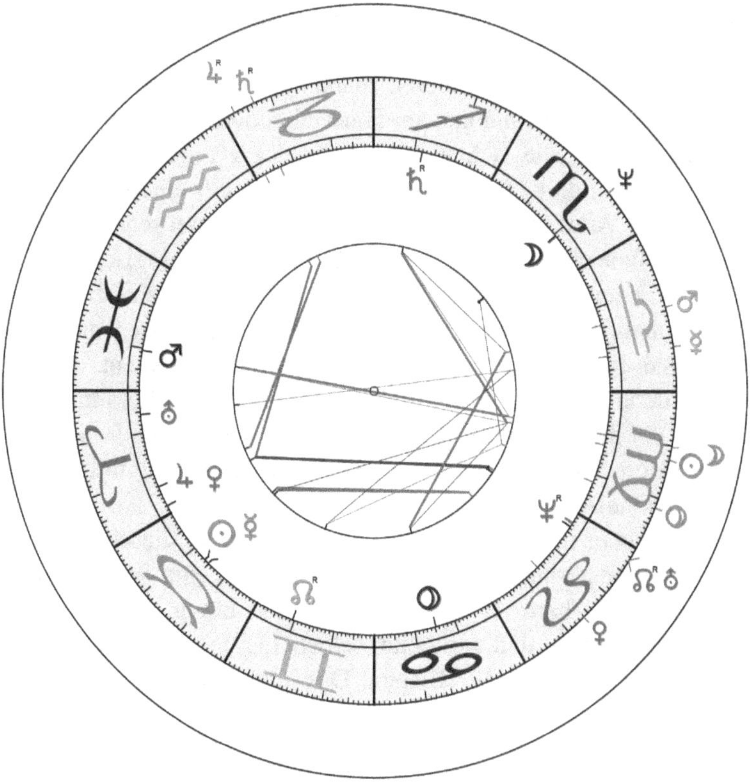

Transite des Unfalltags von Wolfgang Graf Berghe von Trips

turn-Aspekte haben eben selten gute Auswirkungen, rennen meist früher oder später gegen die Wand.

Am Tag des Unfalls standen die beiden laufenden Lichter; Sonne und Mond, im Transit in Opposition bzw. Quadrat zu seinem Mars-Saturn-Quadrat und entzündeten damit diese rohe, brutale Kraft. Hinzu kam, dass der Transit-Mars ein Quadrat zu seinem Pluto, dem Planeten der höheren Gewalt, bildete. Mars-Pluto-Spannungen können in ihrer unermesslichen Zerstörungskraft oft alles niederreißen, zerstören oder gar zum gewaltvollen Tod führen. Oftmals tauchen gerade Mars-Pluto-Themen in Verbindung mit der höheren Gewalt bzw. einer Gewalt auf, die sich plötzlich entzündet und zum Flächenbrand wird. Wenn Kriege beginnen bzw. Gewalt in einem größeren Maße auftaucht, können wir sehr oft Mars-Pluto-Spannungen am Himmel beobachten. Bei Massenauffahrunfällen, die sich gelegentlich gerade auf den deutschen Hochgeschwindigkeitsautobahnen immer wieder ergeben, können wir sehr oft Merkur-Pluto-Spannungen am Himmel sehen.

Die Gefahr eines tödlichen Unfalls war aus astrologischer Sicht für den Grafen damals tatsächlich sehr groß, denn gefährliche Transite können in Verbindung mit gefährlichen Sportarten durchaus die Auslöser einer schwierigen Anlage sein. Der Moment, der Tag war einfach nicht gut für ihn. Vielleicht hatte er ja Vorahnungen, die ihn vor diesem Unfall warnten. Hatte er vielleicht nur nicht auf seine innere Stimme gehört? Hätte er wirklich dem Unfalltod entgehen können?

Egal, was er nun dachte oder ahnte, er wäre an diesem Tag auf jeden Fall gestorben. Das Schicksal ließ ihm keine Wahl. Seinen Eltern zuliebe hatte er nämlich eine Ausbildung zum Diplom-Landwirt gemacht und wollte am selben Tag noch zu einer Agrarausstellung nach Chicago fliegen. Das geplante Flugzeug stürzte ab, es gab keine Überlebenden.

Auch bei Michael Schumacher (geboren am 3. Januar 1969 um 13:43 Uhr in Hürth), der sich am 29. Dezember 2013 um 11:07 Uhr in Méribel bei einem Skiunfall schwere Kopfverletzungen zuzog, die ihn letztlich zum Schwerstbehinderten machten, gab es kein Entweichen des Schicksals. Viele sagten damals: einfach nur dumm gelaufen für Schumacher. Er hatte zuvor sehr viel gefährlichere Situationen und Unfälle relativ gut durchgestanden. Und jetzt so ein schwerer Unfall auf einer für einen Supersportler und geübten Skifahrer wie ihn harmlosen Piste.

Die Sterne aber sprachen von einer ganz anderen Sache, von einer äußerst dramatischen Situation in Schumachers Leben. Es hätte ihn an diesem Tag auch beim Spazierengehen erwischen können, durch einen Ziegel, der ihm auf den Kopf fällt oder einen Radfahrer, der ungebremst in ihn hineinfährt. Die Spannungen waren ein-

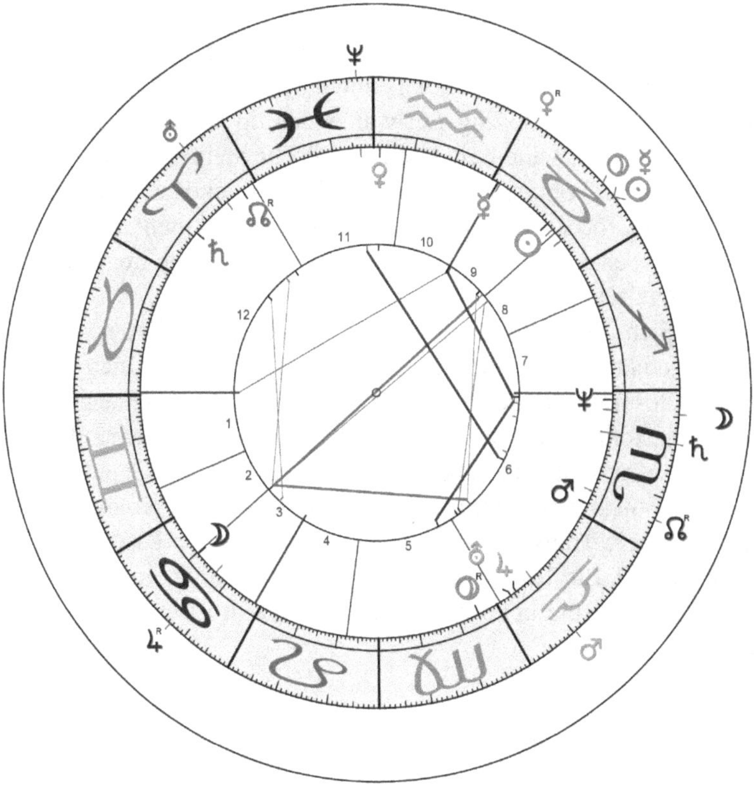

Michael Schumachers Transite am Tag seines Unfalls

fach zu groß, sein Inneres war wie ein Druckkessel, der kein Ventil mehr hatte, um Dampf abzulassen. Er hat das Unglück angezogen und angesteuert. Und das sind genau diese Situationen im Leben, vor denen wir uns alle im Leben fürchten und die wir mehr oder weniger ansatzweise kennen.

So gesehen sind wir es letztlich doch wieder selbst, die auf ein unentrinnbares Schicksal zusteuern. Unter anderem standen damals auch die beiden gewaltigen Planeten Uranus und Pluto, die für große Veränderungen und Umbrüche stehen, in Spannung zu seinen Lichtern Sonne und Mond. Allein der Pluto-Transit zeigte an, dass sich Michael Schumacher in einer gewaltigen Umbruchphase befand. Seine Rennfahrerkarriere, die ihm einfach alles bedeutete und deren Ende er noch einmal durch ein sinnlos anmutendes Comeback hinauszögerte, war endgültig vorbei. Rennfahren war sein Leben, seine Leidenschaft. Für ihn stellte sich die Frage, was nun noch kommen kann. Er hat alles ausgekostet und erreicht in seinem Leben, was möglich war und noch viel mehr. Er war der vielleicht beste Rennfahrer aller Zeiten, eine lebende Legende, die nun zum alten Eisen geschoben wurde.

Aus Sicht der Astrologie hatte Schumacher mit diesem großen Lebensumbruch mehr Probleme als von vielen angenommen wurde. Der Pluto-Transit zu seiner Sonne und seinem Mond, seinen beiden Lichtern, forderte ihn auf, innerlich zu sterben, mit allem aufzuhören, einen endgültigen Schnitt im Leben zu machen. Gerade Pluto im Spannungswinkel zur Geburts-Sonne lässt keine Kompromisse zu. Es ist ein Transit, der uns zu einer völlig neuen Persönlichkeit machen will. Ein Transit, dem wir uns nicht widersetzen können, da Pluto sonst wieder in Form der höheren Gewalt zuschlägt.

Wundersame Heilkraft und Auferstehung

Was uns krank macht, kann uns auch heilen. Die schwierigen Pluto-Transite können jedes Problem auf die Spitze treiben, wodurch manchmal das Leben aus den Fugen gerät. Sie zwingen uns, loszulassen, um neu zu beginnen, um neue Wege im Leben einzuschlagen. Wer sich wandeln kann, kann sich letztlich selbst heilen.

Wir wissen, dass Fluch und Segen bei Pluto sehr eng beieinander liegen. Pluto ist, wie wir anhand der vorherigen Beispiele gesehen haben, die Kraft der Zerstörung, aber sie ist auch die Kraft des Wiederaufbaus. Vergleichbar mit Shiva, Bestandteil der hinduistischen Trinität, den drei Aspekten des Göttlichen mit Brahma, dem Schöpfer, Vishnu, dem Bewahrer und eben Shiva, dem Prinzip der Zerstörung und des Neubeginns. Die Hinduisten sehen Gott Shiva als etwas sehr Positives, weshalb Shiva von einigen auch als „der große Gott“ gesehen wird. Zerstörung, Tod, Neubeginn und Wiedergeburt gehören zur göttlichen Schöpfung, sind ein großer Teil von ihr. Wir haben dagegen vor Pluto, der in unserer christlichen Kultur unter anderem die Rolle des Teufels übernommen hat, große Angst. Und dennoch gehört das Pluto-Prinzip zur Schöpfung.

Hier auf der Erde dominiert die Vergänglichkeit, wie sie sich im Skorpion und in seiner Jahreszeit, dem Herbst, in dem die Natur stirbt, ausdrückt. In den Kreislauf des Sterbens und des wieder neu entstehenden Lebens gehört natürlich auch unser körperlicher Tod als Abschluss dieses irdischen Lebens. Aber, so wie es nicht nur einen Herbst und einen Frühling im Laufe der Jahre gibt, so sterben wir in unserem Leben auch nicht nur einen endgültigen Tod, sondern viele keine Tode, die uns ermöglichen, uns immer wieder zu wandeln. Das plutonische Prinzip des Stirb-und-Werde findet sich auch in unserem Inneren, das mit unserem äußeren Leben untrennbar verbunden ist. Leben ist Bewegung, ist Dynamik, und so ist es ganz natürlich, dass die Zeiten immer wieder umbrechen und dass sich immer wieder alles ändert. Wir werden geboren, um uns seelisch und geistig weiterzuentwickeln, was allein in dieser Veränderlichkeit des irdischen Lebens möglich ist. Einmal stoßen wir Veränderungen an, indem wir uns innerlich wandeln, ein andermal zwingt uns das Schicksal, uns zu bewegen und uns neuen Herausforderungen zu stellen.

Wenn wir uns im hohen Alter nicht mehr wandeln und keinen weiteren Frühling mehr in unserem Leben entfachen wollen und können, weil uns die Kraft fehlt, dann ist es wahrscheinlich, dass allmählich die Zeit des Abschieds von diesem Erdenleben gekommen ist. Bleiben wir bereits in jüngeren Jahren im inneren Herbst oder Winter stecken, dann befinden wir uns in einer Krise, in der die gequälte Seele unter Umständen in Form einer Krankheit um Hilfe schreit. Allein deshalb ist die Krankheit immer die große Chance und der erste Schritt zur Heilung, so paradox das auch klingen mag. Ohne sie würden wir die Not unserer Seele und das, was in unserem Leben schiefläuft, nicht wahrnehmen.

Jede Krankheit hat im ganzheitlichen Verständnis mit uns selbst, unserem Leben und unserer persönlichen Entwicklung zu tun. Und jeder bewusst lebende Mensch spürt, dass Krankheiten mit seinem Inneren, mit seinen Blockaden und sonstigen Problemen zu tun haben. Für einen ganzheitlich denkenden Menschen ist etwa eine Grippe mit hohem Fieber nichts Schlimmes, im Gegenteil ist sie die innerlich willkommene Gelegenheit, völlig loszulassen – von Ärger, Frust, Sorgen, unausgesprochenen Bedrückungen, letztlich von allem, woran wir krampfhaft festhalten und was uns nicht guttut. So ein hohes Fieber oder eine sonstige Krankheit, die uns ans Bett fesselt und der wir uns ergeben müssen, ist wie ein Notprogramm für unsere Seele, die einfach nicht mehr weiterkann und will.

Loslassen, so wie wir das auch im Augenblick unseres Todes machen müssen, ist der Schlüssel zur Heilung. Innerlich loslassen ist der kleine Tod im Leben, der jedem größeren Wandel in irgendeiner Art und Weise vorausgeht. Natürlich muss das nicht immer in Form einer Krankheit geschehen. Manchmal kommen auch die ganz großen Wachrüttler in Form von Unfällen und anderen Schicksalsschlägen.

Und ein andermal brauchen wir das alles nicht, weil wir uns von unseren eigenen Einsichten und Erkenntnissen leiten lassen und die notwendig gewordenen Veränderungen in unserem Leben selbst anstreben. Letzteres ist zweifellos die bessere Wahl.

Wer innerlich loslassen kann, kann wie Phönix aus der Asche neu entstehen. Wer von Lasten befreit ist, kann wieder mit großer Leichtigkeit aufstehen, um seinen Weg, der für ihn vorgesehen ist, weiterzugehen. Das ist das plutonische Prinzip des Stirb-und-Werde und nichts anderes als das Wesen der Heilung.

Schwierige Pluto-Transite, also wenn der laufende Pluto einen Transit in Form einer Konjunktion, eines Quadrats oder einer Opposition zu einer Achse oder einem Planeten unseres Geburtshoroskops bildet, machen vielen Menschen Angst. Und natürlich, gerade diese Pluto-Transite, die ja meist mehrere Jahre anhalten, lösen oft größere Krisen aus. Keine schönen Aussichten, möchte man meinen. Aber vor allem diese spannungsgeladenen Pluto-Transite, die durchaus großen Druck auf uns ausüben können, halten uns und unser Leben in Bewegung und geben uns die große Chance der inneren wie äußeren Wandlung.

Wir brauchen also keine Angst vor diesen Transiten haben, sondern sollten im Gegenteil versuchen, ihr enormes Potenzial zu erkennen. Sie helfen uns letztlich nicht nur, unsere Gesundheit zu erhalten, sie können uns überhaupt auf den für uns richtigen Weg führen.

Die schwierigen Pluto-Transite sind deshalb wesentlich bedeutsamer als die harmonischen Transite, wie das Sextil oder Trigon von Pluto, weil wir ihnen nicht ausweichen können und weil sie uns auffordern, dringende Entscheidungen zu treffen. Sie deuten auf Verwicklungen und Zwänge in unserem Leben hin, aus denen wir uns unbedingt befreien müssen, da sonst unsere Entwicklung stockt. Diese schwierigen Pluto-Transite treiben letztlich alles auf die Spitze, damit wir erkennen können, was für uns wichtig ist.

Pluto holt alles aus uns heraus, was wir verdrängt und vergessen haben, was als Schatten ein Dasein in uns fristet und was sich, unbemerkt und unbewältigt, zu einem „Krebsgeschwür" entwickeln kann. Am Ende jeder bewältigten Pluto-Krise steht das Licht, der neue Mensch.

Doch nicht jeder Mensch ist bereit, sich zu wandeln, was die Leidenszeit weit über diese Transite hinaus verlängern kann. Manchmal ist es nur die Angst vor Neuem, die den nötigen Wandel verhindert, oftmals auch ein innerer Trotz und Widerstand gegen das eigene Leben, das sich nicht so entwickelt hat, wie man sich es erwünscht hat. An dieser Stelle angelangt wird es oft wichtig, therapeutische Hilfe in Anspruch zu nehmen.

Fundamental ist die Auswirkung Plutos vor allem im Transit als Konjunktion, Quadrat oder Opposition zu den drei Eckpfeilern der Persönlichkeit, dem Mond, dem Aszendenten und der Sonne. Das Stirb-und-Werde-Prinzip Plutos führt hier zu besonders tiefgreifenden Persönlichkeitswandlungen, die uns die Chance auf ein neues Leben, auf Heilung von großen inneren Verletzungen und Lösung von festsitzenden Blockaden geben. Diese Transite holen einfach alles Verborgene, auch alles Dunkle, Verdrängte und Nichtgelebte, aus uns heraus. Am Ende dieser Transite steht die neue Persönlichkeit.

Besonders wertvoll können diese „harten Transite" speziell zu unserem Geburts-Mond, unserer Seele, sein. Betroffene berichten immer wieder von einer extremen Zeit mit heftigen Gefühlsausbrüchen, die sie so bei sich noch nicht gekannt hatten. Der Grund für diese starken aufkommenden Emotionen ist, dass diese spannungsgeladenen Pluto-Transite unterdrückte und angestaute Wut, Trauer, Verzweiflung, Enttäuschung usw. freisetzen. Diese Emotionen drängen in diesen Jahren unwillkürlich nach oben. Erinnerungen an die Kindheit, und da insbesondere auch die Geschehnisse, die uns verletzt, erniedrigt und beschämt haben, werden wach. Es ist schwer, diese verborgenen Stellen in uns, die wir nicht wahrhaben wollen, anzuschauen. Und meistens brauchen Menschen mit diesen Transiten Unterstützung von außen. Aber: Die Mühen lohnen sich. Denn jetzt kann sich die Seele von schwerem Ballast befreien, der früher oder später womöglich in die Krankheit geführt hätte.

So wie die schwierigen Pluto-Transite zum Geburts-Mond die Seele heilen können, kann Pluto zur Geburts-Sonne die Heilung über den Geist bringen. Viele Geistheiler haben tatsächlich Sonne-Pluto-Spannungen in ihrem Horoskop, die ihnen diese magnetischen Heilkräfte Plutos verleihen, auch wenn diese Aspekte, kritisch gesehen, zu Kraft- und Machtmissbrauch geneigt machen. Als Transit zur Sonne transformiert Pluto unser Bewusstsein. Wesensanteile, die bisher noch nicht erkannt und gelebt wurden, wollen nun ein Teil von uns werden. Sonst sehr liebe und widerstandslose Menschen erkennen, dass auch sie Macht besitzen, und „etwas machen", das heißt, aus eigener Kraft Großes im Leben bewegen und anstoßen können.

Menschen, die dagegen bereits ein Zuviel an Pluto-Kräften besitzen, müssen sich nun entscheiden – für die helle oder die dunkle Seite Plutos und seiner Macht. Für manche Menschen bedeuten diese Transite den totalen Absturz, andere werden durch sie geläutert und gehen mächtig gestärkt aus dieser Krise hervor.

Wird der Aszendent von Pluto in Form einer Konjunktion, eines Quadrats oder einer Opposition berührt, was immer gleichzeitig den gegenüberliegenden Deszendenten betrifft, die Spitze des Partnerschaftshauses, stehen abermals große Lebensumbrüche an. Bevor es zu den äußeren Wandlungen kommt, die mit Trennungen, beruflichen Veränderungen und Umzügen einhergehen können, findet eine innere Transformation statt. Die gesamte Persönlichkeit, das eigene Auftreten, die persönlichen Ziele, oft sogar auch die äußere Erscheinungen und die Beziehungen – alles verändert sich. Oftmals sogar so fundamental, dass Menschen, die den Betroffenen nahestehen, sie nicht mehr verstehen und erkennen können.

Im Zeitraffer kann in diesen Jahren Karma abgebaut werden und sich die Persönlichkeit aus gesellschaftlichen oder menschlichen Verwicklungen und Zwängen befreien.

PLUTO IN SEINER DUNKELSTEN FORM

Kann jeder Mensch zum Schwerverbrecher werden?

Die Kriminologie, übersetzt die Lehre vom Verbrechen, versucht seit Jahrzehnten, die Ursachen von Kriminalität zu erforschen und zu verstehen und bedient sich dabei der Psychiatrie, Soziologie und Pädagogik, der Psychologie, Ethnologie und Anthropologie.

Ist es die Umwelt oder der Mensch selbst, der für Verbrechen verantwortlich ist, das ist die Frage.

Mit Sicherheit spielen das Milieu, das Alter und die gesellschaftlichen Umstände eine Rolle, wenn es zumindest um die Häufung krimineller Delikte und Verbrechen geht. Und dennoch ist es unmöglich, von wissenschaftlicher Seite eine gemeinsam akzeptierte Erklärung der Ursachen von Kriminalität zu finden, auch wenn sowohl individuelle Ursachen als auch Faktoren der Umgebung in die Erforschung von krimineller Energie miteinbezogen werden. Denn wir finden die Kriminalität letztlich in allen Altersgruppen und Bevölkerungsschichten, auch in allen sozialen Systemen und an allen Orten. Die Kriminalität taucht einfach überall und zu jeder Zeit auf.

Keine der vielen Theorien über das Wesen der Kriminalität konnte sich bisher durchsetzen. Kriminelle Energie kann weder gemessen noch zugeordnet werden.

In der DDR ihrer Anfangszeit waren noch viele Kommunisten der Überzeugung, dass das richtige Sozialsystem den Menschen besser machen würde. Diese Hoffnung hat sich nicht bewahrheitet, auch wenn durchaus beobachtet werden kann, dass manche politischen Systeme, wie die freie Marktwirtschaft, durchaus den Handlungsspielraum für Kriminelles erhöhen. Und es gibt natürlich auch Situationen, die die kriminelle Energie von Menschen heraufbeschwören. Man denke hier nur an Kriege oder andere Krisensituationen, in denen sonst brave Menschen plötzlich zu Plünderern, Denunzianten, Vergewaltigern oder gar Mördern werden können. Es ist immer wieder unfassbar, welche dunklen Energien in Menschen schlummern.

Schon ein Stromausfall, wie am 13. Juli 1977 um 21:36 Uhr In New York geschehen, kann die dunkle Seite von Menschen in größerem Umfang ansprechen. Nachdem das Licht wegen zweier Blitzschläge, die gleich mehrere Hauptstromleitungen der Stadt lahmlegten, erlosch, nahm das Unheil seinen Lauf. Als hätte man die Kräfte der Hölle freigesetzt, zogen in dieser dunkelsten Nacht der Stadt New York plündernde Horden durch die Straßen, raubten 1600 Geschäfte aus und legten mehr als 1000 Brände. Die Szenerie erinnerte an einen Krieg. Man sprach von einem finanziellen Schaden, der in die Milliarden reichte.

Doch das war vermutlich nicht der größte Schaden, der angerichtete wurde. Wesentlich schlimmer wurde der psychologische eingeschätzt. Nahezu die gesamte Stadt und ihre Einwohner waren in ihren Grundfesten erschüttert. Augenzeugen und Opfer dieser im tatsächlichen wie übertragenen Sinne dunklen Nacht waren traumatisiert, und so mancher, der in dieser Nacht Täter wurde, konnte sich fortan selbst nicht mehr über den Weg trauen. Es war ein Grauen, ein Terror. Die Dunkelheit holte das Dunkle aus den Menschen, und, ganz wichtig: Die Dunkelheit verbarg auch das Dunkle vieler Menschen. Alles, was sich in dieser Weltstadt an sozialen Unruhen, an seelischer Not und Frustrationen angestaut hatte, schien hochzukommen. Zu Tätern wurden nicht nur bekannte Kriminelle, sondern auch der brave Familienvater oder die Taxifahrer, die die Not der orientierungslos und ängstlich umherirrenden Menschen nutzten, um plötzlich das Fünffache für eine Tour zu verlangen. *Gib Menschen Macht, und du wirst ihren Charakter erkennen*, und *Gelegenheit macht Diebe*, wie es so schön heißt. Manchmal macht die Gelegenheit auch Mörder, Kindesmissbraucher und Plünderer.

Der Rechtspsychologe Klaus-Peter Dahle antwortete auf die Frage, ob es Menschen gibt, die gar nicht anders können als kriminell zu werden: „Das ist eine philosophische Frage. Aber es gibt sicherlich Ursachen für Kriminalität, deren Spannbreite von echter psychischer Erkrankung bis zur bewussten Entscheidung reichen. Sie finden alles, was dazwischen liegt: Personen, die sich dem Druck einer Gruppe nicht entziehen können; Personen, die soziale Defizite und eine verzerrte Wahrnehmung haben; Personen, die Schwierigkeiten haben, emotionale Signale wahrzunehmen und deshalb nur schwer Hemmungen aufbauen können. Bei solchen Schattierungen lässt sich schwer sagen: Können die anders handeln oder nicht?"

Letztlich weiß die Wissenschaft nicht, was in einem Menschen vorgeht und was sie zu Verbrechern werden lässt. Aus astrologischer Sicht sehen wir das natürlich etwas anders. Denn in einem Horoskop können wir zumindest sehen, ob ein Mensch kriminelle oder auch gewalttätige Anlagen hat. Doch Vorsicht! Wie ein solcher Mensch mit ihnen umgeht, ist, wie wir am Beispiel von Mahatma Gandhi gesehen haben, wieder etwas ganz anderes. Auch hier spielen natürlich Milieu, persönliche Lebensumstände, Erziehung, Glaube usw. eine Rolle. Letztlich ist es aber auch der Geist, die Einsicht eines Menschen, was über allem steht und immer wieder entscheidet, welchen Weg er geht. Hat ein Mensch eine höhere Moral, eine geistige Entwicklung oder nicht? Das ist wohl die entscheidende Frage, die letztlich beantwortet, ob ein Mensch seine eher schwierigen Anlagen eins zu eins auslebt oder versucht, diese umzuwandeln.

Was die Gewalttätigkeit betrifft, finden wir wesentlich mehr Männer als Frauen, weil allein schon ihr Testosteron ihre Aggressivität erhöht. In der Astrologie ist dafür Mars verantwortlich, der aber unterschiedlich gelebt werden kann. Die einen leben Mars-Saturn- oder Mars-Pluto-Spannungen in harter sportlicher Betätigung aus, andere prügeln sich regelmäßig auf der Straße.

Das FBI, die US-Sicherheitsbehörde, hatte einst die Geburtsdaten sämtlicher Serienmörder und Psychopathen veröffentlicht, woraus hervorgeht, dass die Mehrheit der Serienkiller im November geboren, also Skorpione sind. Laut dieser Statistik begehen jedoch Krebse, ausgerechnet Vertreter dieses sanften Tierkreiszeichens, die meisten Morde. Aus astrologischer Sicht ist die Sache mit dem Skorpion durchaus zu verstehen. Schließlich herrscht im Skorpion Pluto, der Gott der Unterwelt, der natürlich in besonders schwieriger Ausprägung oft auch in Verbindung mit Schwerverbrechen auftaucht. Aber auch Krebs und das Thema gehäufte Morde ist verständlich. Denn der Krebs, dessen Symbol der reißende Fluss ist, ist das emotionalste Zeichen, das dementsprechend häufig zu Affekthandlungen neigt. Sowohl beim Skorpion als auch beim Krebs spielt jedoch der Mond, die Seele, eine größere Rolle. Beim Krebs ist der Mond der Zeichenherrscher, beim Skorpion taucht er eingeschlossen im Symbol des Plutos auf. Das heißt, in Pluto finden sich, wie schon oft erwähnt, die verdrängten Seelenanteile, die nicht sein dürfen und die dadurch zum Schatten werden, und die in Extremsituationen urplötzlich zutage treten können.

Skorpion und Pluto verkörpern zweifellos nicht nur den Machtinstinkt. Pluto ist astro-psychologisch gesehen im Gegensatz zu Mars zunächst eine Kraft, die nach innen geht, die schützen will. Deshalb sind typische Skorpione und Menschen mit starkem Pluto-Thema im Horoskop auch Menschen, die über eine große Verteidigungshaltung verfügen, was wir besonders auffallend unter anderem bei Skorpion-Aszendent, Pluto am Aszendent bzw. in Haus 1 oder auch dem Mond im Skorpion beobachten können. Diese Menschen sind oft sehr misstrauisch, weil sie auch ängstlich sind und durch ihre große Vorstellungskraft überall Gefahren lauern sehen. Aggression und Gewalt entstehen oft durch persönliche Verletzungen und Demütigungen, die, wird das erträgliche Maß überschritten, oft erst zur Aggression und zur Tat nach außen führen.

Typische Skorpione oder Plutonier sind bestimmt nicht von Grund auf böse. Wir finden im Gegenteil oft die wertvollsten und treuesten Menschen unter ihnen, die sich vielfach bewusst höheren Idealen und Kräften zuwenden. Echte Plutonier sind jedoch im Ernstfall bereit, um ihr Leben und die Wahrung ihrer Persönlichkeit zu kämpfen und wenn es sein muss, mit allem Einsatz und allen dazu erforderlichen Mitteln, um zu überleben. Ihr Kampf kennt im Notfall keine Grenzen. Plutonier, die schwer „angeschossen“ und erniedrigt wurden, werden niemals vergessen, weshalb ihre Aggression auch zeitversetzt auftauchen und eine Spirale der Gewalt in Gang setzen kann. Und noch eines: Wenn ein Mensch Angst vor sich selbst und seinen dunklen Seiten hat, dann ist es wohl ein Skorpion oder ein Mensch mit großen Pluto-Themen, eben ein Plutonier.

Letztlich hat jedoch jeder Mensch einen Pluto in seinem Horoskop und muss sich daher auch mit dunklen, verdrängten Seiten seiner Seele auseinandersetzen. Oft sind es, wie gesagt, Erlebnisse und Umstände, die Menschen kriminell werden lassen. Immer sind es diese unbewältigten und verdrängten Konflikte, die damit in Verbindung stehen. Auf seine Art hat deshalb jeder Mensch eine kriminelle Ader, die lediglich sehr unterschiedlich zum Ausdruck kommt. Natürlich würden die meisten Menschen niemals die Ansicht vertreten, dass etwa ein Nachbar, der andere denunziert oder Politiker, die Andersdenkende diffamieren, kriminell wären. Aber natürlich finden sich bereits hier Ansätze von Manipulation, die mit krimineller Energie einhergehen. Auch Menschen, die andere am Arbeitsplatz mobben und möglicherweise damit sogar Leben zerstören, handeln kriminell, auch wenn sie dafür vom Gesetz nicht immer schuldig gesprochen werden.

Die kriminelle Energie kann viele unterschiedliche Formen annehmen, und sie kann sich auch sehr geschickt verbergen. Und ja, sie ist überall, letztlich in jedem Menschen zuhause, auch in denen, die etwa eine Aggressionshemmung besitzen und scheinbar nur das Gute wollen. Ausnahmesituationen, wie Kriege oder krisenbehaftete Lebenssituationen, die Menschen in die Enge treiben, können kriminelle Energie und noch viel schrecklichere Dinge aus Menschen herausholen. Man muss sich nur das dramatische Ansteigen häuslicher Gewalt in den Lockdowns der Coronazeit anschauen, um zu sehen, was schwierige Situationen mit braven Familienmännern und -frauen anstellen können.

Interessant sind in diesem Zusammenhang die Erfahrungen und Erlebnisse des deutschen Schriftstellers und Juristen Ferdinand von Schirach (geboren am 12. Mai 1964 in München), der als Strafverteidiger in den Mauerschützenprozessen, den Gerichtsverfahren wegen tödlicher Schüsse an der Berliner Mauer, bekannt wurde und der in seinen Büchern wahre Geschichten aus seiner Praxis über die Abgründe der menschlichen Natur erzählt. Ferdinand von Schirach ist sich ganz sicher: Jeder Mensch kann letztlich zum Schwerverbrecher werden, in fast allen Fällen von schweren Verbrechen gebieten seiner Meinung nach die Umstände die Tat. Das heißt, dass unglückliche Begebenheiten dazu führen können, dass Menschen in eine Sackgasse geraten, in der sie keinen Ausweg mehr wissen und finden. Ein Umstand, der oft als Tunnel beschrieben wird, der keine Wege links und rechts mehr zulässt, sondern geradewegs in die Katastrophe, das Verbrechen, hineinführt. Und das passiert sehr häufig völlig unbescholtenen Menschen, von denen man das überhaupt nicht erwartet hätte, die bis zu diesem schicksalhaften Augenblick der Tat ganz normal vor sich hingelebt hatten.

Auslöser für Straftaten können aus rein psychologischer Sicht etwa Kränkungen, seelische Grausamkeit, Mobbing etc. sein. Die Gründe können mannigfaltig sein.

Viele Straftaten weisen Ähnlichkeiten von ihrer Geschichte auf. So werden z. B. immer wieder Menschen zu Mördern, die von jemandem lange Zeit gedemütigt und unterdrückt wurden. Ein klassischer Fall ist etwa der Ehemann, der von seiner Frau Jahr für Jahr niedergemacht, beleidigt und bloßgestellt wurde und allmählich begann, seine Frau zu hassen. Ein Moment der totalen Verzweiflung kann ihn zum Täter im Affekt machen. Es taucht in solchen und anderen Fällen immer wieder die Frage auf: Was ist schiefgelaufen, was hat das Fass zum Überlaufen gebracht?

Aus rein astrologischer Sicht gibt es, wie gesagt, Horoskope, die zumindest gewalttätige oder auch kriminelle Anlagen andeuten. Ob und wie diese gelebt werden, ist jedoch immer etwas ganz Persönliches und hat letztlich auch mit der Reife und geistigen Entwicklung zu tun. Ein kluger Mensch, der sich reflektieren kann und versucht, Ideale zu leben, wird auch mit schwierigen Anlagen lernen umzugehen. Aber auch ihn kann das Leben im falschen Moment „erwischen" und zum Schwerverbrecher machen. Tauchen harte Transite der langsam laufenden Planeten Uranus und Pluto zu persönlichen Planeten wie Sonne, Mond, Merkur, Venus, Mars und

Saturn auf und setzen einen Menschen jahrelang unter Druck, genügen manchmal schon kleine weitere spannungsgeladene Transite als Auslöser für einen Ausraster, für einen Blackout. Im Äußeren sind das dann immer diese berüchtigten Situationen, in denen alles zusammenzukommen scheint, die Menschen manchmal in diesen Tunnel der Ausweglosigkeit hineinmanövrieren.

Auch im Horoskop tauchen solche Krisen, die sich zuspitzen, oft sehr komplex auf. Sehr emotionale Menschen, die etwa heftige Sonne-Mars-, Sonne-Uranus-, Mond-Mars- oder Mond-Uranus-Aspekte und weitere Spannungen in ihrem Horoskop haben und zu unbeherrschten Reaktionen und Handlungen neigen, durchlaufen auch bei bester Gesinnung oft lebenslang eine Gratwanderung zwischen unauffälligem, normalen Leben und plötzlichem Ausgestoßensein durch eine Affekthandlung, die sie schon im nächsten Moment bitter bereuen.

Und trotz aller möglichen Anlagen, die eine Straftat wahrscheinlicher machen oder nicht, bleibt die große Frage, warum es auch sehr bewusste Menschen manchmal nicht mehr schaffen, ihre eigenen Reaktionen zu beherrschen. Es gibt viele Menschen, die trotz großer innerer Spannungen niemals zu Straftätern werden, und es gibt umgekehrt relativ ausgeglichene Menschen, die in manchen Momenten einfach nicht anders können und sehenden Auges auf das Unglück, die Straftat, wie ferngesteuert zusteuern. Nicht immer ist das nur durch äußeren Druck und Umstände zu erklären.

Zwänge, die aus dem Inneren kommen, haben astrologisch mit Pluto zu tun, psychologisch mit verdrängten Trieben, Leidenschaften, Konflikten, seelischen Verletzungen.

Ferdinand von Schirach erklärte in einem Interview, warum oder weshalb das Fass bisweilen überläuft. Er nahm das Beispiel einer Frau, die sich in einen Mann verliebt hat und nun ein erstes Date mit diesem hatte. Die beiden verabredeten sich zu einem gemeinsamen Abendessen, das so schön und magisch für sie war, dass sie ihn unbedingt wiedersehen wollte. Zuhause angekommen war ihr aber wohl bewusst, dass sie ihn erst einmal in Ruhe lassen und ihn nicht sofort anrufen darf. Ein Anruf würde nur Druck auf ihn ausüben und die zarte Pflanze des ersten Verliebtseins möglicherweise zerstören. Jeder, der Erfahrungen in der Liebe gemacht hat, weiß, wie sensibel gerade diese Anfangszeit ist, die kein Bedrängen ertragen kann. Alles in ihr sagte ihr also: „Du darfst nicht anrufen, musst dich gedulden.“ Und auch ihre besten Freundinnen rieten ihr dazu. Am zweiten Abend nach dem Date saß sie dennoch verzweifelt vor dem Telefon und griff letztlich zum Telefonhörer, nur um seine Stimme zu hören…

Natürlich ist das keine Straftat, diese nahezu zwanghafte Handlung ist aber von ihrer Psychologie her ähnlich wie die einer Straftat. Sie und auch ein Täter wissen: Sie dürfen es nicht tun. Aber: Sie können nicht anders.

Manchmal kommen wir aus einer schwierigen Situation nicht mehr heraus. Und jeder von uns sollte so viel Demut dem Leben gegenüber haben, niemals zu behaupten, dass ihm dies nicht passieren könnte.

Saturn, Pluto, Adolf Hitler und der Zweite Weltkrieg

Immer wieder werden wir Astrologen über das Horoskop von Hitler ausgefragt, ganz nach dem Motto: Wie muss das Horoskop eines so schlimmen Menschen ausschauen, der so viel Leid über die Welt gebracht hat? Natürlich weist das Horoskop von Adolf Hitler (geboren am 20. April 1889 um 18:30 Uhr in Braunau am Inn) ein enormes Gewaltpotential auf. Aber, ähnliche Gewaltpotentiale finden wir auch bei vielen anderen Menschen. Hitler war nicht der Alleinschuldige. Er hatte viele Helfer und Anhänger, die nicht besser waren als er. Ein Tyrann kann nur aus einem Volk erwachsen, das ihm den Boden bereitet.

In Hitlers Horoskop steht die Sonne im 7. Haus (Bereich des Du, der Öffentlichkeit). Er war also ein Mensch, der das Du und die Anerkennung dringend gebraucht hat, um selbst wachsen zu können. Je mehr Menschen ihm zujubelten, umso besser. Ein klassischer

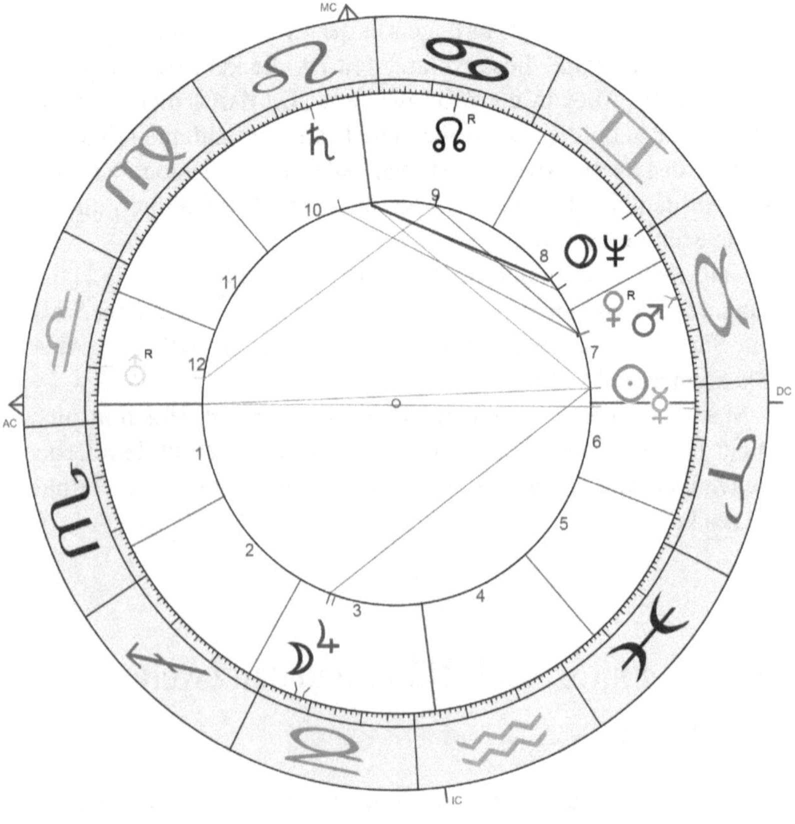

Radix Adolf Hitler

Beifallhascher, der sich gerne im Lichte der Öffentlichkeit sonnte und mit anderen stritt, diskutierte und debattierte, was der schneidige Merkur im Widder an der Spitze seines 7. Hauses bezeugt.

Neben Sonne und Merkur stehen außerdem Mars und Venus in einer engen Konjunktion in seinem 7. Haus. Speziell Mars im Haus des Du und der Öffentlichkeit ist ein Zeichen von häufigen Konflikten mit anderen Menschen. Die Nähe zu Venus steigert die Emotionen und die Triebhaftigkeit dieses Mars. Hitler war bekannt für seine unbeherrschten, impulsiven und emotionalen Reaktionen. Zusammen mit seiner Stier-Sonne und seinem Waage-Aszendenten deutet diese Venus-Mars-Konjunktion im Stier auch großen Kunstsinn an. Zunächst hatte er sich ja auch als Künstler versucht, bevor er in die Politik einstieg.

Richtig böse wird seine Venus-Mars-Konjunktion dann aber durch das Quadrat, das Saturn mit ihr bildet. Eine Konstellation, die mit sehr viel Hass, Gewalttätigkeit und einem extrem destruktiven Willen einhergeht, der über alle Grenzen geht, jeden Widerstand im Du niederbügelt und alles versucht zu erzwingen, übers Knie zu brechen. Allein das Quadrat zwischen Mars und Saturn gehört mit Sicherheit zu den schwierigsten Aspekten überhaupt und kann klassisch mit dem Wollen (Mars) von Bösem (Saturn) übersetzt werden. Venus bringt hier, wie gesagt, die Emotion ins Spiel und bewegt sich weg von der Liebe, hin zu grenzenloser Grausamkeit und Hartherzigkeit. Speziell das Quadrat zwischen Venus und Saturn deutet daneben den mangelnden Selbstwert aufgrund unerfüllter Liebe und Erwartungen an.

Hitler hat ferner eine Mond-Jupiter-Konjunktion im Steinbock, mit der er sich beliebt machte und die Massen anzog, da der Mond unter anderem für das Volk steht. Im Steinbock deutet der Mond auf einfache, hart arbeitende Menschen hin, deren Sprache Hitler beherrschte. Mond-Jupiter-Aspekte hat die Mehrzahl aller populären Politiker in ihrem Horoskop.

Eine berüchtigte Saturn-Stellung, die Hitler mit vielen Tyrannen der Geschichte, wie Napoleon I, Göring, Himmler und Rasputin, gemeinsam hat, ist Saturn in Haus 10, dem Bereich, der mit Berufung, Führung und den ganz großen Zielen im Leben zu tun hat. Saturn, der strenge Herrscher über das Schicksal, strebt hier besonders hohe Positionen an.

Aber Vorsicht, keine Vorurteile. Auch „ganz normale“ Machthaber, wie etwa Angela Merkel und ihr Vorbild und Mentor Helmut Kohl, haben ebenfalls Saturn in Haus 10. Gemeinsam haben und hatten diese Menschen alle den extrem großen Ehrgeiz aufzusteigen, den Gipfel zu erklimmen, die höchstmögliche Position zu erreichen. Aber, dieser Saturn ist, wie die Geschichte beweist, auch tückisch. Er lässt seine Eigner um jeden Preis an der Macht festhalten, so dass man ihm nachsagt, dass er bereits „den Sturz im Ge-

Adolf Hitlers Transite zum Beginn des Zweiten Weltkriegs

päck" mittragen lässt. Diese Menschen können oftmals nicht mehr von der hohen Position loslassen, die sie einmal erreicht haben.

Als der Zweite Weltkrieg am 1. September 1939 um 4:45 Uhr in Danzig mit dem Einmarsch deutscher Truppen in Polen startete, hatten wir, wie zu vielen Krisenzeiten der Menschheit zuvor und danach, eine Saturn-Pluto-Spannung am Himmel. Ein Aspekt, der, um es krass auszudrücken, die Pforten der Hölle öffnet und der die vielleicht größte Zerstörungs- wie Transformationskraft überhaupt besitzt. Saturn stand damals als Transit direkt auf der Geburts-Sonne von Adolf Hitler und Pluto im Quadrat dazu. Seine Sonne, sein

Wesenskern, sein Geist, sein Ich, war also direkt eingebunden in das Saturn-Pluto-Quadrat, das am Himmel stand und das klassisch für grausame Geschehnisse und für den totalen Zusammenbruch alter Ordnungen steht.

Hitler hatte eine Mission des Bösen, das stand fest. Es war aber auch klar, dass ein Kriegsherr, der unter einem Saturn-Transit in Konjunktion zur Geburts-Sonne einen Krieg begann, keinen Erfolg haben konnte. Und der gleichzeitige Pluto-Transit im Quadrat zu seiner Geburts-Sonne sprach schon zu Beginn seiner Mission von einem verlorenen Kampf.

Pluto, der mächtigste und am langsamsten laufende Planet unseres Sonnensystems, sollte Hitler und sein Leben noch bis zu seinem Tod eng begleiten. In diesen Jahren als Transit durch sein 10. Haus, was mit starkem Einfluss und in seinem Falle mit Machtübernahme und Tyrannei gedeutet werden kann. Pluto steuerte im Gang durch sein 10. Haus aber auch unaufhaltsam auf seinen Geburts-Saturn zu, so dass es nur eine Frage der Zeit war, bis Hitler stürzte und den Krieg verlor. Saturn-Pluto ist symbolisch das Bild des Teufels, Hitler war von Saturn-Pluto durchdrungen und damit selbst ein Teufel. Hitler ließ sich von der Macht und Dunkelheit verführen, um schließlich selbst ein Teil von ihr zu werden.

Für sich allein betrachtet, haben Saturn-Pluto-Spannungen immer einen starken karmischen Bezug. Speziell Saturn zeigt als Karmaplanet die Schuld der Vergangenheit an, die bereinigt werden will, und Pluto hat mit den verdrängten Konflikten und Schattenseiten zu tun, die Menschen verfolgen und oft gar in einem ganzen Volk schlummern.

Josef Stalin – Volksheld und Massenmörder

In Russland genießt Josef Stalin (geboren am 18. Dezember 1878 in Gori, Georgien) in einigen Teilen der Bevölkerung nach wie vor höchstes Ansehen. Viele bewundern ihn als eine Art Volksheld. Schließlich besiegte „der Stählerne“ als führender Feldherr das Na-

Radix Josef Stalin

zi-Deutschland, das drauf und dran war, die damalige Sowjetunion zu erobern. Der Diktator war jedoch auch ein brutaler und skrupelloser Massenmörder, was bis heute verdrängt wird. In seiner Regierungszeit ließ er im Zuge sogenannter politischer Säuberungen mehrere Millionen Menschen vermeintlicher Staatsgegner verhaften und in Schau- und Geheimprozessen zu Zwangsarbeit verurteilen. Allein zwischen 1937 und 1938 ließ er mindestens 700.000 Menschen hinrichten. Ganze Volksgruppen besetzter Gebiete wurden in Straflager deportiert. Viele Menschen wurden dort ermordet oder kamen durch die furchtbaren Umstände dort ums Leben. Sein Regime und seine

Art, Marx und den Sozialismus zu interpretieren, wurde noch vor seinem Tod als Stalinismus bezeichnet. Seine ökonomische Politik und neu zentralisierte Kommandowirtschaft führten zudem vor allem in der Ukraine, an der Wolga, im Kuban-Gebiet und in anderen Teilen der Sowjetunion zu furchtbaren Hungersnöten, die weitere 6 Millionen Menschen das Leben kosteten. Stalin war durch den legendären Stalin-Hitler-Pakt nicht zuletzt mitverantwortlich für den Zweiten Weltkrieg, in dem 20 Millionen Sowjetbürger starben.

Die Sowjetunion, deren Diktator Stalin von 1927 bis 1953 war, hat in ihrem Horoskop eine Sonne-Pluto-Opposition, was bereits bei ihrer Gründung (30. Dezember 1922) auf gefährliche plutonische Machthaber hinwies. Schließlich steht die Sonne in Mundanhoroskopen für das Staatsoberhaupt.

In Stalins Horoskop selbst sehen wir zunächst eine Sonne-Venus-Konjunktion im Schützen, die allerdings im Quadrat zu Saturn steht. Hier taucht „der Stählerne“ auf.

Stalin hatte keine leichte Kindheit. Seine Eltern gehörten zur Volksgruppe der Georgier und waren die Nachkommen Leibeigener. Sein Vater war ein streitsüchtiger und gewalttätiger Mann, der ihn und seine Mutter regelmäßig verprügelte. Sonne Quadrat Saturn im Horoskop steht oft für den autoritären (Saturn) Vater (Sonne). Venus Quadrat Saturn deutet auf ein Nichtgeliebtsein hin. In der Kindheit wird einem bei so einem Aspekt Zuneigung (Venus) nur dann entgegengebracht, wenn die Pflicht erfüllt wird. Das kann verhärten. Speziell Sonne-Saturn-Aspekte machen im weiteren Leben oft extrem ehrgeizig.

Der Mörder und Gewalttäter taucht in seinem Horoskop in seinem überaus starken Mars auf. Er steht im Skorpion und ist damit plutonisch triebbetont. Viele Gewalttäter und Sexualverbrecher haben diese ungeheure Mars-Energie. Auf die dunkle Seite mutiert dieser Mars durch die Opposition, die er von Pluto erhält. Die Zerstörungswut des Mars wird dadurch zusätzlich durchdrungen vom Vernichtungswillen des Plutos. Es ist einer der schlimmsten Aspekte des Hasses.

Natürlich wird nicht jeder Mensch zu einem Mörder, der so einen Aspekt in seinem Horoskop hat, auch wenn Mars-Pluto-Spannungen immer wieder dazu verleiten, zu zerstören und dadurch zu einer großen Herausforderung im Leben werden. Man kann diese Energie jedoch auch in harten Wettkampfsport und andere anstrengende Tätigkeiten umsetzen. Mars-Pluto hat eine gewaltige Handlungsbereitschaft. Wie solche Aspekte genutzt werden, entscheidet die Seele, die dahintersteht.

Kirmesmörder Jürgen Bartsch und die Bestie im Menschen

Jürgen Bartsch (geboren am 6. November 1946 um 10:50 Uhr in Rüttenscheid/Essen, gestorben am 28. April 1976 in Lippstadt-Eickelborn) ging in den 1970er Jahren als Kirmesmörder von Essen als einer der größten Kriminalfälle in die Geschichte Deutschlands ein. Als Kirmesmörder wurde er deshalb bezeichnet, weil er die vier Jungen, die er zwischen 1962 und 1966 ermordete, auf dem Jahrmarkt aufgabelte und von dort in einen ehemaligen Luftschutzbunker in der Nähe von Wuppertal verschleppte. Dort zwang er mit Gewalt die Jungen, die zwischen acht und dreizehn Jahre alt waren, sich zu entkleiden, um sie anschließend zu missbrauchen, zu töten und ihre Leichen zu zerstückeln. Einen fünften, vierzehnjährigen Jungen, dem er Geld versprach, lockte er ebenfalls in den verlassenen Bunker, wo er ihn mit Schlägen und Fußtritten zwang, sich zu entkleiden. Nachdem er ihn fesselte und versuchte zu vergewaltigen, verließ er ihn mit der Ankündigung, bald zurückzukommen, um ihn töten. Dem Jungen gelang es mit Hilfe einer Kerze, die zunächst ausging, die er aber unter großer Mühe mit Streichhölzern erneut entzünden konnte, seine Fesseln zu durchsengen. Der Junge konnte fliehen. Die Polizei fand in dem Bunker die sterblichen Überreste der vier getöteten Jungen. Drei Tage nach diesem erneuten Mordversuch wurde der damals neunzehnjährige Metzgergeselle Jürgen Bartsch als Täter identifiziert und festgenommen.

Die Presse bezeichnete Jürgen Bartsch als Bestie. Nach damaligen Umfragen einer Illustrierten rangierte Jürgen Bartsch in der Liste der furchtbarsten Verbrecher im 20. Jahrhundert auf Rang zwei, gleich hinter Adolf Hitler. Seine Verbrechen schockierten die gesamte Welt, die damals seinen Prozess verfolgten. Viele forderten vehement die Todesstrafe für einen Kindermörder wie ihn. Aber es begann auch erstmals eine große öffentliche Diskussion über die Frage, welchen Einfluss die leidvolle und grausame Kindheit von Jürgen Bartsch auf seine späteren Taten hatte. War er von seiner Umwelt zur Bestie gemacht oder war er schon immer selbst die Bestie?

Psychologen, Richter, Gutachter – alle versuchten sie, die Beweggründe dieser als sadistisch bezeichneten Persönlichkeit zu verstehen. Hinzu kam, dass in den 60er Jahren noch mittelalterliche Erziehungsmethoden vorherrschten. Kinder wurden zuhause und in der Schule noch vielfach extrem autoritär erzogen und dabei regelmäßig verprügelt, Onanie galt als krankhaft und schmutzig, der Trieb wurde überhaupt verdrängt, für Frauen war die Sexualität noch mehr oder weniger Pflichtprogramm. Auf diesem Hintergrund entwickelte sich damals die größte gesellschaftliche Revolution, die Hippie-Revolte, die das Denken westlicher Gesellschaften völlig verändern sollte. Angezeigt wurde diese Revolution durch die in den 60er Jahren vorherrschende Uranus-Pluto-Konjunktion in der Jungfrau, ein Aspekt extremer Rebellion und Veränderung, der sich gegen alles Angepasste und Dienende (Jungfrau) wendete.

Die Kindheit war für viele damals, wozu auch ich mich selbst zähle, zumindest zeitweise ein nicht enden wollender Albtraum. Auch meine Erinnerung an Schläge in der Schule vor anderen Kindern und die damit tief verbundene Beschämung ist in mir noch immer lebendig. Erinnern kann ich mich auch noch sehr gut an den Fall Jürgen Bartsch, der sich extrem dunkel anfühlte. Natürlich bekamen auch jüngere Kinder die schrecklichen Nachrichten über das Fernsehen mit, da Eltern sich damals noch nicht viel mit Psychologie und den Gefahren für die Kinderseele auseinandersetzen. Dafür bekamen wir seitdem regelmäßig zu hören, keinem Fremden zu vertrauen, mit keinem Fremden zu sprechen und schon gar nicht mitzugehen. Die gesamte Welt schien grau, düster und bedrohlich, und überall lauerten Gefahren. Spätestens jetzt wussten wir Kinder: Märchen wie das von Rotkäppchen und dem bösen Wolf, der düsteren Pluto-Gestalt, sind Wirklichkeit.

Die Kindheit von Jürgen Bartsch war besonders schlimm, ja grausam. Sie regte damals, wie gesagt, zu einer großen öffentlichen Diskussion über die Mitschuld von Verbrechen aufgrund altertümlicher Erziehungsmethoden an. Das war immerhin eine gute Kraft in dieser dunklen Zeit. In der Bundesrepublik Deutschland bestand in den meisten Bundesländern noch bis 1973 ein Züchtigungsrecht für Lehrkräfte, die von diesem vielfach sadistischen Gebrauch machten. Oder wie könnte man das sonst bezeichnen: Einen Achtjährigen über eine Schulbank zu legen, seine Hose herunterziehen, um mit einem Rohrstock auf seinen nackten Po einzudreschen, um ihn herum die Mitschüler, die das aus nächster Nähe beobachten durften? Das Dunkle war nicht nur in Jürgen Bartsch, es war in vielen Menschen, die möglicherweise noch traumatisiert waren von dem noch nicht so lange zurückliegenden Zweiten Weltkrieg. Jürgen Bartsch schlug seinen Opfern ebenfalls auf den nackten Po, um sie zu bestrafen und zu erniedrigen, bevor er sie missbrauchte und tötete. Er hatte massive Gewaltfantasien, die auch nach seinen abscheulichen Taten im Gefängnis nicht mehr aufhören wollten.

Ursprünglich hieß der Serienmörder Karl-Heinz Sadrozinski. Seine leibliche Mutter starb kurz nach seiner Geburt an Tuberkulose, weshalb er die ersten Lebensmonate in der Klinik verbrachte, in der sich die Krankenschwestern um ihn kümmerten. Im Nachhinein sprachen die Schwestern von einem bezaubernden Jungen mit schönen Augen, der stets die Arme ausbreitete und lächelte, wenn ihn eine Schwester zu sich hochnahm. Auch später noch, als Erwachsener, hatte Jürgen Bartsch eine fast bubenhafte, auf den ersten Blick durchaus sympathische Ausstrahlung. Als er einige Monate alt war, kam Gertrud Bartsch, die Frau eines wohlhabenden Metzgers aus Essen, in dieselbe Klinik, um sich einer Totaloperation zu unterziehen. Das Metzger-Ehepaar wollte den Jungen unbedingt adoptieren, da sie selbst keine Kinder bekommen konnten. Als das Waisenkind elf Monate alt war, kam es schließlich zu dem

Ehepaar. Da die Herkunft des Kindes ungewiss und zweifelhaft war, dauerte es ganze sieben Jahre, bis das Jugendamt die Adoption am Ende genehmigte. Von da an hieß das Kind Jürgen Bartsch, das bis zum Schulanfang von seinen Adoptiveltern völlig isoliert aufgezogen wurde. Es lebte eingesperrt in einem Kellerraum mit vergitterten Fenstern und Kunstlicht, weil die Adoptiveltern die Sorge hatten, man könnte draußen erfahren, dass er nicht ihr leibliches Kind sei. Jürgen Bartsch berichtete später von plötzlichen gewalttätigen Übergriffen seiner Adoptivmutter und ihrem Sauberkeitswahn. Er durfte sich auch in seiner Schulzeit nicht schmutzig machen und mit anderen spielen, was ihn natürlich zum Außenseiter und Mobbingopfer machte, der als Kleinster und Schwächster seiner Klasse regelmäßig Prügel bezog. Die Adoptivmutter soll ihn angeblich noch mit 19 Jahren in der Badewanne gewaschen haben.

Ein tiefenpsychologisches Gutachten über Jürgen Bartsch machte später die Feststellung, dass er durch seine Familie viele sogenannte Double-Bind-Situationen (Doppelbindungstheorie, die eine machtlose Bindung an zweideutige Botschaften beschreibt) erlebte, denen Doppelbotschaften vorausgehen. Eine Doppelbotschaft ist z. B., wenn jemand sagt: „Ich liebe dich“ und dabei ein grimmiges, ablehnendes und emotionsloses Gesicht macht. Oder wenn jemand sagt: „Komm in meine Arme“ und dabei das Gefühl aussendet: „Bleib bloß weg von mir.“ Sagt ein Chef: „Sie brauchen sich nicht zu viel Mühe machen, aber ich erwarte eine perfekte Arbeit“, geraten wir, wie bei allen Doppelbotschaften, in einen Zwiespalt, der für uns schwierig ist und eine innere Zerrissenheit hinterlässt, weil beide Botschaften eben gegensätzlich und nicht zu befolgen sind. Die Zweideutigkeiten solcher Botschaften können vielseitig und so versteckt sein, dass wir sie nicht bewusst wahrnehmen, was zur Folge hat, dass diese verstörende Gefühle in der Seele hinterlassen, die im Extremfall krank machen und zu regelrechten Beziehungsstörungen führen können. Diese Doppelbotschaften sind letztlich eine Form der Manipulation, deren Ziel es ist, die Macht über den anderen in einer Beziehung zu festigen. Eine Manipulation, die verunsichern und gefügig machen soll. Jürgen Bartsch wuchs in so einer manipulativen Atmosphäre auf, in der diese Doppelbotschaften ihn krank machten. Bei seinen Opfern dreht er später den Spieß herum und traktierte diese ebenfalls mit Doppelbotschaften. Er kannte es nicht anders.

Mit zehn Jahren schickten ihn seine Eltern in ein Heim, das ihnen aber nicht streng genug war, so dass sie ihn am 14. Oktober 1958 in das Kloster Marienhausen in Aulhausen/Rheingau, in das dortige Jungeninternat verfrachteten. An diesem Tag stand der Mond, der natürliche Herrscher über das Zuhause, im konfliktreichen Skorpion im Quadrat zu Uranus, was für Heimatverlust und eine eher negative Veränderung steht. Heimweh hatte er immer, immer fühlte er sich nach eigenen Angaben allein und heimatlos. Zusätzlich stand Mars im Quadrat zu Pluto, ein Aspekt des hemmungslosen, überzogenen, aber auch unterdrückten Triebes.

Jürgen Bartsch, der damals 12 Jahre alt war, entdeckte durch Zufall, dass er adoptiert war. Jede sexuelle Regung oder Handlung unter den Jungen, die am Anfang der Pubertät standen, war streng verboten und stand unter Strafe, so wie das in katholischen Internaten immer schon war. Nach seiner Verhaftung erzählte er später, dass er, als er mit hohem Fieber auf eine Art Krankenstation kam, von Pater Pütz sexuell missbraucht wurde. Zweimal versuchte er im Oktober 1960 aus dem Internat zu fliehen, weil er es dort nicht mehr aushielt. Auch andere Männer, die dort im Internat gewesen waren, berichteten von einem überstrengen, düsteren, gewaltvollen und freudlosen Internat. Jürgen Bartsch erzählte von brutalen Schlägen von Seiten der Erzieher, vor allem von Pater Pütz, der bereits bei kleineren Vergehen heftig zuschlug. Alle Jungen in diesem Internat seien mehr oder weniger regelmäßig verprügelt worden. Freundschaften unter den Jungen waren angeblich verboten.

Beim zweiten Versuch auszubrechen, begleitete ihn ein anderer Junge aus dem Internat. Als sie nachts an einer Bahnlinie direkt neben den Gleisen entlanggingen, kam ein Zug, und Jürgen Bartsch versuchte, seinen Freund aus einem inneren Impuls heraus unter den Zug zu stoßen, um ihn zu töten. Nach eigenen Erzählungen hat er nicht wirklich überlegt dabei, er hatte nur den einen Gedanken, der blitzschnell auftauchte: „Wenn ich ihn jetzt unter den Zug werfe, ist er tot und ich kann ihn nackt ausziehen.“ Sein Freund

„warf sich zurück“, nachdem er von Jürgen Bartsch geschubst worden war und konnte diesen Anschlag glücklicherweise überleben. Der Freund war außer sich. Jürgen Bartsch versuchte ihm zu versichern, dass er nur gestolpert sei. Jürgen Bartsch war selbst über sich erschrocken, sein Freund wahrte danach einen großen Sicherheitsabstand von ihm, als sie weitergingen.

Schon damals hatte er starke sexuelle Gewaltfantasien. Psychologen sahen vor allem in der Heimerziehung den Grund für seine späteren sadistischen Neigungen. In ihm hatte sich nach ihren Ansichten Aggressionsdruck angestaut, den er als junger Erwachsener in Form von Gewalt gegen kleinere Jungen auslebte, wobei die Angst, Demütigung, Hilflosigkeit und Entmachtung seiner Opfer ihn sexuell erregte. Jetzt war er nicht mehr das Opfer, sondern ein gnadenloser und eiskalter Täter.

Bartsch hatte sadistische, gewaltvolle sexuelle Neigungen, die auf Kinder gerichtet waren. Im Jugendalter offenbarte sich seine pädophile Neigung im Internat in Marienhausen, wo Bartsch zum ersten Mal erkannte, dass er sich zu Knaben hingezogen fühlte. Nach Aussagen von psychologischen Gutachten wirkte Bartsch äußerst freundlich und sympathisch und führte seine Taten unter einem „unwiderstehlichen Drang“ aus.

Im Juni 1961 kam es zum ersten größeren Zwischenfall, der der Polizei gemeldet wurde. In einem ehemaligen Luftschutzbunker quälte und belästige er sexuell den Sohn eines Malermeisters, was eine Anklage zur Folge hatte, die jedoch schnell eingestellt wurde, weil Bartsch die Richter davon überzeugte, dass er sich mit dem Opfer lediglich herumgebalgt hatte. Bartsch war immer ein Mensch, der es verstand, andere Menschen zu überzeugen und zu manipulieren, was ihm dann auch bei den Kindern gelang, die er später tötete. Ab diesem Zeitpunkt nahmen seine gewaltvollen sexuellen Fantasien, die ihn nach Ausführung drängten, überhand. Jürgen Bartsch überredete, wie gesagt, seine vier Opfer, ihm in denselben Luftschutzbunker zu folgen, wo er sie entkleidete, schlug, quälte, vergewaltigte, tötete und ihre Leichen zerstückelte.

Bei den psychologischen Gutachten spielte es wohl keine Rolle, dass Jürgen Bartsch in einer Metzgerei aufwuchs, in der täglich mit totem Fleisch hantiert wird. Ich kenne einen Mann, der ebenfalls in einer Metzgerfamilie aufwuchs und den Beruf des Metzgers später aufgab, weil ihn das rohe Fleisch von toten Tieren, die frisch geschlachtet waren, seelisch unglaublich stark belasteten. Man mag sich an dieser Stelle kaum vorstellen, was im Inneren von Menschen geschieht, die tagtäglich an der Schlachtbank stehen, um Tiere zu töten und dabei im Blut der unter Todesangst gestorbenen Tiere stehen. So etwas wie Mitgefühl muss in diesen Menschen völlig abgestorben sein. Und vermutlich gibt es auch Menschen, denen so etwas insgeheim Freude macht, weil sie diesen fehlgeleiteten Trieb in sich haben. Wie wäre es sonst zu erklären, dass ein Mensch so etwas macht und aushält?

Der Prozess Jürgen Bartsch war spektakulär und ging um die ganze Welt. Das Gericht betrachtete Bartsch zunächst als voll schuldig und zurechnungsfähig und verurteilte ihn deshalb am 15. Dezember 1967 zu lebenslanger Zuchthausstrafe. Die Verteidigung von Jürgen Bartsch führte damals Rechtsanwalt Alfred Linten aus Essen. Nach der Verurteilung übernahm der bekannte Münchner Rechtsanwalt Rolf Bossi den Fall, der in seiner spektakulären Laufbahn unter anderem die Schauspielerin Ingrid van Bergen, den Serienmörder Fritz Honka, den Oetker-Entführer Dieter Zlof und den Entführer Dieter Degowski aus der Geiselnahme von Gladbeck vertrat. Er legte 1969 Revision beim Bundesgerichtshof ein, der das Urteil aufhob. Anschließend gab es eine neue gerichtliche Ansetzung des Falls vor der Jugendkammer des Düsseldorfer Landgerichts. Erneut übernahm Staranwalt Bossi die Verteidigung. Diesmal ging es vor allem um die Frage, ob der Angeklagte aufgrund seiner schlimmen Jugend und vor allem des Missbrauchs durch Pater Pütz im katholischen Kloster Marienhausen überhaupt schuldfähig war.

Am 6. April 1971 wurde Bartsch zu einer Jugendstrafe von zehn Jahren und einer anschließenden Unterbringung in einer Heil- und Pflegeanstalt verurteilt.

Dann folgte eine weitere Sensation um Jürgen Bartsch, die von der Presse weidlich ausgeschlachtet wurde: Der Serienmörder, die Bestie, wie er von allen weiterhin genannt wurde, heiratete am 2.

Januar 1974 im Gefängnisbau des Psychiatrischen Landeskrankenhauses Eickelborn die körperbehinderte Krankenschwester Gisela Deike, worauf ihr Vater jeden Kontakt mit ihr abbrach. Auch Kollegen und Kolleginnen mieden sie seitdem.

Zu ihrer Motivation, einen verurteilten Mörder zu heiraten, erklärte sie später in einem Spiegel-Interview: „Ich hatte plötzlich das Bedürfnis, ich hab gedacht, man müsste ihm vielleicht helfen. Es wurde ja berichtet, dass er in Einzelhaft ist, dass er ständig alles alleine machen muss, seine Spaziergänge auf dem Hof alleine machen muss, sogar allein in die Kirche, beziehungsweise er durfte ja überhaupt nicht in die Kirche."

Leider wurde das Geburtsdatum von Gisela Bartsch nicht veröffentlicht, es ist aber davon auszugehen, dass auch in ihrem Horoskop neben einem starken Neptun und entsprechendem Helfersyndrom ein plutonisches Thema zu finden wäre, das die Resonanz zu Jürgen Bartsch ausmachte. Immerhin hatte sie vor ihrem Briefkontakt und ihren Besuchen im Gefängnis nach eigener Aussage bereits Zeitungsartikel über ihn gesammelt. Nach seinem Heiratsantrag bei ihrem dritten Besuch im Gefängnis ließ Gisela ihren Jürgen, wie sie in dem Interview verriet, drei Wochen lang zappeln, bevor sie ihm ihr Jawort gab. Welches Machtgefühl muss die unscheinbare Frau, die sich bis zu diesem Zeitpunkt aufgrund ihres Aussehens minderwertig gefühlt hatte, wohl empfunden haben, die bekannteste „Bestie" des Landes zu „zähmen"?

Jürgen Bartsch hatte seinerseits die Hoffnung, dass er nun eine normale Beziehung mit einer Frau führen könnte und dass sich noch einmal Einiges in seinem Leben zum Guten wenden könnte. Und die Psychologen versprachen sich durch die Heirat eine Heilung seiner destruktiven sexuellen Neigungen.

Letztlich traten bei Bartsch jedoch keine Besserungen ein, was seine Seele und Psyche betraf. Er hatte weiterhin Mordfantasien und versuchte 1973 mit Hilfe seines Anwalts eine Gehirnoperation bei Deutschlands bekanntesten Psychochirurgen Dr. Dieckmann zu bekommen, durch die sein sexuelles Fehlverhalten ausgeschalten werden sollte. Dr. Dieckmann lehnte diese Operation, bei der Teile seiner Hirnsubstanz, die mit dem sexuellen Bereich zu tun haben, mit einem Stromstoß zerstört werden sollten, aber mit der Begründung ab, dass die Wissenschaft in Bezug auf ausgeprägte sadistische Tötungsfantasien noch keinen Zielpunkt im Kopf entdeckt hat.

Um nicht sein ganzes Leben lang in der Psychiatrie bleiben zu müssen, beantragten Bartsch und sein Anwalt in der Folge eine Kastration, die er zuvor kategorisch abgelehnt hatte. Bei dieser Operation kam es zu einem tödlichen Kreislaufzusammenbruch von Bartsch, da der operierende Arzt – Operationen waren damals noch ohne speziellen Anästhesisten möglich – die Narkose um ein Vielfaches überdosiert hatte. Da dieser Fehler dem Arzt bereits zum zweiten Mal unterlaufen war, wurde er wegen fahrlässiger Tötung zu einer Bewährungsstrafe verurteilt.

Gisela Bartsch gab später zu, dass ihm etwas Besseres nicht hätte passieren können. Für sich selbst bekannte sie jedoch: „Für mich ist es schwer, denn ich habe ja wirklich meinen Lebensinhalt verloren, ja, muss mir jetzt wieder etwas Neues aufbauen."

Es ist sicherlich kein Zufall, dass am Tag der Heirat, dem 2. Januar 1974, ein Sonne-Pluto-Quadrat am Himmel stand, ein Hinweis auf die Verstrickung und Zwanghaftigkeit dieser Beziehung.

Wenn wir uns nun das Horoskop von Jürgen Bartsch näher anschauen, dann muss der einigermaßen geschulte Astrologe doch zu einer sehr klaren und deutlichen Aussage kommen: Er hatte das Dunkle, die Bestie, tatsächlich in sich. Sein Umfeld, seine Kindheit und seine persönlichen Erlebnisse haben sie aber erst richtig lebendig gemacht. Und er war ein absoluter Plutonier, der natürlich auch nach seiner Verhaftung versuchte, seine Taten zu rechtfertigen und dabei auch die Psychologen, die ihn anhörten, bis zu einem gewissen Grad manipulierte. Der prämierte Dokumentarfilm über das tragische Leben des Kindermörders (auf YouTube verfügbar) spricht in jeder Hinsicht Bände und ist absolut sehenswert.

Natürlich gibt es viele Menschen, die unterschiedliche Formen verbrecherischer Anlagen besitzen. Bei den einen brechen sie aus, andere lernen, mit schwierigen Anlagen bewusst umzugehen und haben sie im Griff. Aber auch hier lautet die Devise: Gelegenheit macht Diebe. Es gibt Situationen im Leben, die schwierige Anlagen in uns triggern und zur Auslösung bringen. Natürlich tauchen in diesem Zusammenhang auch immer die entsprechenden Transite auf unser Geburtshoroskop auf. Und natürlich spielt unsere Kindheit eine größere Rolle, und auch das Milieu, in dem wir uns bewegen, färbt auf uns ab und bestärkt destruktive Anlagen oder hemmt sie. Letztendlich sind es auch unser Bewusstsein, unsere persönliche Entwicklung und unsere Wertvorstellungen, die einen größeren Einfluss auf unser Handeln besitzen und schwierige Anlagen in den Hintergrund drängen können.

Geht es um triebbetonte, größere plutonische Konflikte, die im Horoskop auftauchen, dann hilft oft auch ein höheres Bewusstsein nicht mehr weiter. Denn verdrängte und tabuisierte Triebe, die im Symbol des Plutos, wie schon erwähnt, in Form des Mondes im eingeschlossenen Kreis auftauchen, können durch ihr Schattendasein eine Art Eigenleben führen und so zum Zwang werden. Der Tiefenpsychologe C.G. Jung verglich die Triebkräfte, die nicht sein dürfen, mit verletzten, angeschossenen Tieren, die in die Enge gedrängt besonders gefährlich sind. Menschen, die etwa pädophile Anlagen haben, dürfen nicht verteufelt werden, sie brauchen aber auf jeden Fall psychologische Hilfe, damit es ihnen gelingt, diese destruktiven Triebkräfte zu kontrollieren.

Jürgen Bartsch war zugleich Täter und Opfer. Er war ein ausgesprochen ausgeprägter Skorpion und Plutonier. Seine sehr enge Venus-Mars Konjunktion deutet zunächst einen überdurchschnittlich starken sexuellen Trieb an. Venus-Mars-Konjunktionen sind grundsätzlich der Hinweis auf starke und keineswegs negative Liebesenergien, die gelegentlich in Bi- oder auch Homosexualität umschlagen können, da Venus, das Weibliche, und Mars, das Männliche, in solch enger Verbindung ihre Energien vermischen bzw. auf den jeweilig anderen Planeten übertragen.

Seine spezielle Venus-Mars-Konjunktion offenbart bei genauerem Hinsehen jedoch eine bedrohliche, wenn nicht gefährliche und finstere Seite. Allein Mars im Skorpion hat bereits eine enorme Triebenergie, nicht vergleichbar mit anderen Mars-Stellungen. Und tatsächlich taucht der Skorpion-Mars in Horoskopen zahlreicher Triebtäter auf, da diese Mars-Energie aus dem tiefsten Inne-

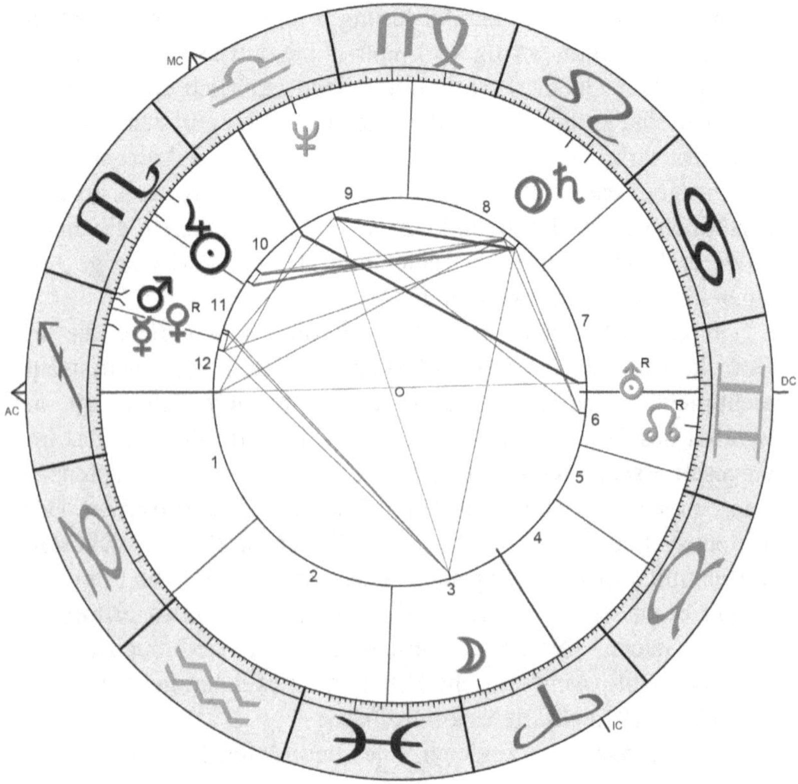

Radix Jürgen Bartsch

ren, dem Verborgenen, auftaucht und von vielen Verdrängungen begleitet und aufgewühlt wird, weshalb er seine Eigner häufig in Form von zwanghaften Handlungen überwältigt. Mars im Skorpion ist einfach gewaltig und nur noch vergleichbar mit Mars in Konjunktion, Quadrat oder Opposition Pluto sowie Mars im 8. Haus und Pluto am Aszendenten. Wir können immer wieder beobachten, dass es zu einer Häufung von Sexualverbrechen kommt, wenn allein Mars im Skorpion mundan am Himmel steht.

Der Skorpion-Mars von Jürgen Bartsch wird am Ende nicht nur durch seine große Nähe zur feurigen Schütze-Venus brisant, sondern noch mehr durch seine Stellung im sogenannten Vakuumbereich, der sich am Ende jedes Zeichens zwischen 29 Grad 30 Minuten und 30 Grad befindet. Der Mars von Bartsch steht auf ca. 29 Grad 45 Minuten, fällt also in diesen Bereich, was seine Energie ins Verborgene, nicht Fassbare treibt. Ohnehin stehen Venus und Mars an der Spitze seines 12. Hauses, das ja ebenfalls neptunischen Charakter hat. Das deutet nicht zuletzt auf die ausgeprägten sexuellen Fantasien von Bartsch hin, die besonders an geheimen, abgelegenen Orten zu blühen begannen, gefördert zudem durch die weitere Konjunktion des Merkur im 12. Haus mit Venus und Mars.

Mit seiner Venus-Mars-Konjunktion, seinem feurigen Schütze-Aszendenten wie impulsivem Widder-Mond war Bartsch ein insgesamt leicht entflammbarer, leidenschaftlicher, schnell aufbrausender Mensch. Und er konnte mit seinem Widder-Mond in Haus 3 sehr emotional und gefühlsbetont sprechen und kommunizieren. Sein Mond in Opposition zu Neptun besagt, dass er Gefühle schwer einordnen und fassen konnte.

Seine unfassbare Brutalität, sein Hass, seine gestörte sexuelle Veranlagung, seine Mordfantasien sowie seine Macht-, Missbrauch- und Unterdrückungsthemen offenbaren sich noch einmal an einer ganz anderen Stelle seines Horoskops, und das überaus deutlich und krass. Blicken wir erneut auf den Skorpion in seinem Horoskop, so fällt uns nicht zuletzt eine großartig anmutende Sonne-Jupiter-Konjunktion ins Auge, wie sie häufig im Horoskop von besonders glücklichen, idealistischen und erfolgreichen Menschen zu finden ist. Dieser gewinnende Aspekt hat ihm letztlich auch eine gewisse Sympathie von vielen Menschen eingebracht. Er hat niemals wie ein brutaler Mörder, Vergewaltiger und Schlächter gewirkt, was wiederum belegt, wie wenig wir auf Äußeres geben dürfen.

Das Fatale an dieser Sonne-Jupiter-Konjunktion ist jedoch, dass sie im Quadrat zu einer Saturn-Pluto-Konjunktion steht, dem Aspekt der großen Krisen, der höheren Gewalt und der Schwarzen Magie. Ein in diesem Buch bereits häufig beschriebener dunkler Aspekt, der mit schweren karmischen Belastungen und Verstrickungen einhergeht und von Gewalt und Grausamkeiten berichtet. Erinnern wir uns: Als der Zweite Weltkrieg am 1. September 1939 begann, hatten wir ein Saturn-Pluto-Quadrat am Himmel, das exakt auf die Geburts-Sonne von Adolf Hitler fiel. Man könnte sagen, dass Hitler, der auf seine Art mit einer Venus-Mars-Konjunktion, die im Quadrat zu Saturn steht, ebenfalls ein brutaler Triebtäter war, zusätzlich von der Dunkelheit der damals am Himmel vorherrschenden Saturn-Pluto-Spannung erfasst wurde.

Bartsch hatte Saturn in Konjunktion zu Pluto und im Quadrat zur Sonne nun sogar als Anlage im Geburtshoroskop. Er trug diese Dunkelheit immer in sich. Saturn und Pluto stehen bei ihm zudem im 8. Haus, dem Spiegel des Skorpions, dem Zuhause des Plutos. Hier öffnen sich tatsächlich die Tore zur Hölle. Die Sonne und Jupiter im Quadrat zu Saturn und Pluto in Haus 8 sprechen von Machtmissbrauch, unstillbarer Gier, Grausamkeit und unglaublicher Kälte. Jürgen Bartsch gehörte zu den Psychopathen, die bei normalen erotischen Reizen nichts spüren, die erst dann sexuell erregt werden, wenn sich extreme Grausamkeit mit Gewalt paart. Jürgen Bartsch trug das Böse in sich, er war ein Teil davon. Seine Opfer litten unvorstellbare Qualen, bevor sie starben.

Allein die Transite, die Jürgen Bartsch an den Tagen hatte, an denen er seine schrecklichen Taten begann, sprechen Bände:

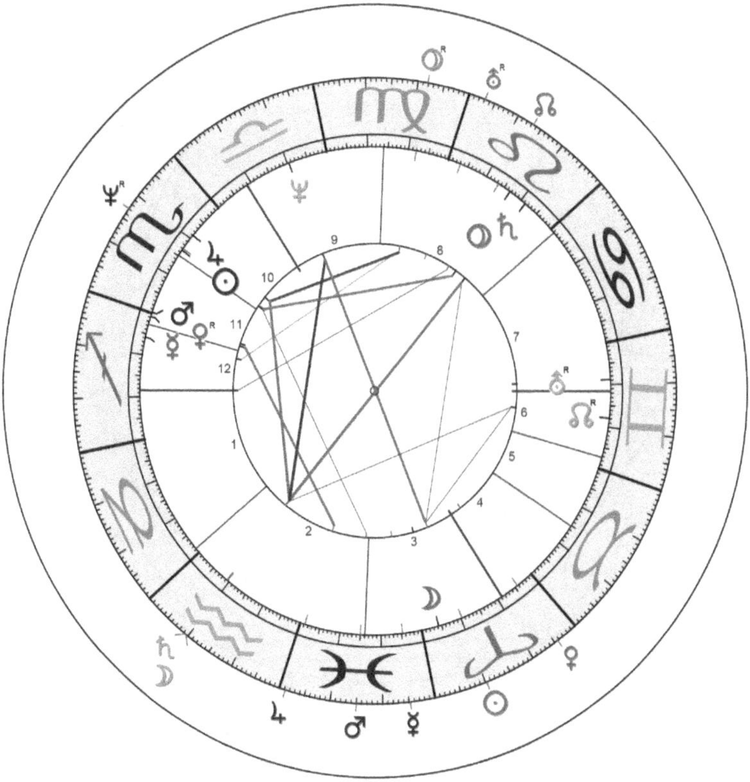

Jürgen Bartschs Transite am 31. März 1962

Am 31. März 1962 wurde Klaus Jung, damals 8 Jahre alt, sein erstes Opfer. Der Mond überquerte Saturn und stand zusammen mit diesem im Transit in Opposition zum Geburts-Saturn und Geburts-Jupiter von Jürgen Bartsch. Neptun im Transit bildete eine Konjunktion zu seiner Geburts-Sonne. Damit war sein heftiges Quadrat zwischen Sonne Konjunktion Jupiter und der Saturn-Pluto-Konjunktion mehrfach angesprochen. Getriggert war zu dieser Zeit auch seine Venus-Mars-Konjunktion, zu der Jupiter im Transit ein Quadrat bildete.

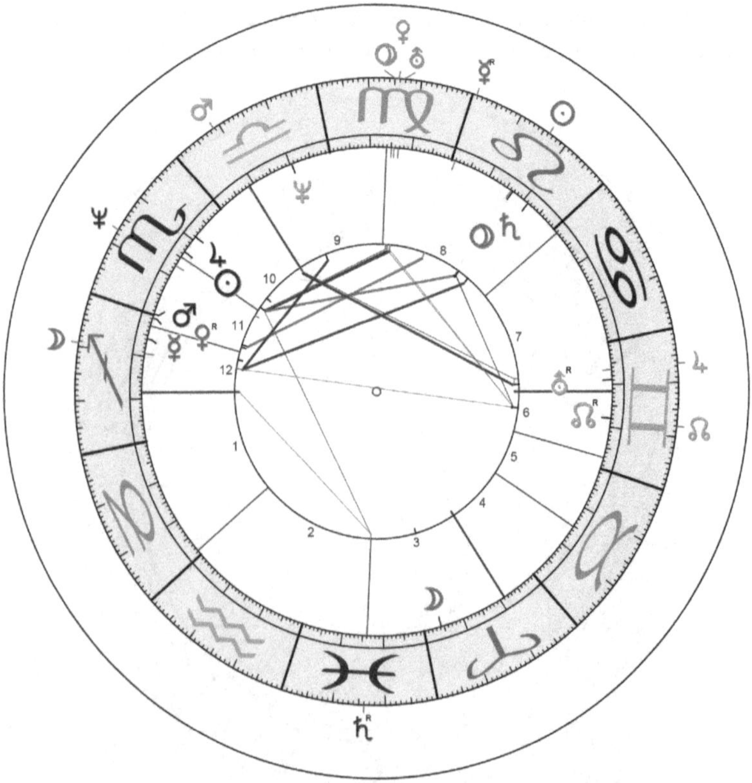

Jürgen Bartschs Transite am 6. August 1965

Am 6. August 1965 wurde der 13 Jahre alte Peter Fuchs sein Opfer. An diesem Tag hatten wir eine Venus-Uranus-Pluto-Konjunktion am Himmel, die in Opposition zu Saturn stand. Die Sonne stand im Löwen und bildete im Transit eine Konjunktion zu seinem Geburts-Pluto und löste damit sein Quadrat zwischen Sonne Konjunktion Jupiter und Saturn Konjunktion Pluto endgültig aus. Der rückläufige Merkur stand im Transit außerdem im Quadrat zu seiner Venus-Mars-Konjunktion.

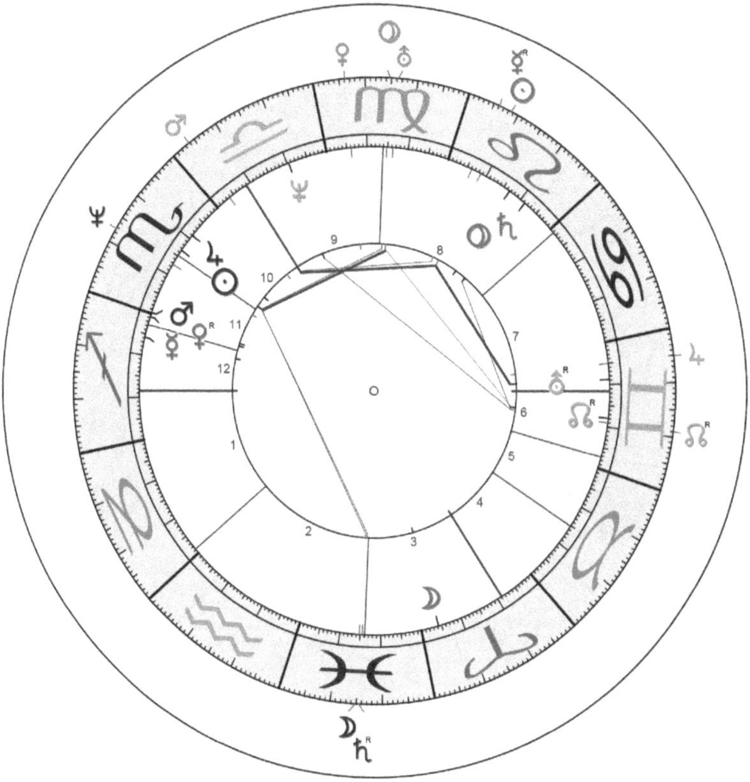

Jürgen Bartschs Transite am 14. August 1965

Am 14. August 1965 wurde Ulrich Kahlweiß, 12 Jahre, sein Opfer. Wieder überquerte der Mond Saturn und stand in Opposition zu Uranus Konjunktion Pluto, was allgemein die dunkle Seite von Menschen ansprach. Allein die mundane Konstellation Saturn Opposition Pluto, der in dieser Zeit vorherrschte, sprach die Saturn-Pluto-Konjunktion seines Geburtshoroskops auch ohne direkten Transit an, da es sich um einen Wiederholungsaspekt handelte.

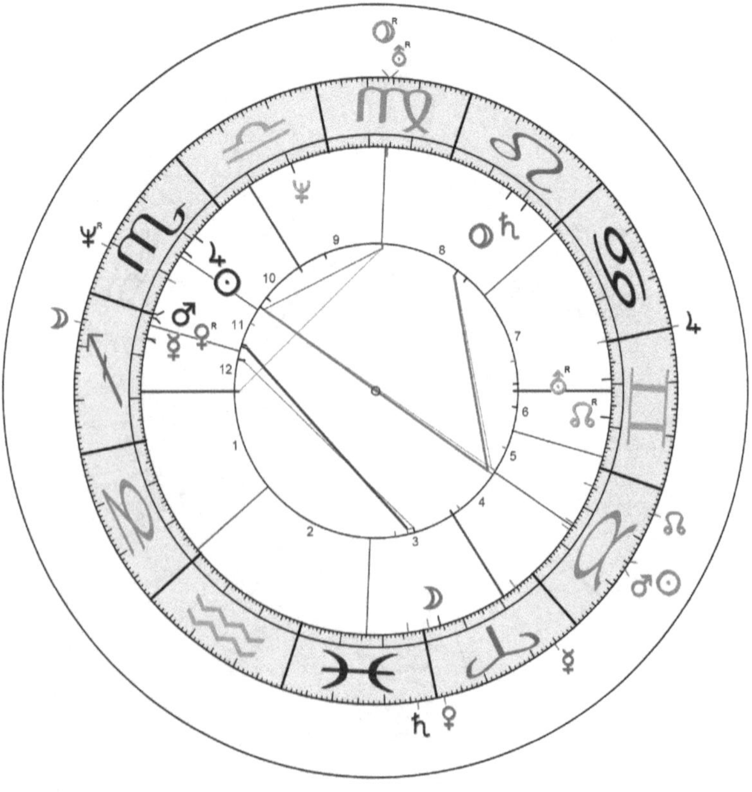

Jürgen Bartschs Transite am 6. Mai 1966

Am 6. Mai 1966 wurde Manfred Graßmann, 11 Jahre, sein Opfer. Die Sonne stand an diesem Tag in Konjunktion mit Mars, was von einer aggressiven Stimmung mit Gewalttendenzen berichtet, die in diesen Tagen vorherrschte. Als Transit standen Sonne und Mars in Opposition zur Geburts-Sonne und im Quadrat zum Geburts-Pluto von Jürgen Bartsch und lösten damit abermals sein Quadrat zwischen Sonne Konjunktion Jupiter und Saturn Konjunktion Pluto aus.

MACHT UND POLITIK IM ZEICHEN PLUTOS

Willst du den Charakter eines Menschen erkennen, so gib ihm Macht

Pluto steht, wie es schon öfter beschrieben wurde, für die Macht, für die außergewöhnlichen, ja übermenschlichen Leistungen, zu denen Menschen fähig sind. Die meisten bedeutenden Personen, die in der Vergangenheit wie Gegenwart Geschichte schrieben bzw. schreiben, haben eine sehr machtvolle Pluto-Stellung in ihrem Horoskop. Ihr persönliches Vermögen ist es allerdings, dass sie es geschafft haben, ihre plutonischen Kräfte freizusetzen. Macht heißt, um es noch einmal zu wiederholen, etwas „machen", bewegen zu können und ist deshalb nicht grundsätzlich negativ zu verstehen. Wenn wir das Wort Macht hören, denken wir aber oftmals zuerst an Unterdrückung und Ausbeutung von Menschen, und ja, auch diese Seite besitzt Pluto, der, wie wir anhand der vorherigen Beispiele gesehen haben, beileibe nicht nur bei guten Menschen, sondern auch bei großen Tyrannen, Diktatoren, Verbrechern und Mördern an spezieller Stelle im Horoskop auftaucht. Pluto und die Macht sind deshalb auch ein zweischneidiges Schwert. Denn, wie gesagt, die Macht kann etwas bewirken und ist deshalb auch sehr wichtig. Aber, sie erfordert auch sehr viel Charakterstärke.

Sicherlich kennen Sie alle den Ausspruch des legendären amerikanischen Präsidenten Abraham Lincoln (geboren am 12. Februar 1809 um 6:54 Uhr in Hodgenville im US-Bundesstaat Kentucky): „Willst du den Charakter eines Menschen erkennen, so gib ihm Macht." Den Wahrheitsgehalt dieses weisen Ausspruchs durfte wohl jeder von uns schon mehrfach erlebt haben. Alle wurden wir schon einmal Opfer von Menschen, die Macht auf ihre Art ausüben dürfen, etwa von gemeinen und bösartigen Lehrern, die als Pädagogen auftreten, eigentlich Menschen hassen und dies an Kindern und Jugendlichen auslassen. Oder von Türstehern einer Diskothek, die uns schroff abwiesen, weil ihnen unsere Nase nicht gepasst hat. Von Angestellten einer Postfiliale, die uns mit formalen Kleinigkeiten triezen, um uns zu zeigen, wie bedeutend und mächtig sie sind oder von Ordnungshütern, die uns wegen eines unbedachten Verstoßes maßregeln und zu unterwürfigem Verhalten zwingen wollen. Diese kleinen, miesen Machtspielchen von Menschen, die nur ein bisschen Macht besitzen, diese aber gerne und weidlich ausnutzen, erleben wir alle immer mal wieder in unserem Alltag. Und immer fühlt es sich nicht gut an, weil unser Empfinden uns sagt: Hier steckt eine böse Kraft dahinter, die uns mehr als unangenehm berührt.

Dennoch, wenn diese Angriffe gegen unseren Stolz und unsere Würde nicht zu oft geschehen, stecken wir sie normalerweise ganz gut weg. Schwierig ist es da schon etwa für Angestellte, die einen Chef haben, der sie unterdrückt oder einen Kollegen, der sich in einer etwas höheren Position befindet und von dem sie gemobbt werden. So etwas macht auf Dauer krank, lässt jeden Menschen an Mut und Selbstwert verlieren.

Manchmal trifft so etwas auf ein ganzes Volk zu, das von einem oder mehreren Tyrannen beherrscht wird. Selbst westliche Demokratien sind vor einem Machtmissbrauch nicht gänzlich geschützt, was man während der Corona-Pandemie beobachten konnte. Scheinbar harmlose und zuvor fast unbedeutende Politiker, deren Macht durch die außergewöhnliche Situation der Pandemie über Nacht gewachsen ist, schwangen sich plötzlich zu autoritären Wortführen auf, die das Volk maßregelten und die Menschen wie kleine, unerzogene Kinder behandelten. Die Pandemie war für diese Politiker und so manche Regierung „ein gefundenes Fressen", um die eine Wahrheit, ihre Wahrheit, radikal bei Verbot von Widerspruch durchzusetzen. Die Pandemie hebelte die Grundrechte und die Demokratie in kürzester Zeit aus, und plötzlich kam wieder der autoritäre Deutsche zum Vorschein, der Andersdenkende moralisch verurteilt und in Abseits stellt, um sich selbst als politischer

Führer darzustellen, der „nur aus Fürsorge für das Volk und aus hoher ethischer Verantwortung“ handelt. Im Gesicht einiger Politiker spiegelte sich urplötzlich die Fratze der Macht.

Natürlich sind Politiker auch nur Menschen, wie man so schön sagt, auch wenn sie sich gerne als Übermenschen hinstellen, die alles wissen und immer nur das Beste wollen. Zu ihrer Entschuldigung sei angemerkt, dass sie den teuflischen Versuchungen der Macht besonders stark ausgeliefert sind. Versuchungen der Macht, die allerdings auch ähnlich stark in der kleinen Welt auftreten können. Selbst sonst friedliche und sehr soziale Menschen offenbaren mitunter ungute Charakterzüge, sobald sie in Positionen kommen, in denen sie die Führung innehaben. Selbst ausgesprochen kollegiale Angestellte und wertvolle Menschen mutieren häufig zu überheblichen und eingebildeten Personen, die neu gewonnene Macht weidlich ausnutzen, sobald sie das Leben und die Umstände in eine höhere, verantwortungsvolle Position treibt.

Ein Tyrann muss aber nicht immer herrisch auftreten. Er kann die Untergebenen seine Macht natürlich auch unter dem Deckmantel des sehr sozialen und verantwortungsvollen Chefs spüren lassen. In diesem Falle handelt es sich meist um ausgesprochen plutonische Menschen, die ganz im Sinne Plutos ihre Macht gerne unmerklich aufbauen, indem sie sich selbst als ungeheuer sozial, demokratisch und fair darstellen. Solche Menschen sind besonders tückisch.

Wie viele Frauen leiden heute noch darunter, dass sie ihren Beruf wegen der Kinder aufgeben mussten und so abhängig vom Verdienst ihres Mannes wurden? Auch in der Liebe taucht, wie in einem der vorherigen Kapitel beschrieben, diese Macht auf und kann Menschen innerlich und äußerlich entzweien. Wenn in einer Beziehung einer über dem anderen steht, weil er sich für klüger hält oder sich an seinem beruflichen Status auch privat messen lassen will, kann das keine wirklich glückliche Liebe sein. Und manch eine Frau nutzt auch ihre sexuelle Macht über dem ihr verfallenen Partner zu ihrem Vorteil aus. Die Macht spielt im Leben von Menschen häufig die größte Rolle, auch wenn viele das nicht wahrhaben wollen, da häufig unbewusste Beweggründe Machtthemen provozieren.

Aber kommen wir zurück zu Abraham Lincoln, dem wohl bedeutendsten amerikanischen Präsidenten überhaupt, der die Sklaverei in Amerika abschaffte und sein Land zu einem modernen Industriestaat aufbaute, was letztlich den Aufstieg der USA zur Superweltmacht im 20. Jahrhundert ebnete. Abram Lincoln kannte die Macht und ihre Verführung. Er war ein durch und durch plutonischer Mensch, was der geschulte Astrologenblick allein schon an älteren Abbildungen von ihm erkennt. Lincoln war eine dunkle Erscheinung mit ausgeprägten Augenbrauen und tiefliegenden, faszinierenden, aber auch fast Angst machenden Augen, die ihr Gegenüber zu durchdringen schienen.

Ein Mann, der den amerikanischen Traum „vom Tellerwäscher zum Millionär“ auf seine Art verwirklichte, was letztlich nur ein Mensch vermag, der im Sinne Plutos über eine große persönliche Wandlungsfähigkeit verfügt und der den unbedingten Willen und Antrieb besitzt, etwas Großes in seinem Leben verwirklichen zu wollen.

Nachdem Abraham Lincoln als junger Mann sein Elternhaus verließ, um der ungeliebten Farmarbeit seines Vaters, der ihn sogar als Arbeitskraft an Nachbarn verlieh, zu entkommen, startete er seine Selbstständigkeit zunächst als einfacher Kaufmannsgehilfe, arbeitete später auch als Landvermesser und Posthalter. In seiner Freizeit war er ein ausgesprochen erfolgreicher Ringer, der in zehn Jahren nur eine Niederlage hinnehmen musste. Später war er dann noch Flößer auf dem Ohio und Mississippi. Ein Mensch, der sich permanent wandelte und immer weiter seinen Weg ging, auch wenn er damals bestimmt noch nicht wusste, wohin ihn dieser noch führen würde …

Sein Aufstieg begann langsam und fast zufällig. Seine größeren Fähigkeiten begann er mit ca. 23 Jahren zu erkennen, als er als Freiwilliger in den Kriegszug gegen die Sauk-Indianer unter Häuptling Black Hawk zog. Seine Mitstreiter ernannten ihn zu ihrem Captain. Und von da ab ging es stetig bergauf in seiner Karriere. Von nichts und niemandem ließ er sich von nun an von seinem Weg nach oben abbringen. Um es abzukürzen: Er wurde Parteigänger, wurde als „Honest Abe“ (ehrlicher Abe), ein Spitzname,

Abraham Lincoln, Foto von 1863

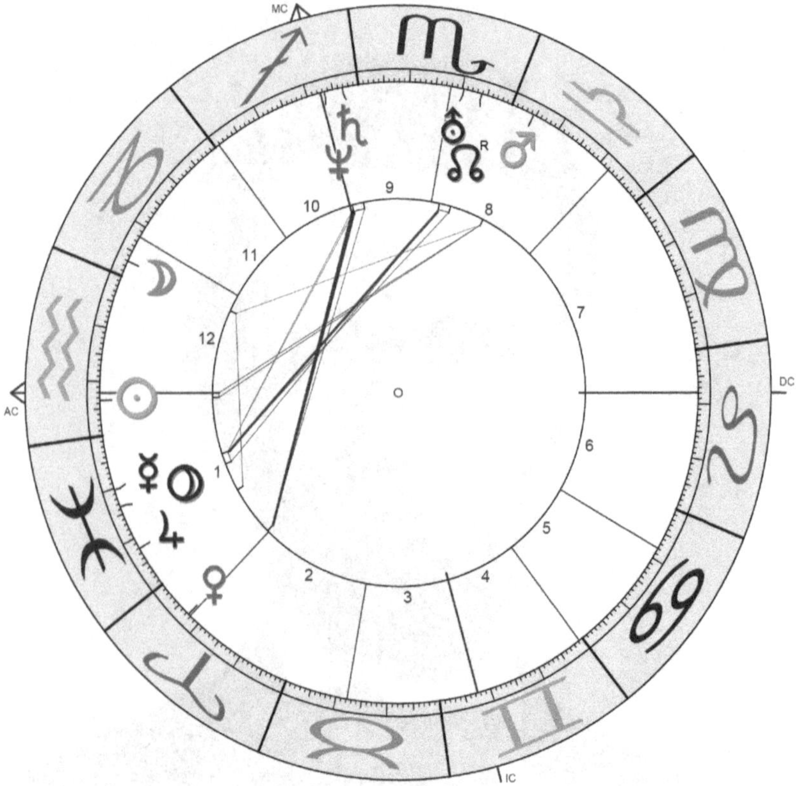

Radix Abraham Lincoln

der ihm bleiben sollte, bereits mit 27 Jahren zum Parteiführer der oppositionellen Whigs in Illinois gewählt. Nebenbei absolvierte er ein Selbststudium der Rechtswissenschaften. Lincoln war in der Politik angekommen, wobei sein Weg bis zum Präsidenten der späteren Weltmacht noch sehr weit war. Am 6. November 1860 wurde er nach langer politischer Karriere als Außenseiter zum Präsidenten gewählt.

Damals begünstigte sicherlich Jupiter seinen Aufstieg, der als Transit durch sein 7. Haus lief (Öffentlichkeit) und gegenüber seiner starken Wassermann-Sonne stand, die sich in seinem Horoskop direkt am Aszendenten befindet. Jupiter ließ seine Sonne in dieser Zeit besonders stark im Lichte der Öffentlichkeit strahlen.

Mit Sonne und Aszendent Wassermann war er ein Mensch, der überhaupt eine große Strahlkraft besaß und der wie selbstverständlich immer wieder im Mittelpunkt stand, der dennoch über ein großes soziales Bewusstsein verfügte und vor allem auch neue Wege wagte. Ein doppelter Wassermann – eigenwillig, exzentrisch, visionär und äußerst freiheitsliebend. Fremdbestimmung und Enge, wie er sie in seinem Elternhaus erlebte, konnte so ein ausgeprägter Wassermann nicht ertragen. Er war damit überhaupt ein Mensch, der keinerlei Unterdrückung ertragen konnte und deshalb dafür prädestiniert war, die Sklaverei abzuschaffen.

Als doppelter Wassermann konnte er seinen Geist des Fortschritts und der technischen Entwicklung perfekt auf sein Land übertragen. Er gilt als der Präsident, der seiner Zeit voraus war, ja der sogar einen Nimbus von Zeitlosigkeit besitzt.

Sonne, Merkur, Jupiter und Pluto in seinem 1. Haus sprechen von einer starken Ichbetonung und Persönlichkeit, die sich um jeden Preis verwirklichen will. Speziell Jupiter steht hier für Weltoffenheit und für den Glücksritter, der seine Vorhaben erfolgreich verwirklichen kann. Jupiter in den Fischen hat häufig einen Hang zu Spiritualität. Man weiß von Lincoln, dass er engen Kontakt zu den Freimaurern unterhielt, die ihn geistig inspirierten und die die Überzeugung besitzen, dass permanente Arbeit an sich selbst zur Selbsterkenntnis und einem guten menschlichen Verhalten führt. Freiheit, Gleichheit, Brüderlichkeit, Toleranz und Humanität sind die fünf Grundideale der Freimaurer, die vor allem im Alltag geübt und umgesetzt werden sollen, damit sie an Kraft und Bedeutung gewinnen.

Die absolut dominante Stellung in seinem 1. Haus hat neben seiner Sonne am Aszendent, was einem Löwe-Aszendenten ähnelt, natürlich Pluto, der hier in Konjunktion mit Merkur, dem Diener, auftaucht. Pluto in Haus 1 hat den Skorpion-Beigeschmack und deutet stets einen gewaltigen Machtinstinkt an. Pluto verschmilzt im 1. Haus sozusagen mit der Persönlichkeit und verleiht diese faszinierende, manchmal auch schaurige plutonische Ausstrahlung.

Mit dieser Pluto-Stellung kennt ein Mensch sowohl die hellen als auch die dunklen Seiten der Macht. Der Ausspruch: „Willst du den Charakter eines Menschen erkennen, so gib ihm Macht“, konnte nur von so einem hundertprozentigen Plutonier kommen. Mit seiner gewaltigen Suggestions- und Überzeugungskraft, die er durch seine Merkur (das Wort) - Pluto (die Macht) - Konjunktion besaß, konnte er Massen lenken und beeinflussen. Er zog Menschen an sich wie ein Magnet und bekam Macht über sie.

Merkur-Pluto-Spannungen finden wir auch heute im Horoskop vieler Politiker, während der Corona-Pandemie auch bei führenden Virologen in Deutschland, die mit aller Kraft und Macht und manchmal auch mit Fanatismus die Masse von der Richtigkeit ihrer Meinung überzeugen wollten. Mit dem Fanatismus von Merkur-Pluto kann man Massen verführen und perfide, schädliche Meinungsmache betreiben. Die Konjunktion, das Quadrat und die Opposition zwischen Merkur und Pluto sind berüchtigte Aspekte der Manipulation, die regelrechte „Masseneinpeitscher“ besitzen, heute wie damals. Es geht dabei oftmals weniger um die Wahrheit als vielmehr um das Rechthaben und Überzeugen.

Allein Pluto in Haus 1 verlieh Abraham Lincoln, wie gesagt, dieses dunkle, fast diabolische Äußere. Der späterere US-Präsident George W. Bush, der unter anderem als Kriegsstifter gegen den Irak in die Geschichte einging, hat sogar eine Merkur-Pluto-Konjunktion direkt an seinem Löwe-Aszendenten, was amerikanische Astrologen mit „der Teufel“ (Aszendent, 1. Haus = Ich, Pluto = Teufel) übersetzen.

Menschen mit diesem Pluto stehen immer wieder vor der Wahl – die Entscheidung für das Gute oder das Böse. Und auch Lincoln war sicher nicht nur gut. Biografien über ihn besagen, dass er, bevor er sich für die Abschaffung der Sklaverei entschied, selbst in die tiefen rassistischen Vorurteile der damaligen Zeit verwickelt war und hier erst durch die Überzeugungsarbeit und Kritik seines besten Freundes auf den richtigen Weg gebracht wurde.

Sein Verdienst war es sicherlich, aus den USA eine richtige Nation gemacht zu haben. Den Bürgerkrieg in Amerika von 1861 bis1865, der seine Präsidentschaft dominierte, mussten allerdings viele Tausende mit ihrem Leben bezahlen. Und manche bezeichneten ihn während des Krieges auch als Diktator, da er Grundrechte aushebelte, indem er etwa die Pressefreiheit einschränkte oder der Spionage Verdächtige ohne gesetzliche Grundlage verhaften ließ.

Lincoln war letztlich ein klassischer Machthaber, was allein schon seine Saturn-Neptun-Konjunktion an der Spitze des 10. Hauses verrät, die auch noch im Quadrat zu seiner Merkur-Pluto-Konjunktion in Haus 1 steht. Das war seine eigentliche dunkle Seite, die von innerer Härte und unbedingtem Machtwillen spricht. Das war vielleicht auch karmisch gesehen der Grund, warum er an der Spitze dieses furchtbaren Krieges stand. Ein innerer Teil von ihm korrespondierte mit dem Krieg – eine natürlich rein astrologische Interpretation und Sichtweise.

Einen Hang zu Gewalt bzw. eine karmische Vergangenheit, in der Gewalt bereits eine größere Rolle gespielt hat, deutet sein Mars im 8. Haus an. Es ist die Mars-Stellung, die sich häufig in Horoskopen von Abenteurern befindet.

Sein Mond im Steinbock und in Haus 12 steht im Quadrat zu diesem Mars. Das heißt wiederum, dass Lincoln ein Mann mit großer Emotion war, die er teils sicherlich unterdrückt hat. Mit Sicherheit konnte er aber auch sehr gereizt reagieren. Der Steinbock-Mond ist zusammen mit seinem Merkur-Saturn-Neptun-Quadrat ein Hinweis auf seinen oft traurigen, überaus ernsten und manchmal pessimistischen Charakter, der in Biografien auch immer wieder angesprochen wird.

Die Nord- gegen die Südstaaten war ein harter und unerbittlicher Bruderkrieg, der auch von Lincoln nicht verhindert werden konnte. Denn noch bevor er sein Amt als Präsident antreten konnte, trat mit South Carolina der erste Staat aus der Union aus. Innerhalb weniger Wochen folgten die restlichen Südstaaten diesem Beispiel. Krieg war einfach sein Schicksal, er wurde in ihn hineingezogen. Für viele Historiker war er dennoch der richtige Mann zur richtigen Zeit. Lincoln besaß, wie gesagt, diese unfassbare plutonische Energie, mit der er sich selbst Lesen und Schreiben beigebracht hat, um ein Anwaltspatent zu erwerben.

Lincoln nahm die Sache immer selbst in die Hand und wartete nicht auf Hilfe von außen oder ein günstiges Schicksal. Er war ein „Macher". So auch zu Beginn des Krieges, als seine Generäle nicht die gewünschten Erfolge erzielten. Lincoln ging in die Kongressbibliothek und studierte Bücher über Kriegsführung, um die richtigen Entscheidungen selbst treffen zu können. Er musste in die Kriegsführung eingreifen, weil der Süden zunächst die besseren Generäle hatte und außerdem auf eigenem Terrain kämpfte. Einen starken Pluto in seinem Horoskop zu besitzen, bedeutet eben auch vielfach strategisch denken und handeln zu können.

Mit Pluto in Haus 1 war er aber auch ein Einzelkämpfer, dessen Kraft durch Widerstände wuchs und der dann Großes vollbrachte, wenn keiner damit rechnete. Auch das ist typisch Pluto, wenn er so stark persönlichkeitsbezogen auftaucht.

Als doppelter Wassermann hatte er nicht zuletzt ein ausgeprägtes Gefühl für die Gemeinschaft, was reinen Plutoniern oft abgeht. Diese Mischung zwischen Machtstreben und der Fähigkeit, auf seine Mitstreiter zu achten und sie mit ins Boot zu holen, machte aus ihm diesen dominanten und starken Führer.

Lincoln erfüllte aber auch die Vorgaben seines Horoskops und vor allem die seiner plutonischen Themen. Wer Pluto in Haus 1 hat, ist vom Schicksal aufgerufen, sich fortwährend zu verändern und zu wandeln. Pluto macht zwar Angst vor Veränderungen, fordert aber genau diese von Zeit zu Zeit mit großem Druck ein.

Diese Aufforderung des permanenten Wandels, das heißt, seinen Weg immer weiterzugehen und niemals im Jetzt verfangen zu bleiben, wird natürlich auch durch seinen aufsteigenden Mondknoten in Haus 8, dem Spiegel des Skorpions, dem Zuhause des Pluto, erhärtet. Es war sein Karma, das Loslassen zu erlernen, innerlich immer wieder zu sterben, um schon in diesem Leben eine Art Kreislauf von Tod und Wiedergeburt zu erleben. Ein Schicksal, das er mit allen Plutoniern teilte.

In dem langen blutigen Bürgerkrieg konnten Lincoln und die Nordstaaten schließlich die abtrünnigen Südstaaten besiegen und die Entzweiung Nordamerikas abwenden. Er vollbrachte außerdem das Kunststück, die Einmischung Europäischer Großmächte

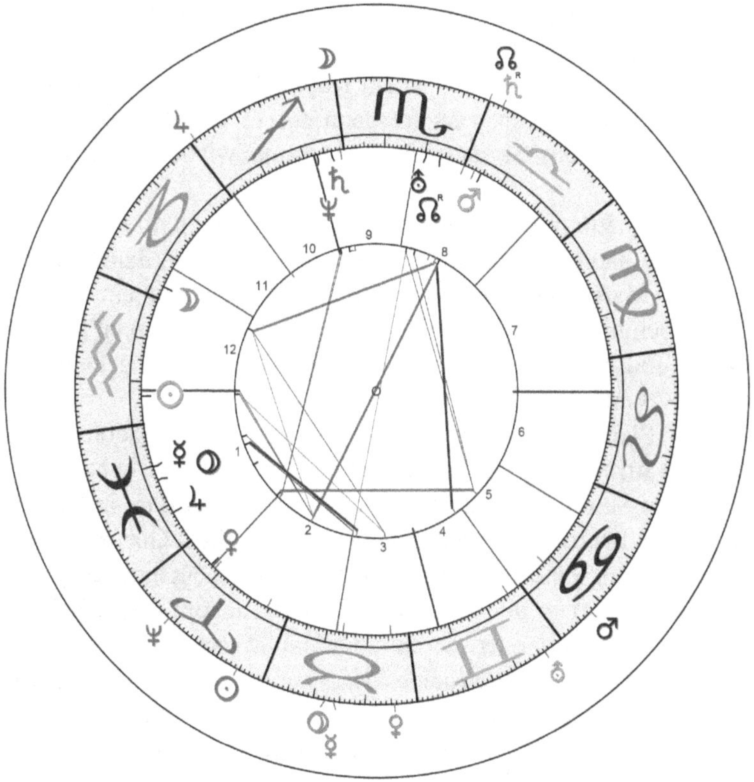

Abraham Lincolns Transite zum Zeitpunkt seines tödlichen Attentats

zugunsten der Südstaaten zu verhindern sowie die Sklaverei ein für allemal abzuschaffen, was nicht leicht war, da es auch in den Nordstaaten Kräfte gab, die weiterhin für Sklaverei eintraten.

Als der Sieg schon feststand, der Krieg aber noch nicht endgültig beendet war, fiel Lincoln, wie so viele amerikanische Präsidenten nach ihm, einem Attentat zum Opfer. Am 14. April 1865 besuchte er mit seiner Frau Mary und einem befreundeten Ehepaar eine Komödie im Ford‘s Theatre in Washington, D.C. Während der Vorstellung verschaffte sich der Schauspieler John Wilkes Booth, ein fanatischer Anhänger der Südstaaten, Zutritt zur Loge des Präsidenten und schoss ihm aus nächster Distanz von hinten in den Kopf. Sofort waren Ärzte zur Stelle, die ihm aber nicht mehr helfen konnten. Die Kugel in seinem Kopf saß zu tief. Lincoln hielt noch einen Tag durch, verstarb dann am 15. April um 7:22 Uhr morgens, ohne das Bewusstsein noch einmal wiedererlangt zu haben.

Lincoln hatte mit Mars und Uranus zwei Planeten in seinem 8. Haus, die häufig im Zusammenhang mit Gewalt auftauchen. Allein sein Mars in Haus 8 weist nicht nur auf Gewalt in einem vorigen Leben hin, er kann nach klassischer Lehre auch einen gewaltsamen Tod im aktuellen Leben bringen. Die Betonung liegt hier allerdings auf „kann".

Beide Planeten in seinem Todeshaus waren durch überaus harte Transite kritisch angesprochen. Gefahr für Leib und Leben zeigt vor allem Saturn im Transit auf seinem Geburts-Mars in Haus 8 an. Saturn überquerte bereits Monate zuvor seinen Geburts-Mars, um nun durch seine damalige Rückläufigkeit erneut eine Konjunktion mit diesem zu bilden. Das heißt, dass Lincoln gegen Kriegsende wohl schon länger extrem angespannt war. Saturn holte die rauen und brutalen Seiten seines Mars heraus, er war innerlich vor allem dem Krieg zugewandt.

Menschen, die viel Gewalt in sich tragen, ziehen die Gewalt natürlich auch an. Das ist der tiefere Grund dafür, warum Täter und ihre Opfer oft ähnliche Gewaltaspekte haben. Der Täter lebt sie aktiv, das Opfer passiv.

Hinzu kam, dass die Sonne im Transit an diesem Tag in exakter Opposition zu seinem Geburts-Mars stand und damit so etwas wie der Zündfunke war, der zum Attentat führte. Wieder bewahrheitete sich der Umstand, dass die Wahrscheinlichkeit einer schicksalhaften Auslösung durch die Zunahme kritischer Transite wächst.

An diesem Tag, und auch das ist sehr interessant, fand sich außerdem eine Merkur-Pluto-Konjunktion am Himmel. Es wiederholte sich also der Aspekt, den Lincoln in seinem Horoskop bereits angelegt hatte. Solche Wiederholungsaspekte haben eine besonders große Bedeutung. Merkur-Pluto verrät den Fanatiker, den Attentäter, dessen Gedanken (Merkur) voller Gewalt (Pluto) waren. Es war ein Tag, an dem wie immer, wenn Merkur-Pluto-Spannungen am Himmel sind, viele Debatten, Auseinandersetzungen, Zerwürfnisse, Unfälle und Handgreiflichkeiten geschehen.

Diese mundane Merkur-Pluto-Konjunktion stand nun unter anderem in Opposition zu seinem Geburts-Uranus, dem Planeten, der in Bezug auf Attentate und Explosionen oft eine große Rolle spielt. Uranus speziell in Haus 8 deutet natürlich auch ein gewisses Risiko eines plötzlichen Todes an, durch Unfall, Gewalt, Herzversagen...

Lincoln hatte viel Macht, war dadurch aber auch fortwährend in Machtkämpfe verwickelt. Pluto dominierte sein Leben, und natürlich stellte das Schicksal damit auch seinen Charakter auf eine große Probe, so wie das allen Menschen widerfährt, die Macht im Leben bekommen. Um mit Macht richtig umgehen zu können, brauchen wir geistiges Wachstum, Reife und vor allem auch Glauben. Menschen, die das mächtige Energiepotenzial ihres Plutos nutzen wollen, müssen bereit sein, sich stetig zu wandeln und immer wieder neu zu werden – so wie die Schlange, die sich regelmäßig häutet, damit sie weiterwachsen, sich vergrößern kann.

Ein Plutonier darf seine dunklen Kräfte nicht verdrängen. Nicht gesehen würden sie sonst ein gefährliches Schattendasein führen und letztlich zu vielen unguten Zwängen führen. Um Plutos Kräfte in positive und erfolgreiche Bahnen zu lenken, gilt es, seine dunklen Flecken, seine weniger schönen Seiten, anzuschauen und zu akzeptieren. Damit holen wir diese Kräfte aus der Dunkelheit heraus und werden zu ihren Herren, können bewusst mit ihnen umgehen und sie lenken. Wenn wir das schaffen, können und dürfen wir die Kraft Plutos nutzen, um alle Grenzen und Begrenzungen im Leben zu sprengen.

Die Macht, die helle oder die dunkle, ist pure Potenz, das Machtgefühl eine zutiefst befriedigende Emotion, die über alles erhebt und extrem süchtig machen kann. Macht macht wie eine Droge abhängig, worin ihre größte Gefahr besteht.

Das Gegenteil von Macht ist die Ohnmacht, die ein Gefühl der absoluten Hilflosigkeit anzeigt. Wer ein großes Pluto-Thema in seinem Horoskop hat, schwankt in seinem Leben immer wieder zwischen diesen beiden Extremen, der Macht und der Ohnmacht. Der erlöste Pluto lässt uns die Macht annehmen, ohne sie auszunutzen bzw. zu missbrauchen. Pluto ist der Charaktertest schlechthin.

Pluto und die Beeinflussung der Masse

Der Machtergreifung durch die Nationalsozialisten am 30. Januar 1933 durch die Ernennung Hitlers zum Reichskanzler durch den Reichspräsidenten Paul von Hindenburg ging die erste Sichtung Plutos am 18. Februar 1930 voraus. Damit bahnte sich die teuflische Propaganda ihren Weg.

Als Pluto von Juli 1882 bis Mai 1914 das letzte Mal in den Zwillingen stand, wurde die Beeinflussung der Masse durch Zeitungen und andere Kommunikationsmittel modern. Es fand eine Beschleunigung der Zeit statt, was die moderne Kommunikation und die Kommunikationsmittel betraf.

1895 entwickelte der berühmte Erfinder Marconi etwa die drahtlose Telegraphie, 1900 entstand die erste Photokopiermaschine, und ab 1901 wurden erstmals drahtlose Telefonschaltungen möglich. Eine spannende und lebendige Zeit, in der das Nachrichtenwesen, und da vor allem der Einfluss der Zeitungen, an Bedeutung gewann.

Pluto in den Zwillingen war, um es kurz zu machen, eine Art Geburtsstunde der modernen Massenbeeinflussung. Damals wie heute begannen sich die Zeitungen mit möglichst großartigen Schlagzeilen zu überbieten, die in ihrer Übertreibung zu Sensationsmeldungen wurden. Der Journalist wurde zunehmend zum manipulativen Magier, der immer mehr Einfluss auf Politik, Handel, Kriegsführung und das Leben der Menschen nahm. Länder und Menschen rückten durch die aufkommende Nachrichtenflut, auch über das Ausland, erstmals näher zusammen.

Das Näherrücken der Welt, die Massensuggestion, das Beeinflussen der Massen sollte dann noch wesentlich durch das Internet beschleunigt werden, das sich unter Pluto im Schützen (Januar 1995 bis November 2008), dem weltoffenen und auf Weite und Expansion ausgerichteten Tierkreiszeichen, noch einmal in eine ganz neue Dimension bewegte. In kürzester Zeit wurden nun die Menschen mit aktuellen Nachrichten rund um den Globus versorgt. Die Welt wurde dadurch gläserner, aber auch noch tückischer. Der moderne Mensch ist mehr denn je damit beschäftigt, sich der Nachrichtenflut des Internets zu erwehren. Die Manipulation und damit auch die Verwirrung sind so groß wie noch nie, was zur großen Herausforderung unserer Zeit wird. Denn durch die freie Meinungsäußerung des Internets, die im Prinzip jeden Menschen erreichen kann, wird dem Missbrauch Tür und Tor geöffnet.

Donald Trump war einer der ersten Politiker, die das Internet nutzten, um Wahlkampf zu führen, und das unter Pluto im Steinbock, dem kardinalen Zeichen der Herrschaft, in dem die erbitterten Kämpfe um die Macht in der Welt zunahmen. Seitdem ist die Demokratie irgendwie angeschlagen. Noch wesentlich mehr als früher hat man das Gefühl, dass diejenigen das Sagen haben, die die Meinungsmache am besten beherrschen.

Aber zurück zu Pluto in den Zwillingen, dem Zeichen, das dem Schützen im Tierkreis gegenüberliegt. An dieser Pluto-Stellung erkennen wir das Wesen der Propaganda. Pluto steht in seinen Analogien unter anderem für die Masse und in seiner kritischen Auswirkung für die Macht über die Masse, die im Sinne Plutos über Manipulation erreicht werden kann.

In den Zwillingen trifft Pluto auf das Zeichen der Kommunikation und vor allem des Nachrichtenwesens. Durch diese Stellung konnte Pluto die moderne Form der Massenbeeinflussung durch die unterschiedlichen Medien einläuten. Der Weg der Macht geht seitdem über Zwillinge und Merkur, deren Zeichenherrscher, der als Planet des Wissens, des Austauschs, des Handels und vor allem auch der Naturwissenschaften die moderne Zeit prägt. Die Parole unserer Zeit heißt: Wissen ist Macht.

Joseph Goebbels und seine diabolische Propaganda

Dass damals mit dem Erscheinen Plutos in den Zwillingen die Massenbeeinflussung, die vorerst vor allem über Zeitungen stattfand, durch die sprunghafte Entwicklung der Kommunikationsmittel dramatisch zunahm, war klar. Wieder einmal verfielen Menschen zunächst der dunklen Seite der Macht.

Joseph Goebbels (geboren am 29. Oktober 1897, um 23:30 Uhr in Rheydt), enger Vertrauter von Adolf Hitler und Reichspropagandaleiter ab 1930, war es, der die Macht der Nationalsozialisten aufbaute und damit wesentlich mitverantwortlich für die dunkelste Zeit deutscher Geschichte war.

Goebbels war ein geradezu demagogischer Rhetoriker, der die Massen verführte und in seinen Bann zog. Er nutzte für seine Propaganda die damals modernste Technik, ganz besonders den Einsatz von Film und Radio. Er diffamierte Juden, Kommunisten und überhaupt alle Andersdenkenden in einem bis dahin nie gekannten Ausmaß und begeisterte gleichzeitig viele Deutsche für den Nationalsozialismus. Es war wie eine Lawine: Was alle denken, wird zur unbezwingbaren Macht, wird für viele zur Wahrheit. Merkur-Pluto in Reinform, perfide und niederträchtig. Nur Wenige wagten den Widerspruch.

Goebbels war ein Kind der Zeit, in der Pluto die Zwillinge durchquerte. Demnach hatte er also Pluto in den Zwillingen in seinem Geburtshoroskop. Im Horoskop von Goebbels finden sich mit Sonne, Merkur, Mars und Uranus außerdem gleich vier Planeten im Skorpion. Er war einer dieser Plutonier, die sich der dunklen Seite der Macht verschrieben hatten. Speziell die Konjunktion zwischen Sonne, Merkur und Mars im Skorpion deutet Zerstörungswut, Hass, Gewalt an, die sich über das Wort ihren Weg bahnten.

Speziell Merkur im Skorpion, dessen Herrscher Pluto ist, trägt den Fanatismus und die dunkle Meinungsmache schwieriger Merkur-Pluto-Aspekte ebenso wie Merkur in Haus 8, irdischer Spiegel des Skorpions, oder auch Pluto in Haus 3, irdischer Spiegel der

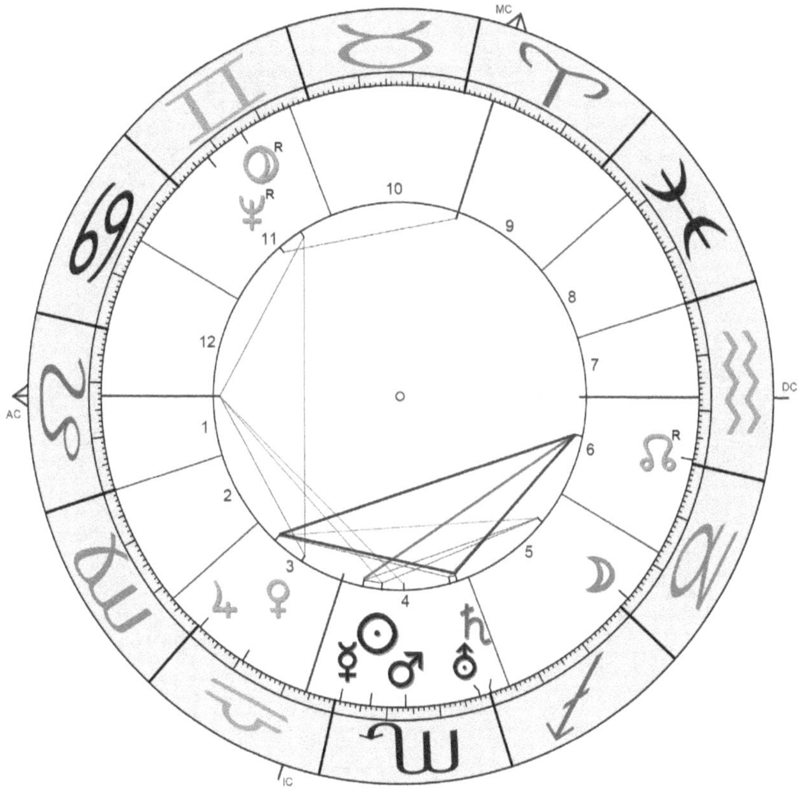

Radix Joseph Goebbels

Zwillinge, in sich. Das Denken und die Vorstellungskraft, die auch ein Teil Plutos sind, können bei diesem Merkur stark von den Kräften der Unterwelt gespeist werden.

Im Zweiten Weltkrieg übernahm Goebbels selbst die Regie der damaligen Wochenschau, die von 1940 bis 1945 in den Kinos des gesamten Landes lief, um die Bevölkerung über den Krieg zu informieren. In den unterschiedlichen Zeitungen führte er zudem das Wort, indem er regelmäßig die Leitartikel übernahm, die nicht zuletzt im Radio vorgelesen wurden. Goebbels war allgegenwärtig und hämmerte den Menschen seine Meinung, die Ideologie der

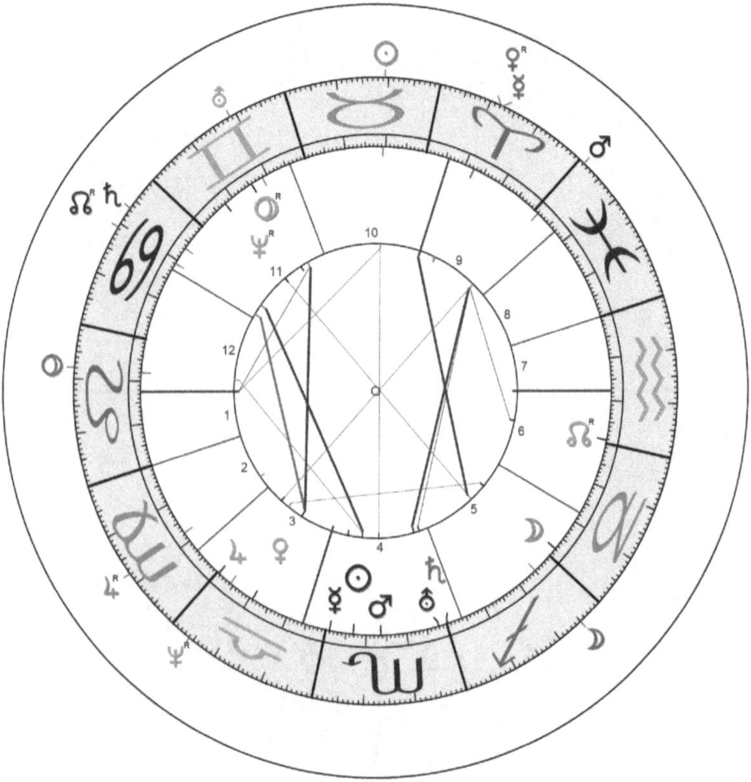

Joseph Goebbels' Transite zum Zeitpunkt seines Selbstmords

Nazis, ein. Sie waren die Gutmenschen, der Rest der Welt die Bösen. Wer das nicht glaubte, was Goebbels von sich gab, oder ihm widersprach, war ein Verschwörer, ein Unmensch, ein Staatsfeind.

Berüchtigt war vor allem seine Rede vom Februar 1943, in der er die Bevölkerung zum „totalen Krieg“ aufrief und sie darauf einschwor. Goebbels war ein schlimmer Mensch. Ideologisch bereitete er die Bevölkerung darauf vor, dass es notwendig ist, die Juden und andere Außenseiter zu vernichten. Er war der eigentliche Wegbereiter des Holocausts. Er war der Volksverhetzer schlechthin.

Wie jeder Plutonier konnte er geschickt seine Absichten und sein wahres Gesicht verbergen. Dabei halfen ihm vor allem die beiden „Wohltäter“ Venus und Jupiter in seinem 3. Haus, dem irdischen Spiegel der Zwillinge. Sie ließen ihn auch versöhnliche, scheinbar ehrliche Worte wählen, mit denen der skrupellose Atheist viele Zweifler in sein Boot des Untergangs holte.

Wie in seinem gesamten Leben spielte auch bei seinem Lebensende Pluto eine große Rolle. Am 1. Mai 1945, einen Tag nach Hitlers Selbstmord, wurden die sechs Kinder des Ehepaars Goebbels durch Gift ermordet. „Meine Kinder sollen lieber sterben, als in Schande und Spott zu leben“, sagte die Mutter, Magda. Und Goebbels selbst trieb die Befürchtung, Stalin könne die Sprösslinge mit nach Moskau nehmen. „Nein, es ist besser, wir nehmen sie mit.“ Danach töteten sich Joseph und Magda Goebbels mit Blausäure.

In diesen Tagen stand ein Quadrat zwischen Sonne und Pluto am Himmel, das Leben, die Sonne, und Pluto, der Tod, deuteten an, dass nun alles vorbei war, dass der große Kampf um die Macht in der Welt endgültig verloren war. Die Sonne stand als Transit in Opposition zur Geburts-Sonne und zum Geburts-Mars von Goebbels. Der Pluto-Transit bildete bereits in den letzten Jahren des Krieges ein Quadrat zu seiner Geburts-Sonne. Damit waren auch seine Niederlage und sein Untergang unausweichlich. Für ihn und seine Frau gab es wohl keinen anderen Ausweg als die Selbsttötung. Der Mord an ihren Kindern offenbarte, wie tief Goebbels und seine Frau gesunken waren. Goebbels Schicksal verrät, wie ein plutonischer Mensch zum Fanatiker und Teufel mutieren kann.

Die Schwarze Rhetorik in der heutigen Zeit – nicht immer ist sie nur böse

Jeder von uns kennt die Schwarze Rhetorik, die ganz stark nach Skorpion und Pluto riecht. Und natürlich sind es vor allem auf ihre Art plutonische Menschen, denen es oftmals gelingt, durch geschickt gewählte Worte, die schockierend, bestärkend, verunsichernd oder umschmeichelnd sein können, andere zu manipulieren. Bei der Schwarzen Rhetorik geht es in erster Linie nicht um die Wahrheit, sondern um die Ziele, die ihre Anwender erreichen wollen. Schwarze Rhetorik ist immer dunkel, da unfair und manipulativ, und doch liegen ihr oftmals wohlgemeinte Absichten zugrunde, was wiederum an die Seite von Pluto erinnert, die mit Hilfe des Bösen auch Gutes bewirken kann. Gerade Politiker bedienen sich oftmals der Schwarzen Rhetorik, um ihre Ziele zu erreichen, die manchmal positiv sein können.

Ein mir gut bekannter Mann, der in jüngeren Jahren Regionalpolitiker war, vereitelte in einer größeren Gemeinderatssitzung seines bayerischen Heimatorts den Bau einer Allee, indem er die stimmberechtigten Mitglieder darauf hinwies, dass sich an den Bäumen dieser Allee später ihre Kinder „darennen" (= verunglücken) würden. Worte, die die Mitglieder aufbrachten und zutiefst beunruhigten, bewirkten sie doch, dass in ihrem Inneren Bilder von an Bäumen zerschellten Autos auftauchten. Die darauffolgende Entscheidung des Gemeinderats, dem Alleebau nicht zuzustimmen, war sicherlich richtig, auch wenn sie nur über Ängste und Emotionen bewirkt wurde. Denn es ist ein Fakt, dass Alleen zwar ein Kulturgut sind und von Umweltschützern gerne gesehen werden, dass sie Jahr für Jahr aber auch für viele Tote im Straßenverkehr verantwortlich sind. Denn gegen einen Baum zu fahren, ist ähnlich gefährlich wie gegen eine Mauer zu prallen. Für einen tödlichen Unfall braucht es da keine hohe Geschwindigkeit. Der mir bekannte Regionalpolitiker, der auch sonst sehr wortgewaltig und plutonisch argumentieren kann, hat mit der Verhinderung der Allee letztlich sicher einige Menschenleben gerettet.

In Bayern und in Bierzelten, in denen mitunter politische Events abgehalten werden, wie etwa der berühmt-berüchtigte Aschermittwoch, bei dem sich die größeren Parteien in bierseliger Laune versammeln, kommt es jährlich zu derben rhetorischen Schlagabtäuschen, die gespickt sind mit Schwarzer Rhetorik, die wiederum bis zu einem gewissen Punkt zu bayerisch-politischer Kultur einfach dazugehört. Das Bier, das in Maßen sogar entzündungshemmend ist und vor Krebs schützen soll, ist übrigens auch Pluto zugeordnet. Bier ist das Getränk der Masse, des im Rausch dumpfen Dahindämmerns, das keine differenzierte Meinung mehr zulässt, sondern mehr das Schwarzweißdenken präferiert. Bier und Volkstümlichkeit sind in Bayern eins: „Mia san mia".

Kein Wunder, dass auch bayerische Spitzenpolitiker, wie etwa Markus Söder, der selbst angeblich kein Bier konsumiert, die Kunst der Schwarzen Rhetorik perfekt beherrscht. In Bayern ist das ein Muss. Aufsehen erregte er während der Coronakrise mit einem Vergleich, den viele Menschen unpassend und geschmacklos fanden und der durchaus in die Schublade der Schwarzen Rhetorik gehört. Er forderte damals neue, noch härtere Maßnahmen, um die Zahl der Corona-Neuinfektionen zu senken und dramatisierte die Lage bei einem Corona-Gipfel zusätzlich mit den Worten: „Wir dürfen keine Zeit verlieren. Die Todeszahlen sind aktuell so hoch, als würde jeden Tag ein Flugzeug abstürzen."

Aufgeklärte, bewusst lebende Menschen empfinden eine natürliche Abneigung gegen derartige Versuche, von außen manipuliert oder gar mit Schwarzer Rhetorik traktiert zu werden. Wir können schließlich selbst denken, Entscheidungen treffen und eigene Standpunkte finden. Wir wollen nicht permanent überzeugt und überredet werden. Wir wollen kein Spielball fremder Interessen sein. Wir wünschen uns, dass wir mit guten, wahren, ehrlichen Argumenten überzeugt werden, was auch mit Weißer Rhetorik umschrieben werden könnte.

Und doch genießen wir still und heimlich gelegentlich auch die Manipulation, eines der typischen Werkzeuge der Schwarzen Rhetorik, da sie uns manche Dinge, die wir unter Umständen gerne hören, schmackhaft machen kann. Nehmen wir an, ein Mann will ein Auto kaufen und stöbert bereits seit Wochen, wenn nicht Monaten in diversen Autozeitschriften, um Erkundigungen um dieses eine Modell einzuholen, in das er sich verliebt hat. Innerlich hat er bereits die Entscheidung getroffen, auch wenn er nicht nur positive Berichte über dieses Modell liest. Wenn er nun zum Autohaus geht, um eine Probefahrt zu machen und mit Preisverhandlungen zu beginnen, sehnt er sich geradezu nach einem Verkäufer, der von diesem Modell ähnlich begeistert und gut informiert ist wie er. Alles andere würde ihn enttäuschen. Er will manipuliert werden und weiß das. Er weiß auch, dass „der Freundliche“ (wie Autoverkäufer in Internetforen genannt werden) nur deshalb freundlich ist, weil er verkaufen will. Aber er genießt den Austausch ungemein und lässt sich schließlich sehr gerne zum Kauf des Autos überreden.

Manipulation ist grundsätzlich nichts Schlechtes. Wir wollen uns und unsere Arbeit gut darstellen. Jede Werbung ist Manipulation, wobei eine Werbung eben auch sympathisch sein kann, während eine andere, die gezielt mit Angst, einer der stärksten Emotionen, arbeitet, ziemlich diabolisch sein kann.

Manche Manipulationen suchen, ja lieben wir. Denken wir nur an schöne Frauen oder Männer, die viel Sexappeal besitzen und uns allein schon durch ihre Erscheinung in ihren Bann ziehen können. Das ist eine naturgegebene Manipulation, die mit Reizen spielt, wie man das natürlich auch in der Natur, unter Tieren und Pflanzen beobachten kann. Manipulation gehört zum Leben.

In der Schwarzen Rhetorik, dieser unguten, dunklen Art der Beeinflussung, verbindet sich jedoch die Manipulation mit mehr oder weniger bewusst gewählten Worten, die auf ihre Art zwingen, beängstigen, aufstacheln, niedermachen. Alle Tyrannen und Menschenverführer der Geschichte, ob es politische Diktatoren oder Sektenführer waren, beherrschten sie nahezu perfekt.

Eine Mutter, die ihrem kleinen Kind immer wieder erzählt, es würde bei der Müllabfuhr landen, wenn es in der Schule nicht aufpasst und keine Leistungen bringt, bedient sich eher unbewusst dieser Schwarzen Rhetorik, weil sie vielleicht Angst hat, dass ihr Kind in der harten Realität des Lebens untergeht, wenn es nicht zu funktionieren beginnt. Aber, sie begeht damit trotzdem kein gutes Werk, sondern löst in ihrem Kind Existenzängste aus, die in seinem Leben eher hinderlich als förderlich erscheinen.

Nicht bewusst sind sich vermutlich auch manche Ärzte der Wirkung ihrer Prognosen, wenn sie einem Patienten, der an Krebs erkrankt ist, den baldigen Tod vorhersagen. Auch dies ist tiefschwarze Rhetorik, solange noch eine kleine Möglichkeit besteht, dass der Patient seinen Krebs besiegt. Das Urteil des Arztes schwächt jedoch so sehr seinen Patienten, dass er letztlich vielleicht gerade daran stirbt.

Schwarze Rhetorik und ihr Spiel mit Glaubenssätzen scheinen überhaupt besonders tückisch und niederträchtig zu sein. Denn der Glaube ist ein starke Energie. Wenn wir im tiefsten Inneren befürchten und glauben, dass wir bald sterben, dann wächst die Wahrscheinlichkeit, dass dies geschieht, weil wir innerlich aufgeben. Ein Phänomen, das unter dem Begriff „Erfüllungszwang“ bekannt ist. Wenn wir dagegen im tiefsten Inneren davon überzeugt sind, dass wir gesund werden, dann aktivieren wir unsere Heilkräfte und können möglicherweise auch schlimmste Krankheiten überstehen.

Die Schwarze Rhetorik setzt da an, wo sie Menschen verunsichern kann, wo Zweifel und nicht bewältigte negative Glaubenssätze bestehen. Ein Mensch, der die Schwarze Rhetorik nutzt, um ein Machtgefüge um sich herum aufzubauen, um andere Menschen in Schach zu halten und sie in seinem Sinne gefügig zu machen, braucht immer eine Resonanz in seinem Gegenüber. Ein Mensch, der völlig frei von falschen und negativen Glaubenssätzen wäre, den könnte er nicht in seinen Bann ziehen. Adolf Hitler und die Nazis konnten nur deshalb so viele Menschen für sich gewinnen, weil diese nur allzu gerne glauben wollten, dass Deutschland und die Deutschen etwas Besonderes sind und dass für ihr Elend die Juden und andere Völker verantwortlich sind.

Der Schwarze Rhetoriker weiß bzw. fühlt instinktiv: Nichts schweißt so sehr zusammen wie gemeinsame Feindbilder. Menschen, die ein Verbundenheitsgefühl mit ihrem Gesprächspartner in Form von netten und umgarnenden Worten schaffen, um dann über eine dritte Person, die beide nicht mögen oder sogar als ihren Feind betrachten, abzulästern, begegnen wir fast täglich. Oft ganz subtil, denn zu offensichtliche Kritik könnte eigenen Ärger und Gegnerschaft verraten. Und seien wir ehrlich: Wer von uns hat noch nie versucht, andere Menschen negativ zu beeinflussen? Und wer von uns hat noch niemals auf seine Art Schwarze Rhetorik angewandt, und zwar auch ihrer sehr destruktiven Form?

Wenn wir wütend sind, weil uns jemand persönlich angreift, schlechtzumachen oder als dumm hinzustellen versucht, neigen auch sehr gutartige (plutonische) Menschen dazu, mit scharfer Polemik zu reagieren, mit Worten zurückzuschlagen, die nicht mehr der Wahrheit entsprechen, sondern nur noch das Ziel haben, den anderen bloßzustellen oder zu verletzen. Oft kommen in solchen Auseinandersetzungen, in denen nur noch blanke Wut und Hass regieren, Bilder, Vergleiche und Wortverdrehungen zum Einsatz, die nachhaltig im Gedächtnis bleiben und nicht nur bei den direkt Betroffenen, sondern auch bei Beobachtern des Konflikts Wirkung erzeugen, die unter Umständen lange Zeit nachwirken und für Schaden sorgen können.

So soll der bayerische Ministerpräsident Markus Söder, der mit Mond im Skorpion durchaus Machtinstinkt und wie viele gute Politiker die Befähigung besitzt, die Schwarze Rhetorik anzuwenden, in einer Bund-Länder-Runde den damaligen Kanzlerkanditaten Olaf Scholz daran erinnert haben, dass dieser weder Kanzler, König von Deutschland noch Weltherrscher sei. Und weiter: „Da brauchen Sie gar nicht so schlumpfig herumzugrinsen." Viele Menschen haben seitdem die Assoziation, wenn sie Olaf Scholz sehen, in das Gesicht eines Schlumpfs zu blicken, da Kopf, Nase, Augen und überhaupt sein manchmal verschmitztes Antlitz ja durchaus an einen der blauen Schlümpfe erinnert. Dieses Bild ist Olaf Scholz dank Söder geblieben.

Das Wesen Schwarzer Rhetorik ist so, dass wir sie immer unterschätzen und deshalb zumindest zunächst meist nicht wahrnehmen. Auch das ist zutiefst plutonisch. Schwarze Rhetorik appelliert an unsere Moral, um uns möglichst schnell für ihr Ziele einzunehmen. Sie setzt auf Täuschungsmanöver und Killerphrasen, mit der die Meinungen anderer umgehend zunichte gemacht werden. Schwarze Rhetorik arbeitet mit Emotionen und weniger mit faktischem Wissen. Oft fühlen wir uns von Menschen, die Schwarze Rhetorik anwenden, irgendwie überrumpelt, sind meist aber unfähig, sofort darauf zu reagieren, da wir Zeit brauchen, um die subtile Manipulation zu erkennen.

Sehr wichtig ist es deshalb, immer auch auf unser eigenes Gefühl zu vertrauen, wenn uns jemand verbal bearbeitet und versucht, von seiner Meinung zu überzeugen. Es können auch bei Schwarzer Rhetorik, wie gesagt, gute und wahre Hintergründe bestehen. Hinterlässt sie bei uns jedoch ein zwiespältiges und schlechtes Gefühl, sollten wir anfangen, darüber nachzudenken. Immer wenn Menschen „auf Teufel komm raus" versuchen, andere von ihrer Meinung zu überzeugen, neigen sie zum Vereinfachen von Fakten und Tatsachen, da differenziertes Denken den oft fanatischen Überzeugungen Kraft entziehen und sie unter Umständen infrage stellen würden.

Nicht wenige Menschen, und da dürfen wir uns nicht täuschen lassen, nutzen auch ganz gezielt die Lüge, um ihre Meinung durchzusetzen bzw. ihr Ziel zu erreichen. Hellhörig sollten wir nicht nur dann werden, wenn jemand sagt: „Ich muss ganz ehrlich sagen...". Das kann zwar eine harmlose Phrase sein, das Bestehen auf die Wahrheit in solchen oder ähnlichen Formulierungen kann aber auch auf die Spur der Lüge führen ebenso wie Widersprüche, die den Verdacht nähren, dass es doch nicht mehr um die Wahrheit geht.

Die 10 Strategien der Manipulation

„Wie kann es sein, dass wir über so viele Informationen verfügen, aber so wenig wissen?" NOAM CHOMSKY

Pluto ist ein neuzeitlicher Planet, der, wie schon öfter erwähnt, erst 1930 entdeckt wurde. Für die Astrologie, die ja eine Erfahrungswissenschaft ist, bedeutet dies, dass wir immer noch in der Erforschungsphase sind, wer Pluto wirklich ist und welche Macht er tatsächlich besitzt. Wissen und Regeln entstanden und entstehen in der Astrologie durch jahrzehnte-, jahrhunderte-, ja durch jahrtausendelange Beobachtung.

Pluto wurde als die höhere Oktave von Mars den Massenvernichtungswaffen zugeordnet, überhaupt der Masse und der Macht. Was die Macht und die Vorgehensweise, wie Macht erlangt werden kann, betrifft, unterscheidet er sich grundlegend von Mars, der für den bisherigen Krieg stand, in dem noch mit Säbeln, Schwertern, Handfeuerwaffen, Gewehren und Kanonen gekämpft wurde. Mars steht für den Feldwebel und seine Untertanen, für eine klare Hierarchie, in der auf der einen Seite die Befehlshaber sind, auf der anderen die Befehlsempfänger. So wie es bis dahin immer war und vielfach auch noch ist.

Die Welt hat sich aber geändert, weshalb in der Astrologie auch neue Kräfte wie Pluto auftauchten. Wir haben große Völker und gigantische Massen an Menschen, die durch die moderne Art von Reisen und Berichterstattungen, wie das Internet, unglaublich eng zusammengerückt sind und durch den vielfältigen Nachrichtenaustausch und die zunehmende Bildung die Chance haben, sich aufzuklären, an Wissen heranzukommen.

Die Masse ist nicht mehr ganz so dumm und einfältig, wie sie es zu früheren Zeiten einmal war. Und das fordert Politiker und Machthaber der unterschiedlichsten gesellschaftlichen Systeme ganz neu heraus. Ob sich die Länder nun als demokratisch oder sozialistisch bezeichnen – die Masse der Menschen muss beherrscht werden. Und gerade die freiheitlich demokratischen Länder haben in der Politik oft das Problem, dass viele Menschen in wichtigen Entscheidungen mitreden wollen, was den Staat in Situationen, in denen er schnell handeln müsste, bremsen kann.

Das Volk, das irgendwie gelenkt und „in die richtige Spur" gebracht werden soll, muss also beeinflusst werden. Der Staat bemüht sich, in der Nachrichtenflut, die auf den Normalbürger einprasselt, den größten Einfluss zu besitzen. Und hier kommen wieder Pluto, die Massensuggestion und die Manipulation der Menschen ins Spiel. Im Gegensatz zu Mars, der immer herrisch und direkt auftritt, zieht Pluto, der Herrscher der Unterwelt und des Skorpions, seine Fäden der Macht mehr im Hintergrund.

Eine Masse von aufgeklärten Menschen lässt sich auf Dauer nicht durch Säbelrasseln, Drohungen und Verbote beherrschen. Nein, sie will überzeugt, manipuliert werden. In der Werbung genauso wie in der Politik. Und so geschieht es, dass wir in der Flut von Nachrichten, der wir täglich ausgesetzt sind, eigentlich gar nichts mehr wissen. Es wird zunehmend schwerer, zu unterscheiden, was wahr und was falsch ist. Gerade in der Coronakrise erkannten wir mehr denn je: Eigentlich wissen wir gar nichts.

Pluto kann seine gewaltige Kraft, die auf große Macht abzielt, erst in unserer Zeit so richtig entfalten. So gesehen ist es kein Zufall, dass der Skorpion im 10. Haus, dem Bereich der Führung und Machthaber, im Horoskop des Wassermannzeitalters auftaucht.

Noam Chomsky (geboren am 7. Dezember 1928 in Philadelphia, Pennsylvania, USA), ein weltweit bekannter Philosoph, Politikwissenschaftler und Professor für Linguistik und seit Jahren prominenter Kritiker der der US-amerikanischen Politik, verfasste einen äußerst spannenden Text, in dem es um die 10 Strategien der Massenmanipulation geht. Jeder große Manipulator unserer Zeit nutzt zweifellos die meisten dieser Strategien.

1. Kehre die Aufmerksamkeit um

Laut Chomsky wird diese Strategie am meisten angewandt und spielt die größte Rolle bei der Manipulation von Gesellschaften. Die Menschen werden durch Unterhaltung in Form von Sportevents, Shows, Nachrichten aus dem Ausland etc. von den eigentlichen Problemen abgelenkt. Oder es wird, wie vielleicht auch in der Coronakrise, alle Aufmerksamkeit auf dieses eine Thema gelenkt, um andere große Baustellen, Schieflagen oder auch Motivationen zu überdecken.

2. Erzeuge Probleme und liefere Lösungen

Manchmal kümmert sich der Staat um Missstände oder Probleme nicht, was die Lösung dieser immer noch dringlicher erscheinen lässt. Nachdem das Volk dieser Probleme überdrüssig wird, kann der Staat nun endlich unpopuläre Maßnahmen durchziehen. Der Widerstand wird gering sein. Hauptsache, die Probleme werden beseitigt.

3. Stufe Änderungen ab

Bei dieser Strategie geht es darum, Maßnahmen von Seiten der Politik einzuführen, die die Menschen normalerweise nicht akzeptieren. Damit es dennoch klappt, werden die Maßnahmen scheibchenweise, nach und nach umgesetzt, damit sie nicht auffallen und zum großen öffentlichen Thema werden können.

4. Aufschub von Änderungen
Die Menschen sollen glauben, dass nötige, aber eher nachteilige, ja schädliche Maßnahmen, die ergriffen werden, nur eine Zeitlang eine negative Auswirkung haben. Auf Dauer sind sie jedoch zum Wohle des Volkes und werden natürlich auch dem Einzelnen große Vorteile bringen. Die Menschen glauben an diese Versprechen und vergessen sie allmählich.

5. Sprich zur Masse wie zu kleinen Kindern
Gerade in der Coronakrise hatten viele Menschen das Gefühl, als würden die Politiker zu ihnen wie kleine Kinder sprechen: Wenn du nicht artig bist, werden die Verbote bleiben …
Ja, führende Politiker spielen sich nur allzu gerne als elterliche Figuren auf, die sich sorgen, mahnen, verbieten, schützen – und dadurch mehr Macht bekommen, weil viele ängstliche Menschen sich bei ihnen anlehnen wollen. Aber auch die Werbung, deren Ziele die perfekte Manipulation ist, spricht vor allem die Emotionen der Menschen an und behandelt sie so, als hätten sie keinen Verstand. Viele Botschaften der Werbung, vor allem über das Fernsehen, sind tatsächlich in kindlicher Sprache verfasst, um laut Chomsky den Widerwillen der Menschen zu brechen und deren kritisches Denken zu neutralisieren.

6. Konzentriere dich auf Emotionen und nicht auf Reflexion
Wichtige Botschaften der Regierenden sollen dem Volk möglichst wenig Angriffsfläche der gedanklichen Auseinandersetzung bieten. Ansonsten besteht das Risiko, dass diese Botschaften zu sehr im Detail kritisiert und hinterfragt werden. Also werden diese Botschaften mit Emotionen verpackt bei gleichzeitigem Weglassen von oft eigentlichem Inhalt. Die Emotionen erzeugen in der Folge eine Art Kurzschluss des rationalen Denkens der Bevölkerung.

7. Versuche, die Ignoranz der Gesellschaft aufrechtzuerhalten
Auf Deutsch gesagt, ist dies Form der Manipulation darum bemüht, das Unwissen und die Ignoranz der Bevölkerung aufrechtzuerhalten. Ungebildete oder unwissende Personen mischen sich

nicht in Regierungsentscheidungen ein. Damit die Menschen weiter im Dunklen tappen, werden Tatsachen und interne Strukturen verschwiegen.

8. Entfache in der Bevölkerung den Gedanken, dass sie durchschnittlich sei
Modetrends, überhaupt alle größeren Trends in den unterschiedlichen Lebensbereichen sowie Meinungen werden oft spontan und willkürlich von den Massenmedien kreiert. Die meisten dieser Trends sind irgendwie primitiv und oberflächlich, manchmal sogar lächerlich. Sie wollen die Menschen davon überzeugen, dass sie sich gefälligst so zu verhalten haben und das zu denken und zu machen, was gerade angesagt ist.

9. Wandle Widerstand in das Gefühl schlechten Gewissens um
Wenn wir das Gefühl haben, dass in unserer Umgebung etwas nicht stimmt, das uns belastet und einschränkt, sollen wir die Probleme und die Schuld dafür nicht im Äußeren suchen, sondern ausschließlich bei uns selbst. Das Umfeld und die äußere, durch die Politik geschaffene Lebensstruktur dürfen nicht angegriffen werden. Das Ergebnis ist, dass die Menschen sich Schuldgefühle aufladen und immer noch kleiner und vorsichtiger werden, um ja nicht anzuecken.

10. Lerne Menschen besser kennen, als sie selbst es tun
Die Wissenschaft und ihre Erkenntnisse, die allerdings nur einige Wenige besitzen, stehen über allem. Nur auserwählten Personen ist es möglich, Situationen und Menschen richtig einzuschätzen. Sie haben das Wissen und damit die Macht. Der Öffentlichkeit stehe nur ein Minimum an Informationen des Wissens zur Verfügung, sagt Chomsky. Die Mächtigen besitzen alles Wissen und nutzen es zu ihrem Vorteil.

Zugegeben, Chomsky sieht Politiker in einem sehr düsteren Licht. Natürlich sind nicht alle Politiker plutonisch diabolische Machthaber. Viele von ihnen nutzen diese Strategien aber wohl noch nicht einmal bewusst, sondern folgen ausschließlich ihrem Machtinstinkt, der sie solche oder ähnliche Strategien in abgeschwächter oder sogar noch krasserer Form anwenden lässt. Politik ist ein Spiel mit der Macht, und heute geht es noch viel mehr als in früheren Zeiten darum, Menschen und Seelen für sich zu gewinnen, um die Führung zu erlangen bzw. zu erhalten.

Macht und Angst in der Coronakrise

Macht und Angst sind gerade in der politischen Welt oft ein untrennbares Paar. Die Macht lässt führende Politiker oder Diktatoren ihre Ziele erreichen, während die Angst die Gesellschaft, das Volk, gefügig macht. Angst ist die vielleicht wirkungsvollste Methode, um nicht nur Macht zu erzeugen, sondern auch, um sie zu erhalten oder noch weiter auszubauen.

Angst erzeugen ist, um es astrologisch zu sagen, eine prominente negative plutonische Technik, die schon immer zum Handwerkszeug politischer Machthaber gehörte. Zu unvorhergesehener Macht kamen viele Politiker demokratischer Länder, wie etwa Deutschland, in der Coronakrise ab 2020. Aber auch einige Virologen und Gesundheitsexperten, die sich vor allem im engen Beraterstab der Regierung aufhielten, gerieten plötzlich in eine politische Machtposition, die ihnen eigentlich nicht zustand. Die Ausnahmesituation der Pandemie führte dazu, dass den Menschen Grundrechte und Freiheit entzogen wurde. Und plötzlich traten nicht alle, aber doch erschreckend viele Politiker wie Machthaber totalitärer Staaten auf, als hätten sie einen Persönlichkeitswandel durchlaufen.

Unabhängig davon, wie man nun zu der damaligen Coronapolitik persönlich stand, war es doch für viele Menschen erniedrigend, wie kleine, dumme und unmündige Kinder von Seiten der Politik behandelt zu werden, die es offensichtlich als ihre Aufgabe ansah, die Menschen mit Angst und fortwährenden Mahnungen gefügig zu machen, damit die Pandemie eingedämmt werden konnte.

Sicher, die meisten politischen Entscheidungsträger hatten damals selbst große Angst vor Fehlern, vor einem möglicherweise zu laxen Vorgehen in der Pandemiebekämpfung und fürchteten, später dafür zur Rechenschaft gezogen zu werden.

Einige wussten sehr wohl um ihre Verantwortung, demokratische Grundrechte so gut es geht zu bewahren, hatten aber auch nicht den Mut, gegen diejenigen anzugehen, die noch mehr Angst hatten und diese auch gezielt verbreiteten, um ihre politische Ausrichtung und Überzeugung mit allen Mitteln zu verteidigen.

Interessanterweise wurde das Wort „Angst" seitens der Politiker übrigens immer durch das Wort „Sorge" ersetzt, ein Euphemismus, der wohl die eigene Hilflosigkeit in Fürsorge umwandeln sollte, ein rhetorisches Hilfsmittel, das sich vor allem Krebs-Frau Angela Merkel immer wieder zunutze machte. Zufall oder gezielte Manipulation?

Im März 2020, als die Pandemie langsam Fahrt aufnahm, sorgte ein internes Papier aus dem Bundesinnenministerium zur Eindämmung der Coronakrise erstmals für Wirbel. Diese Studie sprach konkrete Empfehlungen aus, wie die gesellschaftlichen Durchhaltekräfte mobilisiert werden können. Die Verantwortlichen wurden aufgefordert, den Worst Case auszumalen. Ganz nach dem Motto: Wer die Gefahr abwenden will, muss sie kennen. Eine Fixierung auf eine zu niedrige Sterblichkeitsrate könnte dazu führen, dass der Ernst der Lage unterschätzt wird, ließ die Studie verlauten. Und es gab in dieser Studie sogar die Befürchtung, dass viele Menschen dächten: „Naja, so werden wir die Alten los, die unsere Wirtschaft nach unten ziehen, wir sind sowieso schon zu viele auf der Erde, und mit ein bisschen Glück erbe ich so schon ein bisschen früher." Irgendwie versuchte man von Anfang an, die „Dummheit" des Volkes in den nötigen Erwägungen miteinzubeziehen, was irgendwie verständlich ist, nur leider wenig mit Demokratie und Selbstverantwortung zu tun hat. Schließlich soll in einer echten Demokratie das Volk der Souverän sein und eben nicht von der Politik wie unmündige Kinder behandelt werden. Aber, die Angst vor Corona war panisch und rechtfertigte letztlich jeden Verfassungsbruch.

Um der Bevölkerung nachdrücklich klarzumachen, um welche Gefahren es ging, war dieser unfassbaren, aber leider realen Studie jedes Mittel recht: „Um die gewünschte Schockwirkung zu erzielen, müssen die konkreten Auswirkungen einer Durchseuchung auf die menschliche Gesellschaft verdeutlicht werden", schreiben die Verfasser und zählen drei konkrete Beispielszenarien auf:

Erstens würden viele Schwerkranke von ihren Angehörigen „ins Krankenhaus gebracht, aber abgewiesen und qualvoll um Luft ringend zu Hause sterben. Das Ersticken oder nicht genug Luft kriegen ist für jeden Menschen eine Urangst. Die Situation, in der man nichts tun kann, um in Lebensgefahr schwebenden Angehörigen zu helfen, ebenfalls."

Zweitens legt die Studie nahe, Kindern Angst zu machen. „Kinder werden sich leicht anstecken, selbst bei Ausgangsbeschränkungen, z. B. bei den Nachbarskindern", heißt es in dem Text. „Wenn sie dann ihre Eltern anstecken und einer davon qualvoll zu Hause stirbt und sie das Gefühl haben, schuld daran zu sein, weil sie z. B. vergessen haben, sich nach dem Spielen die Hände zu waschen, ist es das Schrecklichste, was ein Kind je erleben kann."

Drittens empfiehlt das Papier, immer wieder auf mögliche Langzeitschäden des Virus hinzuweisen. „Auch wenn wir bisher nur Berichte über einzelne Fälle haben, zeichnen sie doch ein alarmierendes Bild", heißt es in dem Bericht. „Selbst Geheilte nach einem milden Verlauf können anscheinend jederzeit Rückfälle erleben, die dann ganz plötzlich tödlich enden, durch Herzinfarkt oder Lungenversagen, weil das Virus unbemerkt den Weg in die Lunge oder das Herz gefunden hat. Dies mögen Einzelfälle sein, werden aber ständig wie ein Damoklesschwert über denjenigen schweben, die einmal infiziert waren."

Natürlich wurde nicht weiter über diese Studie, die nicht an die Öffentlichkeit gelangen sollte, gesprochen. Die Regierung hielt sich bedeckt, nahm keine offizielle Stellung dazu. Rückblickend haben sich jedoch die meisten politischen Entscheidungsträger sowie Virologen, Gesundheitsexperten und weitreichende Vertreter der Presse an diesen Empfehlungen orientiert. Zumindest wurde den Menschen laufend vor Corona und seinen Folgen mit drastischen Worten und immer wieder neuen möglichen Horrorszenarien Angst eingejagt, anstatt sie zu beruhigen und ihnen Hoffnung und Perspektive zu schenken.

Angst ist sicher nicht nur schlecht, macht sie uns doch vorsichtig. Nur: Man kann ein Volk nicht über Jahre hinweg mit Angst bombardieren, ohne ihm auf der anderen Seite Hoffnung zu schenken. Das deutsche und auch andere Völker der Welt befanden sich deshalb über einen langen Zeitraum in einer Art Angststarre. Selbstmorde, häusliche Gewalt vor allem gegen Frauen und Kinder, Depressionen, Angststörungen und Existenzzusammenbrüche nahmen drastisch zu. Nachrichtenmeldungen darüber wurden offensichtlich vielfach bewusst vermieden. Die Menschen waren geschockt und bis auf einige wenige zu keinem Widerstand mehr fähig. Das Land befand sich zweitweise in einer seltsamen Lethargie.

Nachdem die unterschiedlichen Standpunkte zu Corona die Menschen erst entzweiten und viele jahrelang aufgebaute soziale Verbindungen zerstörten, mündete der Konflikt dann in eine unerbittliche Auseinandersetzung zwischen Impfgegnern und Impfbefürwortern. Und ganz ehrlich: Beide Seiten haben diese Auseinandersetzung teils fanatisch, ohne jeweiliges Verständnis für den Andersdenkenden geführt, vom braven Familienvater bis zum hoch gestellten Politiker. Erschreckend, was dieser Konflikt an Hass und Intoleranz aufkeimen ließ.

Das Dunkle hatte in dieser Zeit spür- und greifbar die Oberhand gewonnen. Fast jeder Mensch wurde in diesen Konflikt hineingezogen. Manche Menschen fühlten sich plötzlich stark, weil sie endlich eine feste Überzeugung fanden und ein klares Feindbild hatten. So etwas lässt mit einem Male den ganzen Frust, den ganzen Zorn in Menschen hochkommen, der sich jahrelang in persönlich schwierigen Lebenssituationen angestaut hatte.

Große weltliche Krisen waren in der Menschheitsgeschichte schon immer ein willkommener Anlass, um sich von den eigenen

Problemen ablenken zu lassen. Die Katastrophe in der Welt wird von Menschen, die selbst mit großen Schwierigkeiten zu kämpfen haben, oft sogar als Erleichterung empfunden. Die Ausnahmesituation lindert den Schmerz eigener Bedrückungen. Endlich passiert etwas, was auch den eigenen Stillstand möglicherweise aufheben kann. Das ist der tiefere Grund dafür, warum so viele Menschen diese unerklärliche Faszination, ja Freude an Weltuntergangsprophezeiungen und Katastrophen haben.

Und klar, die Verschwörungstheorien blühten und nahmen teilweise absurde Formen an. Von Implantaten war die Rede, die Menschen durch die Impfung eingesetzt wurden, um diese zu steuern. Andere sprachen von Aliens, die die Welt beherrschen wollen, wiederum andere sahen hinter der Pandemie die Absicht, die Weltbevölkerung zu dezimieren. Die Fantasien blühten und kamen aus der Tiefe mancher Seele, in denen sich auch ohne Corona Ungeheuer regten.

Was die meisten verantwortlichen Politiker und Virologen in der Coronakrise nicht begreifen konnten oder wollten, war, dass sie den Menschen durch die Angst und die Drohungen, die sie verbreiteten, letztlich die Selbstverantwortung und ihre Würde nahmen. Die Verbote und Einschränkungen allein waren nicht der Hauptgrund für den inneren Widerstand, der sich in vielen Menschen regte. Nein, es war die Entmündigung, die Menschen in einer aufgeklärten Gesellschaft nicht ertragen konnten. Es war das Gefühl, in dunkle alte Zeiten der Menschheit zurückzufallen, in der der Einzelne nichts galt. Das, was für uns als Verantwortung übrigblieb, bestand vor allem darin, den Vorgaben des Staates zu folgen, der Verstöße gegen die Regeln unter immer noch größere und teilweise absurde Strafen stellte. Es wurde uns, dem Volk, die Fähigkeit aberkannt, selbst einsichtig zu sein und richtig zu handeln. Die Politik war wohl der Meinung, dass man sich so etwas wie Selbstverantwortung und, noch schlimmer, Andersdenkende, die vielfach diffamiert wurden, in einer solch ernsten Krise nicht leisten kann.

Selbst die Presse, die von ihrer Freiheit lebt und eigentlich unvoreingenommen sein sollte, mutierte zeitweise zu Staatsorganen, die fast ausschließlich im Sinne der vorherrschenden Coronapolitik berichtete.

Die gesundheitliche Bedrohung durch die Pandemie und die außergewöhnlichen Umstände, die sie bewirkte, weckte tatsächlich radikale Kräfte im Menschen, auf der einen wie auf der anderen Seite. Der Hunger nach Macht, das Bedürfnis, endlich autoritär auftreten und den anderen Vorgaben machen zu dürfen, tauchte nicht nur bei Politikern auf, sondern auch bei Gesundheitsexperten, die von Talkshow zu Talkshow tingelten. Man hatte bei vielen unter ihnen das Gefühl, dass es nicht nur um die Verbreitung von wissenschaftlichen Fakten und Wahrheiten ging, sondern vielmehr darum, persönliche Anerkennung und Bedeutung zu erlangen.

Aber auch bei vielen Lehrern, Erziehern, Firmenchefs usw. bekam man das Gefühl, dass sie die Pandemie nutzten, um noch autoritärer auftreten zu können. Übergriffe und Denunzierungen konnten letztlich überall beobachtet werden. Die einen wurden bei der Polizei angezeigt, weil sie feierten oder sich in größerer Runde in einem privaten Bereich trafen, andere gerieten in Misskredit, wurden vom Nachbarn angefeindet und mit Kündigung bedroht, weil sie sich nicht impfen lassen wollten, wofür man zumindest Verständnis aufbringen hätte müssen, waren die Gen basierten Impfstoffe doch etwas völlig Neues, über das es noch keine Langzeitstudien zu möglichen gesundheitlichen Gefahren gab.

Auf der anderen Seite gab es wiederum fanatische Impfgegner, die ihre rebellischen Seiten zelebrierten, nichts mehr mit Menschen zu tun haben wollten, die geimpft waren und die Freunde und Kinder zwingen wollten, sich nicht zu impfen, bis diese sich entsetzt von ihnen entfernten.

Das Leben und die Geschichte lehren uns, dass Angst und Notsituationen auch immer schon genutzt wurden, um Geld zu machen. Besonders niederträchtig und peinlich war in der Coronakrise die Tatsache, dass Politiker der Regierungsparteien vom Verkauf der Masken, die die Menschen vor dem Virus schützen sollten, in Form von barer Münze profitierten. Vermutlich waren sie aber nur die Spitze eines dunklen Eisberges.

Mit der Angst, ausgestoßen zu werden und nicht in den Himmel zu kommen, hatte uns schon die Kirche jahrhundertelang unterdrückt und uns indirekt zu Kirchensteuern gezwungen. Jetzt, in unserer Zeit, kann man immer häufiger beobachten, wie die Wissenschaft und vor allem die Medizin und Pharmaindustrie die Urangst der Menschen vor Krankheit und Tod gezielt schürt, um daraus Profit zu schlagen.

Manche Beobachter sprachen damals davon, dass die Regierungen des Westens Krieg gegen ihr eigenes Volk führen, anstatt ihm zu helfen. So hat es sich zeitweise zumindest angefühlt. Das hatte natürlich auch wieder mit der großen Angst zu tun, die die Verantwortlichen selbst vor dem Virus hatten, da viele unter ihnen ja auch schon älter waren und sich der Risikogruppe altersmäßig annäherten. Vielleicht hatten einige Minister oder die Kanzlerin selbst regelrechte Angststörungen, die ihre Politik beeinflussten. Sie erschienen in ihrer „Sorge" und in ihrem Handeln zeitweise wie gelähmt, wollten auf gar keinen Fall einen Fehler begehen, merkten aber auch, dass ihre jeweilige Partei anfangs von den aktuellen Umfragewerten profitierte, je strenger und vorsichtiger sie agierten. Schließlich hatten die meisten Menschen durch die Angst, die ihnen eingejagt wurde, das verstärkte Bedürfnis, geschützt zu werden. Erst im Laufe der Zeit kippte diese Stimmung, was der bisherigen Regierung in der Bundestagswahl 2021 eine erhebliche Anzahl an Stimmen kostete.

Die Verantwortlichen hatten ihre Verantwortung in der vorhergehenden Zeit mehr oder weniger auf ihre engagierten Virologen, Epidemiologen und Gesundheitsexperten abgeschoben. Diese fixierten sich vor allem auf den Kampf gegen das Virus, was dazu führte, dass psychische Schäden und die seelische Not der Menschen außer Acht gelassen wurden.

Die Politiker und das Volk befanden sich vor der Wahl, wie gesagt, in einer seltsamen Starre. Stillstand war angesagt. Der Stillstand, der Tod, ist dem 8. Haus, dem irdischen Bereich Plutos, zugeordnet. Das zu Pluto gehörige Tierkreiszeichen Skorpion gehört nicht umsonst zu den fixen, unbeweglichen Zeichen.

Und mit Corona tauchte diese panische Angst vor Krankheit und Tod auf, der nicht nur in unserer Gesellschaft ein absolutes Tabuthema ist. Wir westlichen Menschen verdrängen, wie schon die in einem vorherigen Kapitel beschriebene Sterbeforscherin Elisabeth

Kübler-Ross feststellen musste, den Tod, empfinden ihn als etwas unfassbar Leidvolles, tun alles, um ihn so lange wie möglich hinauszuzögern. Die meisten Menschen können ihn nicht ertragen und schieben ihn deshalb weg, statt uns mit ihm zu befassen. Pluto ist der Planet des Todes, und überall, wo er auftaucht, greift diese extreme Angst um sich. Für viele Menschen ging es, real oder gefühlt, ums nackte Überleben. Ums eigene oder das von Angehörigen. Und da hört es für viele auf mit Toleranz und Mitspracherecht.

Übrigens ist es nicht Pluto bzw. der Tod, der für unsere Ängste verantwortlich ist, sondern unser Verhältnis zum Tod und zu den anderen Tabuthemen Plutos und dem 8. Haus. Solange wir es nicht akzeptieren können, dass der Tod zum Leben gehört, werden wir in solchen Krisensituationen wie einer Pandemie immer von Angst getrieben reagieren, was letztlich nicht zur besten Lösung führen kann.

Mutieren Wissenschaft und Medizin zur dunklen Seite der Macht?

Es gab in der Coronakrise, wie gesagt, zwei Hauptlager im Volk, nicht nur in Deutschland, sondern etwa auch in Österreich, der Schweiz, in vielen anderen europäischen Staaten und in den USA. Die eine Seite der Menschen, um es einmal ganz grob zu sagen, war in ihrem Empfinden fürsorglich, auf das gesundheitliche Wohlergehen der Menschen gerichtet. Viele, die den Sicherheitsgedanken präferierten, waren vom Staat angestellt oder hatten andere sichere Jobs. Der andere Teil der Bevölkerung sah sich in seiner Freiheit bedroht, in der er das wichtigste Gut sieht. Unter ihnen befanden sich viele Selbstständige und Unternehmer, die schon immer die Eigenverantwortung hochhielten und von Natur aus mehr Risikobereitschaft und Selbstverantwortung im Leben besitzen. Beide Seiten hatten von ihrem Standpunkt aus gesehen Recht, und die Aufgabe der Politik wäre es gewesen, beide Seiten ernst zu nehmen und es nicht nur ihrer Hauptwählerschaft rechtzumachen.

Der Spalt im Volk und seine unterschiedlichen Lager stellte die verantwortlichen Politiker vor weitere große Belastungsproben. Eine Regierung kann in solchen Situationen meist nur alles falsch machen. Und das trieb die Verantwortlichen noch stärker dazu, Verantwortung und damit Macht an ihre beratenden Virologen und Gesundheitsexperten abzugeben. Deren spezielle Erkenntnisse wurden zum Diktat. Und viele Intellektuelle, ob politisch rechts oder links angesiedelt, sprachen bereits von einer Technokratie, in der eine Regierung allein auf wissenschaftlichem und technischem Wissen ihre Politik und Entscheidungen aufbaut.

Was für viele wissenschaftsgläubige Menschen gut klingen mag, hat nur die eine Crux: Wissenschaftliche Einsichten und Erkenntnisse, die zweifellos ungemein wichtig sind, unterliegen einem ständigen Wandel und werden häufig auch unterschiedlich interpretiert.

Der Kabarettist Dieter Nuhr, wie bereits beschrieben, ein mehrfacher Skorpion, sagte in dieser Zeit völlig richtig: „Wissenschaft bedeutet nicht, sich zu 100 Prozent sicher zu sein. Wissenschaft bedeutet nicht Wahrheit, sondern die Suche danach. Also, dass sich die Meinung ändert, wenn sich die Faktenlage ändert". Wissenschaft ist Forschung, und was heute richtig scheint, ist morgen der Schnee von gestern. So erleben wir es doch immer wieder, und das müsste uns die Geschichte lehren.

Nichts war in dieser Coronakrise so konstant wie permanente Veränderung der Faktenlage. Die Wissenschaft übernahm indirekt die politische Führung in der Krise, auch deshalb, weil Angela Merkel als studierte Physikerin ihre Entscheidungen voll und ganz nach rein wissenschaftlichen Erwägungen richtete.

Selbst Wolfgang Schäuble übte Ende 2021 als scheidender Bundestagspräsident Kritik an der vorherigen Coronapolitik. Unter anderem kritisierte er, dass trotz der unterschiedlichen wissenschaftlichen Einschätzungen stets „die Wissenschaft" als Grundlage für politische Entscheidungen gewählt wurde, dabei jedoch hauptsächlich die Virologen und weniger die Soziologen, Psychologen, Kinderärzte etc. gefragt wurden. Die Unsicherheit „der Wissenschaft" hatte die Regierung somit aufs Volk übertragen.

Alles wurde fortan dem (vermeintlichen) Gesundheitsthema untergeordnet. Gesundheit war einfach alles. Die Menschen sagten zum Abschied nicht mehr: „Alles Gute, bis bald, war schön dich zu sehen…“, sondern „Bleib gesund!“ Sicher gut gemeint. Auf der anderen Seite war dieser Ausspruch der Ausdruck davon, dass medizinische und wissenschaftliche Erwägungen in unserer Gesellschaft immer mehr die Oberhand gewannen. „Bleib gesund!“ war wie eine unausgesprochene Verneigung vor der Wissenschaft.

Das Thema Gesundheit wurde dabei sehr einseitig betrachtet. Es ging weniger darum, wie man sein Immunsystem auf natürliche Weise erhalten könne. Es ging nicht um gesunde Ernährung oder Bewegung als gesundheitserhaltende Maßnahmen. Stattdessen ist die Naturwissenschaft zum neuen Gott unserer Zeit geworden. Religiöse Inhalte sind für sie ein Relikt vergangener Zeiten, in denen sich die Menschen den Tod schöngeredet haben, in der Hoffnung, dass es mit Ende des Lebens nicht völlig aus ist. Naturwissenschaftler, insbesondere Virologen, wurden die neuen Götter.

Der Gedanke, dass die Naturwissenschaft der neue Gott unserer Zeit ist, wird sich im fortschreitenden Wassermannzeitalter voraussichtlich noch dramatisch ausweiten. Was nicht bewiesen werden kann, ist Wunschdenken. Helfen kann uns nur die Naturwissenschaft und ihre Fakten. Nur auf sie können wir uns verlassen. Ihr darf nicht widersprochen, und es darf schon gar nicht gegen ihre Erkenntnisse gehandelt und entschieden werden.

Wie der bekannte israelische Zukunftsforscher Yuval Noah Harari sagte, wird die Medizin schon bald in der Lage sein, Organe, Knochen und andere Bestandteile des menschlichen Körpers künstlich herzustellen. Jedes Jahr gehen dann etwa ältere Menschen, vorausgesetzt, sie können es sich leisten, in Spezialklinken, um große Teile ihres Körpers auszutauschen. Der Mensch, nein die Naturwissenschaft, strebt letztlich die Unsterblichkeit an. Bereits heute, und das war ja auch in der Coronakrise ein großes Thema, will die Medizin niemanden mehr sterben lassen. Die Toten der Coronakrise waren in erster Linie Menschen in hohem bis sehr hohem Alter mit multiplen Nebenerkrankungen. Viele von ihnen standen auch ohne Corona bereits kurz vor dem Tod.

Natürlich ist es die Pflicht der Ärzte, um das Leben ihrer Patienten zu kämpfen, egal wie lange sie noch zu leben haben. Das Problem ist jedoch, dass viele alte und sehr kranke Menschen oftmals gerne gehen würden und nicht dürfen bzw. können, weil sie mit allen Mitteln am Leben erhalten werden. Zeitungsberichten zufolge wurden im Jahr 2021 sogar Patienten auf der Palliativstation gegen Covid-19 geimpft. Hier stellt sich die Frage, sind es in solchen Fällen die Ärzte oder die Angehörigen, die einen verzweifelten, ins Absurde gehenden Kampf gegen den Tod kämpfen? Ein großes ethisches Problem unserer Zeit, das in dieser Pandemie krass zutage trat und das nichts weniger als den großen kommenden Konflikt im fortschreitenden Wassermannzeitalter anzeigt. Die Medizin und die Wissenschaft laufen Gefahr, zur dunklen Seite der Macht zu mutieren.

Arthur Schult (geboren am 4. April 1893 in Odenkirchen, gestorben am 9. September 1969 in Oberstdorf), ein deutscher Pädagoge, Schriftsteller und Astrologe, sprach in seinem 800 Seiten umfassenden zweibändigen Lehrbuch „Astrosophie – Lehre der klassischen Astrologie“ bereits vor vielen Jahren davon, dass die Wissenschaft im Wassermannzeitalter in Schwarzmagische Bereiche vordringt, indem sie versuchen wird, die überaus feinstoffliche Seele, heute noch nicht messbar, aber vielleicht in einigen hundert Jahren, beim Austritt aus dem Körper im Augenblick des Todes einzufangen. Zugegeben, das klingt heute noch verrückt. Aber, die technische und wissenschaftliche Entwicklung geht, sollte die Menschheit sich vorher nicht selbst zerstören, geradezu sprunghaft, in einem atemberaubenden Tempo voran. Die Wissenschaft fühlt sich nur der Wissenschaft verpflichtet, kennt keine höhere Überzeugung und keine Moral. Und das ist, so wichtig sie ansonsten auch ist, ihr ganz großes Problem.

Nicht wenige Intellektuelle sprachen im Zusammenhang mit der Coronakrise von einer Gesundheitsdiktatur. Aus astrologischer und psychologischer Sicht ist es nicht schwer zu verstehen, warum manche Politiker und deren beratende Wissenschaftler sich auch in bisher gut funktionierenden Demokratien der westlichen Welt zu Machthabern aufschwangen. Die Situation der Pandemie erforderte vor allem Kontrolle, Kontrolle über Menschen und ihr

Verhalten, damit sich die Pandemie nicht zur Katastrophe ausweiten konnte. Und die Kontrolle ist, wie bereits beschrieben, ein typisches Werkzeug Plutos, um Macht zu erlangen und zu sichern. Menschen, die darum bemüht sind, etwas zu kontrollieren und abzusichern, werden immer auch von Angst und der Furcht getrieben, dass ihnen das Ruder aus der Hand genommen werden könnte. Das ist auch der Grund, warum vor allem plutonische Menschen oft überaus ängstlich und immer in Habachtstellung sind.

Die Politiker und die beratenden Wissenschaftler mussten damals, wie gesagt, mehr Macht als bisher ausüben, um Gefahren abzuwenden. Die neu gewonnene Macht wurde jedoch, und das war so nicht abzuschätzen, vielfach missbraucht, insbesondere, wenn Pluto im Spiel war, wie etwa bei Angela Merkel, die Pluto im Transit in Opposition zu ihrer Krebs-Sonne hatte, und ihrem engsten Berater, Top-Virologe Christian Drosten.

Kann es etwa Zufall sein, dass gerade dieser führende Top-Virologe im Regierungsberaterteam, Christian Drosten (geboren am 12. Juni 1972, Uhrzeit unbekannt, in Lingen im Emsland) neben seiner Zwillinge-Sonne noch drei weitere Planeten, Venus, Merkur und Mond, im Quadrat zu Pluto in der Jungfrau stehen hat?

Sowohl die Zwillinge als auch die Jungfrau gehören zu den intellektuellen, von Merkur geprägten Zeichen, perfekt für einen Wissenschaftler, der sich in erster Linie mit Fakten und Zahlen beschäftigt. Die vielen Quadrate zu Pluto steigern sicherlich seinen Forschungsdrang, machen ihn in seiner Arbeit noch leidenschaftlicher und tiefgründiger. Allerdings birgt jedes einzelne der Pluto-Quadrate, gerade zu seinen persönlichkeitsbezogenen Planeten, die Gefahr von Fanatismus und Machtmissbrauch. Astrologisch gesehen gehörte er, nach dessen Meinung sich so viele Politiker richteten, sicherlich nicht zu den objektivsten und menschenfreundlichsten Vertretern seiner Zunft.

Wer die Kräfte Plutos freisetzt bzw. entfesselt, muss ihnen gewachsen sein, wie schon Goethes Zauberlehrling gelehrt hat: *Herr, die Not ist groß! Die ich rief, die Geister werd ich nun nicht los.* Das ist sehr schwer, da mit der Macht und dem Erscheinen Plutos

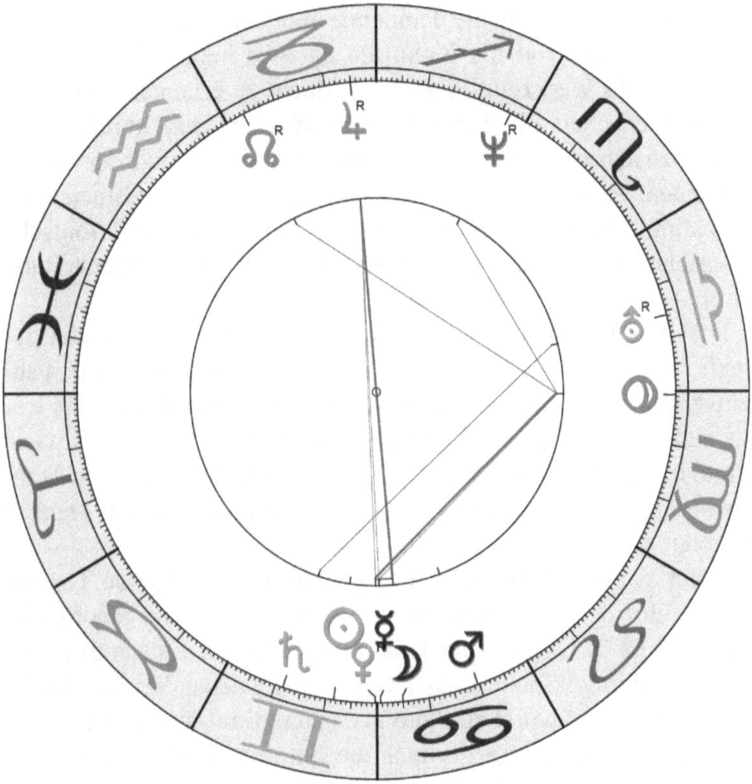

Radix Christian Drosten

viele verdrängte Dinge aus dem Unterbewusstsein hochkommen und zu Zwängen werden können.

Die Pandemie, Pluto und die neu gewonnene Macht wurden zum großen Charaktertest für alle Politiker und Gesundheitsexperten, die das Sagen hatten. Letztlich war es nicht überraschend, dass ihn die Wenigsten bestanden.

Über Herrn Drosten war mehrmals in der Presse zu lesen, wie sehr er unter dem Druck und den Anfeindungen der Bevölkerung gelitten hat. Wie gesagt, Macht hat immer mehrere Seiten, nicht nur schöne, das sollte Machthabern oder Menschen, die danach streben, bewusst sein. Macht kann sich immer ins Gegenteil verkehren. Sie kann Menschen und deren Charaktere auch zerstören!

Die Macht hat dennoch ein extrem gefährliches Suchtpotential, das lehrt uns nicht nur die Geschichte, sondern auch unser eigenes Leben, sofern wir uns reflektieren können. Macht ist ein Rausch von unermesslicher Stärke und Überlegenheit. Ein erhabenes Gefühl, das wir nicht mehr missen möchten, wenn wir es einmal besessen haben. So aufgeklärt und wissend ein Mensch uns auch erscheint, kommt er mit dieser Droge in Berührung, sollten wir ihm nicht mehr alles glauben.

Besonders abhängig macht die Droge Macht Menschen, die einen schwachen Selbstwert besitzen und durch die Macht plötzlich davon geheilt scheinen. Der eine oder andere wissenschaftliche Regierungsberater oder Gesundheitsexperte erinnerte damals an einen Nerd, einen Streber, der in der Schule und im Studium immer schon der Beste war und aufgrund seiner mangelnden sozialen Kompetenz und alleinigen Konzentration auf sein Fachgebiet oftmals schon im Leben gemobbt wurde. Jetzt auf einmal so viel Macht und Anerkennung bekommen zu haben, muss verdammt gutgetan haben.

Das Dunkle in uns ist auch in einer scheinbar stabilen, aufgeklärten und demokratischen Gesellschaft immer präsent und jederzeit bereit, die Führung zu übernehmen. Da brauchen wir uns nichts vormachen. Die Pandemie ab 2020 hat uns krass vor Augen geführt, was in Menschen der einen und der anderen Seite an Dunklem schlummert und wie es in Ausnahmesituationen urplötzlich zutage treten kann.

Der Begründer der Anthroposophie, Wissenschaftler und Esoteriker Rudolf Steiner (geboren am 27. Februar 1861 in Nieder Kraliewitz, Königreich Ungarn, heute Kroatien, gestorben am 30. März 1925 in Dornach, Schweiz) sah in der Spaltung eine satanische Kraft, die der Ursprung der Zerstörung ist.

In der Spaltung vieler Gesellschaften und Menschen in der Pandemie findet sich dann auch der klassische Schwarzmagische Aspekt wieder, die Saturn-Pluto-Konjunktion im Steinbock, die 2019 und 2020 am Himmel stand, als die Corona-Pandemie begann.

PLUTO UND DAS ZEITGESCHEHEN

Das Wassermannzeitalter und seine mächtigen Regenten

Wir wissen, das neue Zeitalter des Wassermanns wird 2000 Jahre lang bestehen. Es begann ungefähr in den 60er Jahren des 20. Jahrhunderts. Das exakte Übergangsjahr ist nur schwer auszumachen, da sich die unterschiedlichen Zeitalter am langsam rückwärts wandernden Frühlingspunkt in Bezug zu den Fixsternbildern Widder bis Fische orientieren.

Zur Erklärung: Die Fixsternbilder, die wir am nächtlichen Himmel sehen können, sind unterschiedlich groß und überschneiden sich teilweise, so dass eben keine exakte Abgrenzung zwischen ihnen besteht. Die Tierkreiszeichen, wie sie in unseren Horoskopzeichnungen erscheinen, wurden einst von diesen Sternbildern abgewandelt, sind aber heute nicht mehr deckungsgleich mit ihnen. Sie sind gleich groß (je 30 Grad) und stellen so etwas wie himmlische Energiefelder dar, die an der Sonnenbahn, der Ekliptik, angeordnet sind.

Der rückwärts laufende Frühlingspunkt befindet sich derzeit Ende Wassermann, weshalb wir vom Wassermannzeitalter sprechen. Die astrologischen Tierkreiszeichen werden immer am Frühlingspunkt angeordnet, beginnend mit dem Widder, dem ersten Zeichen des Frühlings. Da Wassermann und Widder nicht mehr deckungsgleich sind, sprechen Kritiker der Astrologie von einer Sternzeichenverschiebung, die es in der Astrologie jedoch nicht gibt, da eben Sternbilder und Tierkreiszeichen nicht das Gleiche sind.

Das Urbild des Wassermannzeitalters, aus dem wir ablesen können, wie sich die Welt von morgen entwickelt, stellt das Horoskop des Wassermannzeitalters dar. Es beginnt mit dem Aszendent Wassermann und dem 1. Haus. Der Aszendent deutet die „Persönlichkeit", das Wesen, die Grundschwingung dieser Zeit an. Der Wassermann löst das Fischezeitalter ab, das zuvor im 1. Haus wirksam war.

Fische stand für das Zeitalter des Christentums, der Kunst, der Lebensferne, der Romantik, des Verlorenseins und der tiefen Not. Es war ein seelenvolles, aber auch geistiges Zeitalter, mit all seinen Höhen und Tiefen. Ein Zeitalter, das uns auch heute und in Zukunft noch stark inspirieren wird.

Vieles von dem, was es damals an großartigen Erkenntnissen und Einsichten gab, werden wir erst im Wassermannzeitalter wieder verstehen lernen. Die Fischezeit wird zur geistig-seelischen Quelle der Wassermannzeit werden. Es wehte der Wind der tiefen Ahnung, der Inspiration und der Sehnsucht nach Gott. Der hochgeistige und schillernde Neptun war der Herrscher dieser Zeit. Die Seele war tief verankert im Glauben, aber auch im Aberglauben, an dem gegen Ende dieses Zeitalters die Epoche der Aufklärung und das aufkommende naturwissenschaftliche Denken allmählich zu rütteln begannen. Leider wurde damit viel gutes und wahres, wertvolles Wissen dieser Zeit zerstört und begraben.

Vorbei ist es nun mit den schönen Träumen dieser vergangenen Zeit. Der Wassermann ist da. Ein intellektuelles Luftzeichen, in dem Uranus herrscht. Die Geisteskraft der Menschen, ihr Intellekt, wird nun immer mehr zum wesentlichen Organ dieser Zeit. Wassermann und Uranus sind sprunghaft, beweglich, spontan und befinden sich in einem Prozess permanenter, ja oft blitzartiger Veränderung. Das geistige Klima des Wassermanns fühlt sich wie seine Jahreszeit an: kristallin, mit frostklaren nächtlichen Sternenhimmeln und weißer, kühler Landschaft.

Die Wassermannzeit ist wie eine Beschleunigung der Zeit, die Rastlosigkeit des Wassermanns macht kurzweilig und gibt uns das Gefühl, als wäre unser Leben nur von kurzer Dauer, auch wenn das Durchschnittsalter der Menschen stark anwachsen wird. Da die Umbruchszeiten und die Anfänge eines neuen Zeitalters immer mit großen, dramatischen Veränderungen einhergehen, erleben wir vieles von dem, was in Zukunft vielleicht noch deutlicher zutage tritt, schon heute.

Wassermann bedeutet die Aufhebung der Hierarchie, der alten Weltordnung, die durch das Gegenzeichen Löwe repräsentiert wird. Es gibt keinen König mehr, es herrscht der Grundsatz der Französischen Revolution: Freiheit, Gleichheit und Brüderlichkeit. Wassermann ist das Zeichen des Sozialen, alles soll für die Menschen und ihr Wohl getan werden. Das Wohlergehen des Volkes steht über dem Einzelnen, der Individualität. Damit geht die Gefahr einher, dass der Einzelne letztlich bedeutungslos wird und dass übergeordnete Überzeugungen, Ideen und Ideologien die Demokratie zu unterwandern beginnen. Was für die Menschen als gut anerkannt wird, wird Gesetz, was zu einer Art neuer und bisher unbekannter Tyrannei ausarten kann. Viele sprechen schon jetzt von der autoritären Demokratie.

Der Löwe im 7. Haus besagt natürlich auch, dass der Anspruch auf Individualität gerade in dieser Zeit bestehen bleibt und dass Liebe und Heirat im Gegensatz zum Fischezeitalter, in dem die Jungfrau in Haus 7 und so mehr die nutzorientierte Heirat im Vordergrund stand, immer mehr zur Liebesheirat führen. Der Partner des Herzens, symbolisiert durch den Löwen, ist ein großes Thema.

Das Wassermannzeitalter führt uns auf der AC-DC-Achse zum Du, deutet die Umwelt, unsere Beziehung und unser Verständnis zur Welt, zum Leben überhaupt an.

Ebenso bedeutend für die neue Zeit ist die MC-IC-Achse dieses Horoskops. Der MC und das anschließende 10. Haus symbolisieren die ganz große Welt, das Bewusstsein der Welt, die Öffentlichkeit, die Bedeutung des Berufs und die Führung bzw. das Führungstum. Dieser Bereich wird im Wassermannzeitalter, in dem der soziale Gedanke an erster Stelle steht, ausgerechnet dominiert von Pluto und seinem Zeichenherrscher Skorpion. Das heißt, wir werden jetzt und in Zukunft erst wirklich begreifen, wie groß und weitreichend Macht sein kann. Der Skorpion in der Himmelshöhe gibt also den Ton an, und das weist darauf hin, dass die ständigen Unruhen dieser Zeit geradezu nach starker und dominanter Führerschaft schreien. Denn Wassermann ist ja auch das Zeichen der Revolution, der Rebellion, der Aufwiegelung, der Demonstration und des Widerstands.

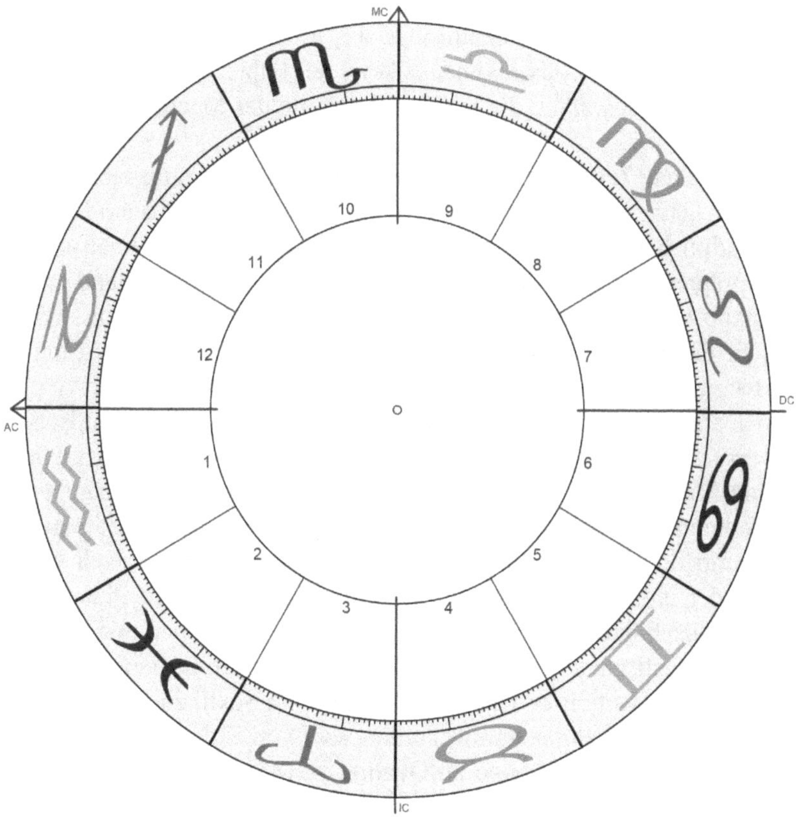

Radix Wassermannzeitalter

Und klar, diese Wassermannzeit ist vor allem eines: unruhig, zerrissen. Nur plutonische Kräfte können ihr Volk noch kontrollieren, und darin besteht natürlich eine Riesengefahr für die gesamte Welt und Menschheit. Plutonische Menschen können zwar sehr hell sein und im positiven Sinne viel bewegen, so dass wir auch mit politisch verantwortlichen Menschen rechnen dürfen, die gerade in künftigen Krisenzeiten sich hervortun und unglaublich Gutes schaffen werden. Schließlich ist der lebensbejahende Skorpion ein Krieger des Lichts, der, wenn es darauf ankommt, unglaubliche Fähigkeiten entwickelt. Man darf sogar behaupten, dass Skorpion das Krisenzeichen schlechthin ist, das in schwierigen Zeiten alle anderen überragt. Aber wehe, es kommen Führer mit negativ plutonischem Charakter, die der dunklen Seite der Macht zugewandt sind.

Deutliche Tendenzen zur starken politischen Führung sehen wir schon jetzt, in unserer Zeit. Markus Söder, der ein Sonne-Mars-Quadrat hat und mit seinem Mond im Skorpion über einen ausgeprägten Machtinstinkt verfügt, scheiterte in Deutschland nur knapp als Kanzlerkandidat. Donald Trump wurde Präsident, weil sich die Menschen in den USA wieder eine starke Führung und Bekenntnis zum Patriotismus wünschten, auch wenn er nicht wirklich stark im plutonische Sinne war, allenfalls ein wenig uranisch, verrückt. Sein Nachfolger Joe Biden ist mit Sonne, Venus, Merkur und Mars im Skorpion und seinem Mars-Pluto-Quadrat dagegen ein hundertprozentiger Plutonier, womit er den Machtkampf gegen Trump für sich gewinnen konnte. In Russland herrscht nach wie vor der umstrittene Putin, ein Skorpion-Aszendent mit Pluto am MC. Der Führer von China, Xi Jinping, der zusammen mit seiner kommunistischen Partei sein Volk totalitär regiert, hat eine Sonne-Mars-Konjunktion in den Zwillingen, die im Sextil zu Pluto steht. Eine weitere Weltmacht, die Türkei, wird von Erdogan dominiert, bei dem die Fische-Sonne im Quadrat zu Mars, dem 2. Herrscher des Skorpions, steht und Saturn im Skorpion.

Ob politisch links oder rechts, ist letztlich völlig unerheblich. Die wirre Zeit, die großen Massen und die unterschiedlichen Strömungen gebieten den plutonischen Machthaber, der das Ganze noch lenken und beherrschen kann. Die Unterdrückung von Menschen wird sich mit sozialen Revolutionen ablösen, die wiederum auf ihre Art Freiheit nehmen und unterdrücken. Es wird in der neuen Welt zunehmend mächtige Interessensgemeinschaften geben, die immer wieder versuchen werden, die Demokratie auszuhebeln.

Dazwischen werden ab und zu lichte plutonische Führungskräfte an die Macht kommen und neue positive Impulse setzen. Der Kampf um Ausgewogenheit, um Fairness und soziale Gerechtigkeit wird nicht enden, so sehr man sich in diesem neuen Zeitalter auch bemühen wird.

Der bekannte Astrologe Alfons Rosenberg (geboren am 6. Januar 1902 um 11:30 Uhr in München, gestorben am 1. September 1985 in Zürich), meinte schon vor vielen Jahren zum Skorpion im 10. Haus des Wasserman-Horoskops: „Als Folge wird das öffentliche Leben von einem Leistungswillen ohnegleichen bestimmt. Es werden Menschen als Führer am Werke sein, denen es mit einer vor nichts zurückschreckenden Willensmacht gelingen wird, das Tor zu neuen Erkenntnissen und Lebensformen aufzusprengen und in höchster schöpferischer Intensität zum Geistgrund des Menschen wie der Materie vorzustoßen. Sie werden es vermögen, ihre sexuellen Kräfte zu konzentrieren, als ein unerschöpfliches, durch Askese zu erschließendes Kräftereservoir. Wie grollende Gewitter werden sich solche, mehr aus der Spannung als aus dem sicheren Verfügen mächtige Menschen über der Gemeinschaft entladen, mit einer magischen Kraft, die zugleich faszinieren und Furcht erregen wird. So wird sich eine unerhört kühne, ebenso hartherzige wie den feinsten und entlegensten Gefühlen zugängliche, dann wieder rücksichtslos grausame Herrenschicht bilden, die, mit ungeheuren Energien ausgestattet, die Welt unaufhörlich umpflügen und umgestalten wird."

Es wird bald keine Monarchie mehr geben. Die Führer im Hintergrund spinnen die Fäden der Macht, weil sie das Wissen um die unterschiedlichen Interessensgruppen und Zusammenhänge besitzen. Die wahre Macht ist plutonisch subtil, bleibt unentdeckt.

Pluto im Wassermann von 2023 bis 2044: So verändert sich die Welt

Das Jahr 2023 steht durch den Eintritt Plutos, der die Geschichte zweifellos immer am stärksten prägt, in den Wassermann für einen historischen Umbruch in der Welt. Hier wird er bis Anfang 2044, also über 20 Jahre, bleiben. Wir sind in der Zukunft angekommen, die alte Welt ist endgültig Vergangenheit. Auch ein neuer Mensch wird jetzt geboren. Die Phase des freiheitlichen Denkens und Handelns neigt sich unter Pluto im Wassermann dem Ende zu. Es zählt allein das, was für alle gut scheint.

Auch ein Astrologe kann die Zukunft nur dann verstehen, wenn er die planetarischen Energien und die damit verbundenen Geschehnisse der Vergangenheit erkannt hat. Pluto als Planet des Stirb-und-Werde, dessen Einfluss immer wieder bestimmte Zeitabschnitte beendet, damit Neues geboren werden kann, besitzt als Gegenspieler der Sonne eine tragende Rolle in der Schöpfungsgeschichte und damit auch in der Entwicklung der Menschheit. Jedes Leben ist vergänglich, jeder Mensch dem Tod geweiht. Und auch kein Augenblick bleibt stehen, so sehr wir uns das ob seiner Schönheit und seines Glücks sicher schon manches Mal gewünscht haben. Die Zeiten verändern sich durch Pluto im Wassermann gewaltig. Pluto im Wassermann ist ein weiterer Riesenschritt in das 2000 Jahre anhaltende Wassermannzeitalter. Erst 2270 wird Pluto erneut im Zuhause von Uranus auftauchen, was zunächst immer extreme Umbrüche und auch Revolutionen anzeigt.

Aber zurück zu unserer Zeit: Wenn wir verstehen wollen, was passieren wird, müssen wir uns zumindest kurz den letzten Lauf des Pluto durch den Wassermann von 1777 bis 1799 anschauen. Pluto im uranischen Wassermann ist, wie gesagt, immer mit Revolutionen und auch größeren sozialen wie gesellschaftlichen Umbrüchen verbunden, da Uranus und Wassermann für das Soziale stehen. Im Wassermann wird der König gestürzt, weshalb die Sonne, die im Gegenzeichen Löwen herrscht, hier im sogenannten Exil steht. Machen wir es kurz: Unter Pluto im Wassermann rollten zwischen 1789 und 1799 die Königsköpfe. Es war die Französische Revolution, die gewiss zu den folgenreichsten Geschehnissen europäischer und westlicher Geschichte gehört. Die Aufklärung nahm Fahrt auf, der Glaube, dass der König gottgleich sei, fiel in sich zusammen. Es wurden grundlegende Menschenrechte eingefordert, was wiederum zu tiefgreifenden gesellschaftspolitischen Veränderungen führte. Wir kennen sie alle, die Parole der Französischen Revolution: Freiheit, Gleichheit, Brüderlichkeit. Bis heue gültig und eine Art Grundlage unseres demokratischen Verständnisses, das durch diese Revolution erst entstehen konnte. Das Volk ergriff langsam die Macht, setzte sich gegen Ungerechtigkeiten und Unterdrückung zu Wehr.

Damals stand nicht nur Pluto im Wassermann, sondern von 1788 bis 1795 Uranus selbst im Löwen, was astrologisch verdeutlicht, gegen wen sich diese Revolution richtete. Es ging um die Abschaffung des feudal-absolutistischen Ständestaats. Die Hierarchie und Staatsordnung der alten Welt wurden zu Grabe getragen. Die Königshäuser in England oder Schweden künden noch von dieser Zeit und sprechen die Sehnsucht der Menschen nach einer im Sinne des Löwen geordneten Welt an.

Doch das Spiel von Herrschen, Unterdrücken, Auflehnen, Absetzen, und wiederum Herrschen, Absetzen usw. setzt sich letztlich immer weiter fort, lediglich in unterschiedlichen Formen, die der Zeit und der Entwicklung der Menschheit angepasst sind. Der Kapitalismus, der uns viele Freiheiten brachte, schritt vor allem in den Jahren 1937 bis 1958 in großen Schritten voran. Damals durchquerte Pluto den Löwen, das Gegenzeichen des Wassermanns. Aus dem Zweiten Weltkrieg, der im Sinne von Pluto im Löwen von großen und diabolischen Herrschern wie Hitler, Stalin und Mussolini angezettelt wurde, folgte eine völlig neue Weltordnung. Die Welt wurde letztlich in zwei Lager gespalten, in Ost und West, in die USA und die Sowjetunion, in Süd- und Nordvietnam, Süd- und Nordkorea, Indien und Pakistan, West- und Ostdeutschland, in die freie, kapitalistische Welt und in den Kommunismus.

Pluto, der Teufel, säte nach diesem furchtbaren Krieg weiteren Zwist unter den Menschen. Wieder ging es darum, wer gibt den Ton an, wer steht oben? Nach den Königen und Diktatoren wurden nun unterschiedliche Ideologien dazu benutzt, um den Anspruch der Herrschaft zu untermauern.

Wie wir inzwischen alle wissen, war das freiheitlich-demokratische und kapitalistische System dem kommunistischen, das sich unter dem Deckmantel der Menschlichkeit in krasse Diktaturen verkehrte, letztlich weit überlegen. Aber, seien wir ehrlich: Jetzt, in unserer Zeit erkennen wir, dass etwa die Amerikaner nicht nur Menschenfreunde sind und waren, die das Ziel hatten, unterdrückte Völker zu befreien. Nein, es ging ihnen immer schon um Geld,

Wohlstand und Macht. Und in diesem Windschatten befand sich auch lange Zeit Deutschland.

Wir alle haben uns die westliche Freiheit und den Kapitalismus schöngeredet. Das erkennen wir jetzt, wo Pluto dabei ist, wieder die Spielfläche der Revolution zu betreten. Der Kapitalismus hat zweifellos eine dunkle Seite, die mit Ausbeutung zu tun hat. Die Schere von Arm und Reich geht in den westlichen Ländern immer weiter auseinander, während der Mittelstand Auflösungstendenzen zeigt. Es gibt zahlreiche Beispiele dafür, wie die freie Marktwirtschaft in eine völlig falsche Richtung gelaufen ist. Man denke hier etwa an Amazon, den amerikanischen Olineversand-Riesen, der weltweiter Marktführer im Internethandel ist, dort inzwischen fast alles verkauft und dabei zahlreiche regionale Anbieter und Verkäufer schlichtweg plattgemacht hat. Das Sterben der Buchläden in Deutschland ist nur eine Auswirkung der amerikanischen Marktpolitik, seine Gegner und Konkurrenten zu beseitigen, um den optimalen Gewinn zu erzielen. Zahlreiche Händler und Autoren sehen sich gezwungen, über Amazon zu verkaufen, schließlich kontrolliert der Versandriese fast die Hälfte des Onlinehandels. Amazons Urteil ist bei Marktplatz-Händlern gefürchteter als das eines echten Gerichts. Entscheidet Amazon, ein Händlerkonto zu sperren, geht es bei vielen an die wirtschaftliche Existenz. Das Internet ist voll davon. Ein kleiner Fehler im Verkauf oder eine Käuferbeschwerde können das Aus bedeuten. Jeder gilt so lange als schuldig, bis seine Unschuld bewiesen ist. Die Urteile kommen oft plötzlich, unvorhersehbar und willkürlich. Amazon hat, ermöglicht durch die freie Marktwirtschaft, eigene Gesetze kreiert, um damit noch effektiver Krieg auf dem Marktplatz führen zu können. Amazon ist eine ungute, dunkle Macht. Ein Staat im Staat mit eigenen Gesetzen. Wer die Infrastruktur von Amazon als Händler, Verkäufer, Autor nutzt, verschreibt sich sozusagen dem Teufel. Zu allem Übel gesellt sich die Tatsache, dass Amazon für die 386 Milliarden Dollar, die sie etwa 2020 in Deutschland umgesetzt haben, wie jedes Jahr keine Steuern bei uns zahlen müssen. Ist das noch Demokratie?

Es gibt zahlreiche Ungerechtigkeiten, die sich im Kapitalismus aufgebaut haben und die die Völker immer noch mehr zu Ellbogengesellschaften haben mutieren lassen. Pluto im Steinbock (2008 bis 2024), die Macht (Pluto) der Materie (Saturn), hat den amerikanischen Kapitalismus zur unerträglichen Spitze getrieben.

Dieser Kapitalismus und die USA als führende Weltmacht sind durch Pluto im Wassermann, dem Schrei nach sozialer Gerechtigkeit und Menschlichkeit, dem Untergang geweiht. In diese Lücke stößt aktuell China mit seinem Sozialismus und seiner Planwirtschaft vor und beschreibt damit bereits die großen Gefahren, die weltpolitisch durch den Wassermann-Pluto auftauchen. Eine Gefahr besteht darin, dass Ideologien politische Entscheidungen bestimmen, die moralisch beschreiben und festlegen, was für die Menschen, die Natur, die Wirtschaft usw. gut ist und was nicht. Das Wohl der Gemeinschaft steht nun an erster Stelle, was automatisch das Individuum, das Recht auf persönliche Freiheit und Selbstverwirklichung, in den Hintergrund rückt. Auch aus diesem veränderten Blickwinkel und Weltbild, machen wir uns nichts vor, wird Tyrannei entstehen. Die Freiheit wird im Kampf um die soziale Gerechtigkeit neu bewertet, was vielen Menschen sicher zugutekommt, andere jedoch einschränkt und ihnen das Gefühl vermittelt, als gäbe es in dieser Hinsicht keinen Fortschritt, sondern Rückschritt.

Die Macht ist allgegenwärtig und nimmt in den unterschiedlichen Zeiten, wie gesagt, lediglich unterschiedliche Formen an. Und trotzdem gibt es eine Evolution des Menschen, eine Entwicklung in geistiger, menschlicher, spiritueller Hinsicht. Wir beginnen, die Welt mit neuen Augen zu betrachten. Die Menschen, die jetzt geboren werden, haben dieses veränderte Bewusstsein bereits in sich, und sie werden weiter auf das Tempo dieser rasanten Zeit drücken, was notwendige soziale und politische Reformen und technische Erfindungen angeht, die unter Pluto im Wassermann an das bislang noch kaum zu Glaubende, an das Unfassbare herangehen werden. Die Kernfusion etwa, die möglicherweise alle Energieprobleme lösen wird, wird in diesen Jahren mit großer Sicherheit glücken.

Menschen glauben immer weniger. Die Wassermannzeit ist kalt und Pluto im Wassermann diabolisch, setzt die naturwissenschaftliche Erkenntnis über alles. Und dennoch wird gerade diese Dunkelheit dazu führen, dass auch der Glaube und die Spiritualität in neue Dimensionen vordringen. Pluto im Wassermann kann tatsächlich den Zugang zum Tod und zur geistigen Welt weiter öffnen.

Interessant ist, was in diesen Jahren mit der Astrologie passiert, die ja astrologisch dem Wassermann, seinem Zeichenherrscher Uranus, der höheren Erkenntnis, zugeordnet ist. Sie wird weiter in das Bewusstsein der Menschen vordringen, sie wird als Wissenschaft, die mit dem vorherrschenden naturwissenschaftlichen Denken weder bewiesen noch erklärt werden kann, aber auch weiter stark angefeindet und von sozial radikal denkenden Politikern vielleicht sogar als menschenverachtend abgestempelt werden. Unter Umständen wird es Bewegungen geben, die sie verbieten wollen, wie etwa derzeit die Homöopathie. Doch der Siegeszug der Astrologie wird nicht aufzuhalten sein. Zu viele Menschen haben bereits die Weisheit der Astrologie erkannt.

Die Energiewende, die heftigen Stürme und die ruinierten Nerven

Der Eintritt Plutos in den Wassermann am 23. März 2023 gilt als eigentliche Zeitenwende. Der kleinste und mächtigste Planet unseres Planentensystems übernimmt die Herrschaft der neuen Zeit und wird sie maßgenblich prägen. Anhand seiner großen Aspekte, die er in seinem Lauf durch den Wassermann bildet, können wir erkennen, wo Pluto seinen Hebel der Transformation ansetzt.

Allein mit dem Erscheinen Plutos im Wassermann rücken zwei große, sehr schwierige Themen, die uns alle angehen und die eine große Gefahr dieser Zeit darstellen, stark in den Vordergrund. Die größte Gefahr findet sich natürlich im Klimawandel. Pluto, Stirb-und-Werde-Planet, im Wassermann, dem Zeichen, in dem Uranus, der Planet der Elektrizität und der neuen Energie, herrscht, deutet die radikale und tiefgreifende Energiewende an. Zu viele natürliche Ressourcen der Erde sind bzw. werden verbraucht, die Erdüberlastung ist an eine dramatische Grenze gekommen. Fossile Energieträger, wie Erdöl, Erdgas, Kohle, werden zugunsten erneuerbarer Energien, die aus Wind- und Wasserkraft gewonnen werden, ausgetauscht. Aber dies wird nicht genügen, um die Energiewende zu schaffen. Kernkraftwerke werden wieder ein größeres, heftig umstrittenes Thema. Pluto und das Plutonium, das unvermeidliche Nebenprodukt der Energiegewinnung in Atomkraftwerken, sowie Uranus und der Brennstoff Uran werden unter Pluto im Wassermann nötig. Atomkraftwerke könnten den dringend benötigten Strom für die Energiewende und die Elektroautos liefern, bergen aber große Gefahren durch ihre radioaktiven Strahlungen, die durch Naturkatstrophen, Unfälle oder Anschläge austreten können.

Noch sind nicht einmal die schweren Folgen der Nuklearkatastrophe von Tschernobyl beseitigt, wo am 26. April 1986 um 1:24 Uhr der Reaktor des Blocks 4 explodierte. Es gab an diesem schicksalhaften Tag mehrere spannungsgeladene Aspekte, wobei einer deutlich herausragte: Die überaus exakte Opposition zwischen Sonne und Pluto. Pluto stand damals in seinem eigenen Herrschaftsbereich, dem Skorpion. Tschernobyl wurde zur radioaktiven Hölle. Und natürlich kann so etwas wieder passieren. Atomkraftwerke bleiben eine Bedrohung, mit ihnen begeben wir uns auf dünnes Eis, was unsere Sicherheit betrifft.

Die Energiewende geschafft haben wir möglicherweise erst dann, wenn die Kernfusion gelingt, die auch deshalb ein sehr plutonischer Vorgang ist, weil Pluto sehr viel mit Symbiose und Verschmelzung zu tun hat. Bei der Kernfusion werden zwei Atomkerne zu einem neuen Kern verschmolzen, ähnlich, wie das auf der Sonne und anderen Sternen laufend geschieht, die dadurch Licht und Energie abstrahlen. Die Kernfusion ist der Schlüssel zu einer CO_2-neutralen Zukunft. Und sie wäre bei Weitem nicht so gefährlich wie die bisherige Kernspaltung, da sie so gut wie keine schädlichen Nebenprodukte hat. Bei einem Unfall würde die Fusion einfach stoppen, weshalb von ihr keine größere Gefahr ausginge.

Noch geht man davon aus, dass die Kernfusion aufgrund ihrer hohen technischen Anforderung und Kosten das Energieproblem

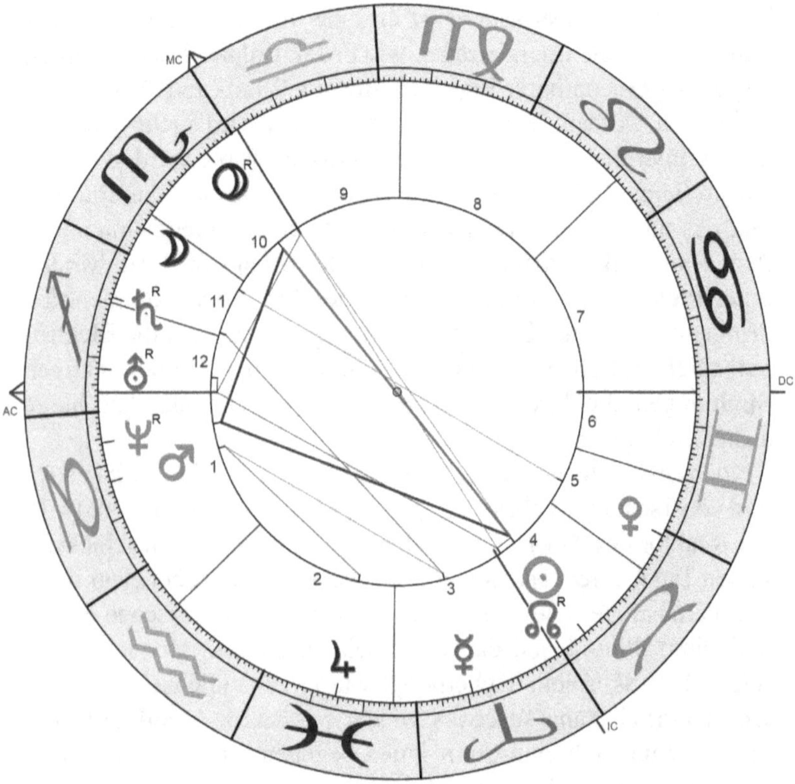

Radix Atomunfall Tschernobyl

nicht lösen kann. Doch aus astrologischer Sicht darf man sich fast sicher sein, dass unter Pluto im Wassermann bis Anfang 2044 die Kernfusion zumindest zum großen Thema wird. Alles andere wird vermutlich zu keinen befriedigenden Ergebnissen führen und die erhofften Ziele nicht erreichen lassen.

Dabei drängt die Zeit. In jüngster Vergangenheit häufen sich die Naturkatastrophen, die wohl ziemlich eindeutig der Erderwärmung zugeordnet werden müssen. Die Planeten der Neuzeit, Uranus, Neptun und Pluto, deuten das Wetter der neuen Zeit an. Uranus steht für Stürme, Neptun für die Fluten und Pluto für die Feuerstürme. Sie stehen insbesondere aus wetterastrologischer Sicht für die entfesselte Natur.

Die Hauptthemen des Wassermannzeitalters sind der Wind und die Stürme, da Uranus im Wassermann herrscht. Wenn wir das Schriftzeichen des Wassermanns betrachten, dann sehen wir zwei parallel verlaufende Wellenlinien, die fälschlicherweise als Wasserlinien gedeutet werden könnten. Und auch das Bildsymbol des Wassermanns, in dem der sumerische Weisheitsgott Enki aus einem Gefäß Wasser fließen lässt, könnte hier auf die falsche Spur führen. Es handelt sich hier nicht um irdisches, sondern um himmlisches Wasser, um geistige Energie. Wassermann ist ein Luftzeichen, und immer, wenn wir entsprechende Uranus-Aspekte am Himmel haben, sind wir geistig inspiriert, haben eine bessere Intuition als sonst, sind bei Spannungsaspekten von Uranus aber auch getriebener, rastloser und unruhiger als sonst. Innere Unruhe deutet die Verbindung zu unseren Nervenströmen und zu starkem Wind an, was zu den weiteren Analogien des Uranus gehört. An Tagen, an denen etwa Sonne-Uranus-Konjunktion, -Quadrat oder -Opposition am Himmel steht, werden nicht nur unruhige, eigenwillige, rebellische, exzentrische und oft sehr nervöse Menschen geboren, es ist auch vielerorts extrem windig, speziell im Winter eisig kalt, da Uranus auch mit kristallinem Eis, dem Wassermann entsprechend der kältesten Jahreszeit, in Verbindung steht.

Die zunehmenden Stürme unserer Zeit haben konkret natürlich mit der Erderwärmung zu tun. Viel Wind und wenig Niederschlag zehren den Boden aus. Auf Dürreperioden folgen immer öfter extreme Niederschläge, da erwärmte Luft viel Feuchtigkeit aufnehmen und speichern kann. Die starken Niederschläge und der trockene Boden führen wiederum zu Überschwemmungen, gerade in Ländern wie Deutschland, wo es unzählige Flüsse und Seen gibt. Auf Dürre folgen aber auch großflächige Brände, weshalb bereits frühere Astrologen für das Ende des Wassermannzeitalters in etwas weniger als 2000 Jahren eine verwüstete Erde prophezeiten.

Der Wind und der Sturm deuten die Herrschaft des Uranus in der neuen Zeit an. Und Pluto, von 2023 bis 2044 im Wassermann, wird dieses dramatische Thema in den Vordergrund rücken, indem

Sumerischer Weisheitsgott Enki

er verheerende Unwetter und Stürme, auch gewaltige Brände und Erdbeben für diesen Zeitraum in gehäuftem Maße ankündigt. Unter Pluto im Zeichen des Uranus gewinnen die Luftmassen, um es rein astrologisch zu übersetzen, an Macht, an Gewalt, an Zerstörung. Tornados, die kleinen Luftwirbel mit unvorstellbarer Zerstörungskraft, die die stärksten Windsysteme der Erde sind, werden künftig möglicherweise öfter auch über Deutschland und seine Nachbarländer rollen. Dies wiederum, und davon darf ausgegangen werden, wird die Politik dazu drängen, noch deutlichere und krassere Maßnahmen zur Bekämpfung des Klimawandels zu treffen, der aus rein astrologischer Sicht so oder so stattgefunden hätte, ohne dafür zumindest die Mitschuld der Menschheit und ihrer unverantwortlichen Ausbeutung der Natur infrage stellen zu wollen.

Unsere innere und äußere Entfernung von der Natur zieht dann auch das zweite große Thema nach sich, das uns gerade unter dem Pluto im Wassermann extrem beschäftigen wird: die Zerrüttung der Nerven und des Geistes, die ebenfalls Uranus geordnet sind.

Pluto im Wassermann ist in seiner Wirkung vergleichbar mit einem Pluto-Uranus-Transit. Wer schon einmal erlebt hat, wie sich Pluto im Transit in Konjunktion, Quadrat oder Opposition zum Geburts-Uranus bemerkbar macht, wird diesen Vergleich gut verstehen. Pluto sorgt in Spannung zu Uranus für große Veränderungen und Lebensumbrüche, die oft erzwungen sind und mit großen Unruhen einhergehen. Manchmal wird auch in unmittelbarer Nachbarschaft gebaut, es gibt in der Familie große Aufregungen oder am Arbeitsplatz, je nachdem, in welche Häuser Uranus und Pluto fallen. Fast immer sind wir unter diesen Transiten nahe einer Nervenkrise, die häufig an den Rand eines Nervenzusammenbruchs führt.

Als Uranus zwischen 2011 und 2016 mundan im Quadrat zu Uranus stand, wurde plötzlich Burnout ein Riesenthema. Manche sprachen von einem Modebegriff, der durch den überspannten modernen Menschen geprägt wurde, der nichts mehr aushält, andere sahen im Burnout eine zunehmende Überforderung der Menschen in dem immer noch dichter, hektischer und schneller werdenden Alltag. Beides scheint wohl zu stimmen.

Aber zurück zu Pluto im Wassermann, welcher als der Planet, der die Geschichte und das Leben der Menschen am stärksten prägt und beeinflusst, den Alltag und die Zeit weiter beschleunigt: Wenngleich viele Menschen erkannt haben, dass es wichtig ist, wieder mehr mit und in der Natur zu leben, nicht nur wegen unserer physischen, sondern auch unserer psychischen Gesundheit, wird es durch den weiter zunehmenden Überlebensdruck der westlichen Ellbogengesellschaft und den durch Zersiedelung immer dichter werdenden Wohnraum schwierig, in seiner Mitte zu bleiben. Die Fülle von Informationen über Internet und andere soziale Medien, die zunehmende Digitalisierung, die dazu führt, dass wir noch mehr Stunden vor dem Computer verbringen, lässt viele Menschen weiter den Kontakt nach außen verlieren. Computer, Handys, stärkere Mobilnetze und jetzt auch noch Elektroautos verbreiten Elektrosmog, der immer noch stärker unsere Nerven angreift. Es wäre naiv zu glauben, dass dies nicht so ist. Der Mensch, seine Psyche und sein Körper sind ein unglaublich feines und komplexes Gebilde, das all diese Energie natürlich wahrnimmt und davon zunehmend belastet wird. Und es stellt sich mit Recht die Frage, wie belastbar der Mensch noch ist und wo seine Grenze liegt. Immer noch mehr Elektrizität. Wie können wir annehmen, dass dies keine negativen Auswirkungen hat beim modernen Menschen, der ohnehin permanent überfordert und nervlich angeschlagen ist?

Die uranische Kraft kann sich unter Pluto im Wassermann extrem negativ auf Psyche und Nerven auswirken. Davon müssen wir ausgehen. Bereits vor fast hundert Jahren prophezeiten kundige Astrologen die Überfüllung von Nervenheilanstalten im Wassermannzeitalter. Angststörungen, Depressionen, Schizophrenie, Burnout, Bluthochdruck, Alkohol-, Tabletten- und Drogensucht, Schlaflosigkeit, Tinnitus, Parkinson, Alzheimer und viele weitere Erkrankungen der Nerven, des Gehirns und der Seele sind seit Jahren am Vormarsch, ähnlich wie die verheerenden Unwetter. Nur, wer schlägt hier Alarm? Was wird gegen Angst, Einsamkeit und Überforderung der Menschen getan?

Der bereits zitierte Astrologe Arthur Schult sagte in seinem zweiten Lehrbuch „Astrosophie – Lehre der klassischen Astrologie“ in

Hinblick auf die Gefahren der neuen Zeit: „Dieses Zerbrechen aller Schranken, das Verrücken aller Maße, die willensmäßige Hochgespanntheit und anarchische Exzentrizität vieler Menschen wird zweifellos im Wassermannzeitalter zu Katastrophen führen. Wie die uranischen Intuitionen blitzartig im Geist aufleuchten, so werden auch die von uranisch-dämonischen Mächten ausgelösten Katastrophen blitzartig, wie Schlagwetter, über die Menschen hereinbrechen. Das werden Katastrophen sein von riesigen Ausmaßen, die sich als Verwüstung ganzer Länder auswirken können. Ich denke dabei nicht alleine an die Gefahr eines Atomkrieges, sondern an die von Menschen verursachte Störung der kosmischen Ordnung. Weiterhin kann es auch im Wassermannzeitalter zu kollektiven geistigen Störungen, geistigen Seuchen kommen, die mit der Überspannung des Bewusstseins und der Nervenkräfte durch die Überfülle des Wissbaren, die Aufsprengung des Kosmos und der Elemente zusammenhängen. Es wäre also durchaus verkehrt, vom Wassermannzeitalter zu sprechen als von einem kommenden Goldenen Zeitalter oder einem Zeitalter des Heiligen Geistes."

Ganz so negativ sollten wir die Entwicklungen aber nicht sehen. Es ist Fakt, dass immer mehr Menschen in dieser Zeit ein höheres Bewusstsein entwickeln und Kontakt mit der geistigen Welt aufnehmen. Die alten Astrologen haben sich mit Recht vor diesem Zeitalter gefürchtet, das aber auch seine hellen Seiten hat. Wir erkennen mehr denn je, dass unsere physische wie psychische Gesundheit vom Gleichgewicht unseres Inneren und unserer Energien abhängt. Ein Mensch, bei dem es seelisch und geistig stimmt und der mit sich im Reinen ist, kann nicht krank werden. Spirituell lebende und ganzheitlich denkende Menschen haben das längst erkannt und versuchen, ihr Leben dementsprechend aufzustellen und zu bewältigen. Pluto im Wassermann wird uns auch helfen, höhere Einsichten zu leben.

Wie Uranus, Neptun und Pluto das Wetter in der Neuzeit prägen

Wir können, wie gesagt, nicht mehr wegschauen und es verdrängen: Die Wetterkatastrophen beginnen sich zu häufen, beinahe Jahr für Jahr. Interessant ist, dass diese extremen Ausschläge des Wetters, die natürlich mit dem Klimawandel einhergehen, auch in der Wetterastrologie einen Ausdruck finden. Die entscheidenden Planeten für das Wetter der Moderne sind Uranus, der Herrscher des neuen Zeitalters, Neptun und Pluto, die drei Planeten, die sich jenseits von Saturn befinden und die astrologisch zur Neuzeit gerechnet werden. Uranus steht für Stürme, er ist ja auch der Planet, der den höheren Luftregionen zugeordnet ist. Neptun, der Planet des Wassers, insbesondere der Ozeane, steht für die großen Flutwellen und Überschwemmungen. Pluto entfaltet wetterastrologisch seinen Einfluss als Herrscher der Unterwelt natürlich über die tieferen Regionen der Erde. Tauchen größere Erdbeben auf, gehen diese fast immer mit spannungsvollen Pluto-Aspekten einher. Auch großflächige Brände können häufig unter prägnanten Pluto-Einflüssen beobachtet werden.

Der fortschreitende Klimawandel ist eine Tatsache, niemand kann ihn heute mehr leugnen. Die Erwärmung geht rasant voran. Allein der jährliche Ausstoß des Treibhausgases CO_2 in den am schnellsten wachsenden Industrienationen China und Indien macht sämtliche Bemühungen und Einsparungen in anderen Industrieländern zunichte. Seit den 1950er-Jahren wird regelmäßig die CO_2-Menge in der Atmosphäre gemessen. Die Konzentration an CO_2 ist heute so hoch wie zuletzt vor 800.000 Jahren. Temperaturrekorde sind Programm. 16 der 17 wärmsten Jahre seit Beginn der Wetteraufzeichnungen traten nach dem Jahr 2000 auf, alle fünf wärmsten seit 2010. Auch die Ozeane haben sich erwärmt. Ihre oberste Wasserschicht ist von 1980 bis 2015 um etwa 0,5°C gestiegen. Der Meeresspiegel steigt und steigt vor allem durch das Abschmelzen der Polkappen.

Die Folgen sind dramatisch, ja bedrohlich für die gesamte Menschheit. Viele Küstenregionen, Länder und Inseln werden von der Landkarte verschwinden. In den kommenden 30 Jahren ist laut Greenpeace mit rund 200 Millionen Flüchtlingen aufgrund von Klimawandel und Wetterkatastrophen zu rechnen. Es gibt immer öfter Überschwemmungen, Flutwellen, Dürre und Brände, sogar in Deutschland treten plötzlich Tornados auf und, und, und. Unsere Ökosysteme, die sich in Zehntausenden von Jahren entwickelt haben, ändern sich im Zeitraffer.

Und was sagt die Astrologie dazu? Hat die Wetterastrologie, die ja eine große Tradition besitzt und früher ein wichtiger Begleiter der Menschen war, überhaupt noch eine Bedeutung unter diesem dramatischen Klimawandel?

Arthur Schult wies in seinem bereits erwähnten zweibändigen Standardwerk der klassischen Astrologie („Astrosophie – Lehre der klassischen Astrologie") bereits in einer Zeit auf die Veränderung des Wetters hin, in der noch niemand vom Klimawandel sprach. Er brachte die Veränderungen vor allem in Verbindung mit dem Wassermannzeitalter, das in den 60er-Jahren startete und etwa 2000 Jahre anhält. Der Wassermann wird regiert von Uranus (entdeckt am 13. März 1781), der wie Neptun (entdeckt am 23. September 1846) und Pluto (entdeckt am 18. Februar 1930) zu den Planeten der Neuzeit gehört. Sie werden auch als überpersönliche Planeten bezeichnet.

Uranus und die furchtbaren Stürme

Uranus ist so etwas wie die höhere Oktave des Merkur. Wetterastrologisch gesehen hat Merkur mit Wind zu tun, seine Steigerung Uranus mit Stürmen, Tornados, Windhosen etc., die in unserer Zeit und im Wassermannzeitalter immer mehr zunehmen. Arthur Schult prognostizierte, dass am Ende dieses Zeitalters die Erde eine Wüste sein wird, da verheerende Stürme und Brände eben in letzter Konsequenz zu einer Verwüstung führen. So sieht die Welt also in 2000 Jahren aus. In dem einen oder anderen Science-Fiction wurde das bereits vorhergesehen.

Neptun und die Flut

Der zweite neuzeitliche Planet, Neptun, ist die höhere Oktave der

Venus, die wetterastrologisch für angenehmes Wetter, aber auch Regen und besonders fruchtbares Wetter steht. Neptun ist auch hier die ultimative Steigerung, taucht in unserer Zeit immer wieder in Verbindung mit Flutwellen, Tsunamis, ungewöhnlich heftigen Niederschlägen und Überschwemmungen auf.

Pluto – die bebende und entfesselte Natur

Einen neuzeitlichen Einfluss auf das Wetter hat natürlich nicht zuletzt Pluto, der äußerste Planet unseres Sonnensystems, der die höhere Oktave des Mars ist. Wetterastrologisch wird Mars mit Hitze, Bränden und heftigen Unwettern in Verbindung gebracht, Pluto als seine Potenzierung mit regelrechten Wetterkatastrophen. Er tritt häufig in Verbindung mit vernichtenden Großbränden, Erdbeben und Erdrutschen auf. Allgemein ist er auch immer dann mit im Spiel, wenn die Natur dermaßen entfesselt ist, dass nur Zerstörung bleibt. Pluto ist der Planet, der überhaupt Wetterextreme anzeigt. Oftmals tritt er auch bei Naturkatastrophen sehr deutlich in Erscheinung.

Wir alle erinnern uns noch an das mächtige Erdbeben an der Pazifik-Küste vor der Tōhoku-Region am 11. März 2011 um 14:46 Uhr Ortszeit, das in 32 Kilometer Tiefe entstand. Es löste eine Tsunami-Flutwelle aus, die über 500 Quadratkilometer der Japanischen Küste überflutete. Die Anzahl der Opfer betrug ca. 22.000. 470.000 Menschen mussten in den folgenden Tagen evakuiert und in Notunterkünften untergebracht werden. Es gilt als stärkstes Beben in Japan seit Beginn der dortigen Erdbebenaufzeichnungen. Es verursachte mehrere Unfälle in Kernkraftwerken, der schlimmste ereignete sich im Kernkraftwerk von Fukushima, das von einem 14 m hohen Tsunami getroffen wurde. Unvorstellbare Gewalten waren hier am Werk. Natürlich waren diese auch in früheren Zeiten bereits zugegen. Nur: In unserer Zeit häufen sich eben diese Katastrophen durch die zunehmende Bedeutung der neuzeitlichen Planeten und durch die zunehmende Zerstörung der Natur durch den Menschen.

Interessant ist im Zusammenhang mit dem Erdbeben von Fukushima, dass es Kernkraftwerke betraf, die wiederum Pluto und Uranus zugeordnet werden (Uranus = Uran, Pluto = Plutonium). An diesem Tag, an dem das Unglück seinen Lauf nahm, bildete Pluto im Steinbock ein Quadrat zu Merkur, Jupiter und Uranus.

Die Erde als Erdkörper ist genauso wie wir Menschen den Planetenspannungen ausgeliefert. Und ein angespannter Pluto erschüttert immer bis in die tiefsten Schichten der Seele oder eben auch der Erde.

Ein deutlicher Beweis für die Wirksamkeit und Bedeutung von Pluto-Aspekten in Bezug auf verheerende Erdbeben sind überhaupt die vergangenen dreizehn größten Erdbeben, die im Anschluss aufgezählt sind. Sage und schreibe achtmal bildete Pluto dabei einen Aspekt mit der Sonne. Sechsmal davon einen heftigen Spannungswinkel. Sonne-Pluto-Spannungen treten demnach bei Erdbeben am häufigsten auf. Viermal stand Pluto in Spannung mit Uranus. Zweimal waren an den großen Erdbeben Mars-Pluto-Spannungen beteiligt, zweimal Mars-Saturn-Spannungen, zweimal Mars-Uranus-Spannungen.

- Am 1. April 1964 fand ein Erdbeben bei den Aleuten statt, Stärke 8,6. Die Sonne stand an diesem Tag im Trigon zu Pluto. Zusätzlich bildeten Mars und Saturn eine Konjunktion.

- 8,6 Stärke hatte ebenfalls das Assam-Erdbeben am 15. August 1950 in der Grenzregion China-Indien. Die Sonne stand in Konjunktion mit Pluto.

- Am 19. März 1957 beim Erdbeben bei den Andrean of Islands, Alaska, stand Mars im Quadrat zu Pluto. Stärke 8,6.

- Am 22. Mai 1960 beim Erdbeben in Araucanía stand die Sonne im Quadrat zu Pluto. Stärke 8,6.

- Am 11. April 2012 beim Erdbeben vor Sumatra stand Uranus im Quadrat zu Pluto. Stärke 8,6.

- Am 4. Februar 1965 beim Erdbeben bei den Rat Islands, Alaska, stand Uranus in Konjunktion zu Pluto. Stärke 8,7.

- Am 31. Januar 1906 beim Erdbeben in Ecuador / Kolumbien stand Mars im Quadrat zu Pluto. Stärke 8,8. Es gab 1000 Tote.

- Am 27. Februar 2010 beim Erdbeben in Chile, stand Pluto im Sextil zur Sonne, aber auch im Quadrat zu Saturn. Stärke 8,8. Es gab 521 Tote, 56 Vermisste.

- Am 4. November 1952 beim Erdbeben in Kamtschatka, Russland, stand Mars in Opposition zu Uranus und im Quadrat zu Saturn/ Neptun. Pluto bildete ein weites Quadrat mit Jupiter. Stärke 8,9.

- Am 11. März 2011 fand das angesprochene Japan-Erdbeben statt, an dem Pluto ein Quadrat zu Merkur, Jupiter und Uranus bildete. Stärke 9,0.

- Beim Erdbeben im indischen Ozean vor Sumatra am 26. Dezember 2004 stand Mars im Quadrat zu Uranus. Stärke 9,1. Durch das Beben und den nachfolgenden Tsunami starben etwa 230.000 Menschen. Über 1,7 Millionen Küstenbewohner rund um den Indischen Ozean wurden obdachlos.

- Am 27. März 1964 beim Karfreitag-Erdbeben in Alaska stand Uranus in Konjunktion mit Pluto. Stärke 9,3. Es gab einen Tsunami mit einer Höhe von etwa 67 Metern.

- Am 22. Mai 1960 beim Erdbeben in Erdbeben in Valdivia stand erneut die Sonne im Quadrat zu Pluto. Stärke 9,6. Es gab 1655 Tote.

Diese Erdbeben wären vermutlich auch ohne Klimawandel geschehen. Davon abgesehen steht Pluto insgesamt für die immer häufiger auftretenden Wetterkatastrophen unserer Zeit, die wie alle plutonischen Ereignisse stets einen starken Stirb-und-Werde-Prozess in Gang setzen, der wohl einfach zu dieser neuen Zeit gehört, in der sich alles noch viel schneller wandelt und transformiert als in früheren Zeiten.

Pluto im Steinbock – der stille Krieg und die Pandemie

Als wir im Sommer 2018 beim Verfassen unseres jährlich erscheinenden Astrologischen Jahresbuchs sahen, dass sich am Himmel eine Saturn-Pluto-Konjunktion zusammenbraute, die Ende 2019 und Anfang 2020 gradgenau werden würde, hatten wir die schlimmsten Befürchtungen für diese Zeit. Schließlich tauchen Saturn-Pluto-Spannungen immer wieder im Zusammenhang mit großen Menschheitskrisen auf. So stand unter anderem zu Beginn des Ersten Weltkrieges, der am 28. Juli 1914 mit der Kriegserklärung Österreich-Ungarns an Serbien begann und in dem 17 Millionen Menschen ihr Leben verloren, eine Saturn-Pluto-Konjunktion am Himmel, die sich am Übergang von den Zwillingen in den Krebs aufbaute.

Beim Beginn des Zweiten Weltkrieges, der am 1. September 1939 mit dem Überfall auf Polen begann und der in sechs Jahren knapp 60 Millionen Menschen das Leben nahm, stand Saturn im Stier im Quadrat zu Pluto im Löwen. Und im Jugoslawienkrieg (1991 bis 1995), um auch ein Beispiel jüngerer Geschichte zu geben, stand Saturn im Wassermann jahrelang im Quadrat zu Pluto im Skorpion. Pluto in seinem Zeichen deutet die extremen Grausamkeiten an, die während dieses Krieges geschahen und die jede dunkle Vorstellung noch übertraf.

Saturn in Spannung zu Pluto gehört einfach zu den heftigsten Energien überhaupt, man kann es nicht oft genug sagen. Plutos geballte Zerstörungskraft kommt hier zum Tragen. Und Saturn, der in früheren Zeiten als der Sensenmann gesehen wurde, der Tod bringt oder auch vollzieht, kündigt hier besonders tragisches und leidvolles Geschehen und Schicksal an.

Wie gesagt, für diese überaus harte Saturn-Pluto-Konjunktion 2019 und 2020 hatten wir Schlimmstes befürchtet, unter Umständen sogar einen Krieg. Denn eines war auch klar: Unter Pluto im Steinbock (2008 bis 2024) ging es stets um die Führung (Steinbock) und Macht (Pluto) in der Welt. Und dieser Pluto beschwor nichts Geringeres als den erbitterten Kampf um die Vormachtstellungen in der Welt herauf. Und wir hatten Sorge, dass dieser Machtkampf unter der Saturn-Pluto-Konjunktion nun in diesen Jahren eskalieren könnte.

Aber es kam noch einmal alles ganz anders: Es brach eine Pandemie aus, die alle Aufmerksamkeit auf sich lenkte und dabei wesentliche Probleme, wie den Klimawandel und die Schuldenwirtschaft, in den Hintergrund drängte.

In einem Ausblick für das Jahr 2020 schrieb ich damals: „2020 ist ein sehr wichtiges, wenn nicht sogar entscheidendes Jahr für die Menschheit. Ja, man könnte es sogar als eine Art Weltschicksalsjahr bezeichnen … Denn wir haben auch 2020 den größtmöglichen Krisenaspekt. Saturn und Pluto deuten zu Jahresbeginn diese große Krise an, die auch unsere Wirtschaft erfassen und den Frieden in der Welt bedrohen kann".

Vielen Menschen waren diese Aussagen damals, die sich in „Allgeiers Astrologisches Jahresbuch 2020", in „Sternbild Januar 2020" sowie im YouTube-Jahresvideo für das Jahr 2020 und im Januar-Video wiederholten, viel zu negativ, zu krass. Ich hatte einige Zweifel, ob ich durch die Astrologie nicht unnötig Angst verbreitete. Auf der anderen Seite müssen wir Astrologen auch ehrlich sein. Ich habe solch schwierige Sternenkonstellationen, wie sie 2020 am Himmel standen, insbesondere in der zweiten Jahreshälfte 2020, in dieser Dichte noch nie gesehen, seit ich professionell Astrologie betreibe. Doch für mich sind schwierige Aspekte generell nicht nur negativ zu sehen. Im Gegenteil kann man sie als Fingerzeig des Kosmos betrachten, dass bei uns auf der Erde einiges schiefläuft.

Die 2019 und 2020 vorherrschende Saturn-Pluto-Konjunktion im Steinbock deutete zunächst dennoch auf den großen Konflikt hin, der in der Welt herrschte: Den Kampf zwischen der alten Supermacht, den USA, und der neuen, China, um die Vorherrschaft in der Welt.

Kriege, das ist inzwischen allgemein bekannt, können mit der Atombombe kaum mehr gewonnen werden. Die Länder, die mit diesen verheerenden Massenvernichtungsmitteln, die, wie bereits erwähnt, Pluto als höhere Oktave des Mars zugeordnet sind, einen

Krieg anzetteln würden, liefen große Gefahr, sich selbst zu vernichten. Dieses Risiko geht aktuell wohl kein Land der Erde ein. Glücklicherweise.

Aber, die großen Konflikte bestehen trotzdem, und das Sagen bekommt vor allem die Macht, die das Geld hat, sprich deren Wirtschaft dominiert. Allein Pluto im Saturnzeichen Steinbock heißt in seinen weiteren Analogien auch Macht durch die Materie (Steinbock, Herrscher Saturn). China war und ist dabei, systematisch die Welt über die Wirtschaft zu erobern. Alle wissen das, kaum einer erwähnt es, weil alle Welt Geschäfte mit China macht, deren geschäftliche Politik es ist, andere in Abhängigkeiten zu treiben, um sie dann erpressen und gefügig machen zu können.

Aber seien wir ehrlich: Auch die USA, die in der Vergangenheit jede Menge Waffenkriege aus wirtschaftlichen Gründen angezettelt hat und sich dabei als die Retter der Menschheit vor dem Bösen hingestellt haben, sind mit ihrer Politik der gnadenlosen Ausbeutung und dem unbedingten Setzen auf das Recht des Stärkeren am Ende. Das rein kapitalistische System mit seiner Ellbogengesellschaft und mit all seinen Ungerechtigkeiten gehört genau so der Vergangenheit an wie der menschenverachtende Kommunismus.

Natürlich liegt der Gedanke nahe, dass das Corona-Virus etwas mit diesem stillen Krieg zwischen den USA und China, wie er von vielen genannt wird, zu tun hat. Mittlerweile wurde, allen anfänglichen Leugnungsversuchen zum Trotz, nachgewiesen, dass das Virus aus dem Hochsicherheitslabor in Wuhan in China entwichen ist, ob Unfall oder Absicht, bleibt dahingestellt. Die Amerikaner versuchten hier unbedingt China den „Schwarzen Peter" zuzuschieben, während umgekehrt die Chinesen die USA beschuldigten, das Virus manipuliert und nach Wuhan gebracht zu haben, von wo aus es sich verbreitet haben soll.

Das kann auch alles nur politische Propaganda sein. Was man weiß ist, dass seit vielen Jahren mit biologischen Waffen in den mächtigen Ländern dieser Welt experimentiert wird, auch wenn sie international verboten und geächtet sind. Und dennoch erschien die Wahrscheinlichkeit eines Laborunfalls in Wuhan, bei dem das Virus entwichen ist, immer größer. Denn sowohl für China als auch die USA wäre der Ausgang einer künstlich angelegten Pandemie wohl kaum vorherplanbar gewesen. Es gäbe zu viele Unwägbarkeiten auch für das eigene Volk. Wer will schon ein entfesseltes Killervirus beherrschen können, das noch dazu permanent mutiert?

Interessant ist in dieser Hinsicht die Geschichte des amerikanischen Kongressabgeordneten Mike Gallagher, der im September 2021 eine Pressemitteilung herausgab, die von einem gemeinsamen chinesisch-amerikanischen Forschungsvorhaben aus dem Jahr 2018 berichtete. Es ging bei diesem Vorhaben um die gezielte Manipulation von Viren aus chinesischen Fledermäusen mit dem Ziel, dass diese besser in Zellen anderer Arten vordringen können. Bei dieser „Gain of function"-Forschung sollten für Viren neue, zusätzliche Eigenschaften hergestellt werden, mit denen Zellen bei Menschen und gleichzeitig bei Tieren geöffnet werden können. Man versprach sich davon riesige Fortschritte in der Wissenschaft etwa bei Impfstoffen und in anderen medizinischen Dingen. Präsident Obama hatte solche Vorhaben bereits im Jahr 2014 in den USA verboten, weil er befürchtete, dass Laborunfälle mit solchen Viren zu einer Pandemie führen könnten.

In Wuhan wurden diese Forschungen seitdem fortgeführt. Bei dieser neuen Forschung 2018 in Wuhan handelt es sich, wie gesagt, wohl nicht um einen chinesischen Alleingang. China suchte dafür finanzielle amerikanische Unterstützung und soll die Summe von 14 Millionen Dollar bei der Defense Advanced Research Projects Agency (Darpa) der USA beantragt haben. Die Darpa ist eine Regierungsbehörde, die dem US-Verteidigungsministerium untersteht und die unter anderem für die Abwehr von biologischen Angriffen, zu denen auch Viren zählen, verantwortlich sind.

In den USA geht man aufgrund dieser Veröffentlichungen heute davon aus, dass sich in Wuhan sehr wohl eine umfangreiche Sammlung von Coronaviren befanden, darunter engste Verwandte des Pandemievirus Sars-CoV-2. Nachdem der Laborunfall in Wuhan 2020 vielfach, auch in Deutschland, als Verschwörungstheorie abgetan wurde, auch weil er der Überzeugung des sehr umstrittenen Donald Trump entsprach, erschien er später immer noch plausibler, zumal China einer hochrangigen Gruppe der WHO keinen Blick auf Rohdaten des Labors in Wuhan gestattete. Gallagher verwies immer wieder auf den hohen Stellenwert der totalen Aufklärung: „Es geht hier um die Frage nach der Ursache der größten Katastrophe unserer Zeit." Dem ist nichts hinzuzufügen.

Ob das Virus nun durch einen Unfall in China entwich, was wahrscheinlich ist, oder absichtlich, spielt in einem ganzheitlichen Verständnis nicht die entscheidende Rolle. Das Überspringen von Vogelgrippeviren auf den Menschen, Sars und dann Covid-19: Immer wieder haben solche Geißeln der Menschheit ihren Ursprung in China. Allerdings: Die beiden bekanntesten Fälle des Überspringens des Grippevirus vom Schwein auf den Menschen – die Spanische Grippe von 1918 und die sogenannte Schweinegrippe von 2009/10 hatten ihren Ursprung beide mutmaßlich in den USA.

Was China betrifft, sehen wir einen furchtbaren, oft sehr grausamen und entwürdigenden Umgang mit Tieren. Allein auf dem berüchtigten Viehmarkt in Wuhan, wo nach ersten Theorien damals der neuartige Coronavirus von Fledermäusen auf Tiere des Marktes übertragen worden sein soll, finden sich unfassbare hygienische Verhältnisse. Das Blut der geschlachteten Tiere mischt sich mit dem Kot der lebendigen. Bilder von kranken, leidenden Tieren auf solchen Märkten und von Fledermäusen, die lebendig in Suppe gekocht werden, sind normal auf solchen Märkten. Der Handel mit Wildtieren, die als Nahrungsmittel, Heilmittel, Trophäen oder Haustiere verwendet werden, floriert. Hunde werden geschlachtet, nachdem sie vorher bestialisch aufgehängt und zu Tode geprügelt wurden, was ihr Fleisch durch das austretende Adrenalin angeblich schmackhafter macht. Besonders wohlhabende Chinesen leisten sich frittierte Kobra oder geschmorte Bärentatze. Es ist zutiefst respektlos und eine große Missachtung der Natur, was hier geschieht. Nicht viel besser ist es in den USA mit ihren Massentierhaltungen von Rindern und Schweinen, die den kranken und permanent wachsenden, unersättlichen Hunger nach Fleisch befriedigen. Tiere sind hier die reine Ware. Und obwohl der Mensch inzwischen weiß, dass er nicht nur Tiere misshandelt und missbraucht, sondern auch sich selbst und der Umwelt im großen Stil schadet, kann er davon nicht ablassen.

Es ist kein Zufall, dass es immer wieder größere Coronaausbrüche in Schlachthöfen, auch in Deutschland, gab. Natürlich kann man sagen: Es sind die Arbeitsbedingungen dort, die dem Virus eine Wohlfühlatmosphäre schufen, in der er sich gerne ausbreitete. Als Menschen, die sich mit wahren Hintergründen und geistigen Gesetzen auseinandersetzen, sehen wir hier jedoch noch ganz andere Zusammenhänge.

Aus astromedizinischer Sicht ist das Virus, Sie haben es bereits in vorherigen Kapiteln gelesen, Pluto zugeordnet. Virologen sind sich darin einig, dass das Virus tot bzw. nicht lebendig ist und sich erst durch das Befallen von menschlichen, tierischen oder pflanzlichen Zellen vervielfältigen kann und damit zumindest als „dem Leben nahestehend" betrachtet werden kann. Das Virus wird also durch den Menschen erst auf seine Art lebendig, so wie der sagenumwobene Vampir das Blut des Menschen braucht, um existieren zu können. Und natürlich sind der Vampir und die Fledermaus klassisch dem Pluto zugeordnete Gestalten.

Die Saturn-Pluto-Spannung, die zu Beginn der Pandemie auftrat, ist ein „Höllenaspekt", der, wie gesagt, immer große Dunkelheit in der Welt verbreitet. Von Dunkelheit werden wir nur dann erfasst, wenn wir mit ihr korrespondieren, wenn wir sie in uns hineinlassen.

Ähnlich ist es mit jeder Krankheit und auch mit dieser Pandemie. Damit ein Mensch an Corona erkranken kann, muss er dem Virus Eingang erlauben, indem er auf einer Ebene mit ihm schwingt. Auch der schlimmste Virus hat nur dann eine Chance, den Menschen als Wirt zu benutzen, wenn dieser angeschlagen ist, in einer Krise steckt oder sonst wie die Krankheit für seine innere Entwicklung braucht, weil sie ihm hilft, loszulassen, sich im plutonischen Sinne zu wandeln.

Saturn-Pluto-Spannungen sind immer Reinigungsaspekte, die zunächst anzeigen, dass in der Welt etwas nicht stimmt, dass wir den falschen Weg eingeschlagen haben. Solche Katastrophen wie einst die Pest, empfanden die Menschen als Strafe Gottes für sündiges Leben. Irgendwie hatten sie recht. Nur: Heute würden wir sagen, wir sind selbst verantwortlich für den schlechten Umgang mit Tieren, wir selbst sind verantwortlich für die Umweltzerstörung, die schädlichen Viren ebenfalls hilft, sich zu verbreiten, wir sind verantwortlich für unsere Lebensgewohnheiten und für unsere dunkle Seele.

Im Dezember 2019 wurde das Virus von einem chinesischen Arzt in Wuhan erkannt. Warnungen seinerseits an die Medizinerkollegen wurden politisch verhindert oder unter Strafe gestellt. Pikanterweise verstarb der Entdecker dieses Virus an den Folgen seiner Ansteckung mit diesem Virus Anfang Februar 2020. Als Vorzeichen der Pest sah man in früheren Zeiten übrigens das Erscheinen von Saturn im Skorpion, dem Herrschaftsbereich Plutos.

Um diese neuzeitliche Pandemie astrologisch noch besser verstehen zu können, hilft es uns, zurückzublicken. Die letzte verheerende Pandemie mit einer solch drastischen Auswirkung trat 1918/19 auf. Es war die berüchtigte Spanische Grippe. Weltweit starben angeblich 50 Millionen Menschen bei einer Weltbevölkerung von 1,65 Milliarden Menschen.

Der Unterschied von damals zu heute: Die Menschen waren geschwächt vom Ersten Weltkrieg (1914 – 1918), der ebenfalls mit einer Saturn-Pluto-Konjunktion einherging, die 1914 und 1915 exakt war. Die Spanische Grippe, die 1918 zur Pandemie wurde, wurde dann von einer Jupiter-Pluto-Konjunktion im Krebs begleitet. Diese Konjunktion kann als die Verbreitung (Jupiter) des Virus (Pluto) logisch interpretiert werden. Unter der Spanischen Grippe litten besonders Kleinkinder und jüngere Menschen, denn Krebs und sein Herrscher Mond unterstehen dem Kleinkind.

Im Laufe der Coronakrise hatten wir wieder eine Jupiter-Pluto-Konjunktion. Konkret befanden sich damals Saturn, Jupiter und Pluto im Steinbock. Und als die Pandemie so richtig Fahrt aufnahm und sich verbreitete, war vor allem die Jupiter-Pluto-Konjunktion genau. Sie war 2020 im März und April, im Juni, Juli und November exakt.

Saturn-Pluto-Spannungen beschreiben immer wieder Sackgassen, in der Welt und auch beim Einzelnen, in die wir durch eigene Schuld und Verantwortung hineingeraten sind. Sie erfordern einen tiefgreifenden Wandel. Die Zeit ist gefährlich oberflächlich geworden, es geht vielfach nur um Macht und Geld. Die Gier nach noch mehr macht Menschen rücksichts- und verantwortungslos, was durch die Jupiter-Pluto-Konjunktion angezeigt war.

Eine besondere Bedeutung hatte das Coronavirus, wie gesagt, für alte Menschen. Ca. 90 Prozent der Toten stammten in Deutschland aus Alten- und Pflegeheimen. Was will uns das sagen, welche Fragen stellte diese Krise an uns als gesamte Gesellschaft und an die alten Menschen? Es war und ist die Aufforderung, über den Tod, das größte Tabuthema unserer Zeit, nachzudenken. Die Medizin mag die alten Menschen nicht mehr sterben lassen, und wir sehen im Tod etwas, was nicht sein darf. Passt einfach nicht zu unserer Gesellschaft, die sich in Scheinwelten bewegt und die es gewohnt ist, sich in allen möglichen Freizeitaktivitäten abzulenken.

Das Coronavirus hat unter diesen Menschen wie eine Bombe eingeschlagen, wie die Pest im Mittelalter. Das Leben ist tatsächlich endlich, was uns normalerweise erst so um die Sechzig vollends bewusst wird. Die jüngeren Menschen ahnten jetzt, wie das Leben auch laufen könnte, und die alten Menschen sahen durch das Auftauchen des Virus den Tod direkt vor sich. Viele erinnerten sich an Kriegszeiten zurück, die elementare Angst, gleich zu sterben, kam wieder hoch. Noch mehr alte Menschen litten aber vermutlich unter dem veränderten Tagesablauf der Isolation, die sie von Familienmitgliedern trennte. Das alles war grauenvoll. Zudem spürten viele ältere Menschen direkt oder indirekt den Unmut der jüngeren Generation, die vielfach dachten, aber auch sagten: „Wegen den Alten müssen wir jetzt unsere Aktivitäten einschränken.“ Ja, so war es auch, aber was konnten die älteren Menschen dafür?

Berührt wurde jeder von Corona auf seine Art, seelisch, geistig, körperlich, finanziell. Solche Krisenzeiten scheinen aus spiritueller Sicht dafür da zu sein, dass wir wieder in uns gehen und uns selbst reflektieren, darüber nachdenken, was dieses Schicksal mit uns und unserem persönlichen Weg zu tun hat und uns sagen will. Auch die größte Dunkelheit hält immer auch eine Chance bereit. Eine ganz große Chance dieser Krise war es wohl, sich wieder mehr auf das Wesentliche im Leben zu besinnen, auf das, was wirklich zählt. Es war und ist für jeden von uns wichtig, sich Gedanken über den Tod und das Vergängliche zu machen, es war und ist für jeden von uns wichtig, sich Ziele im Leben zu stecken, die nicht nur mit Beruf, Karriere, Familie zu tun haben, sondern auch mit unserer inneren, persönlichen Entwicklung, die am Ende des Lebens als eigentlicher Sinn des Lebens stehen bleibt.

Diese Krise hat in Menschen ungeheuer viel angestoßen. Und diese Krise hat uns alle auf die neue Zeit vorbereitet. Saturn-Pluto-Spannungen gehen, wie gesagt, oft mit Kriegen einher, immer aber mit großen Transformationen. Das Alte stirbt, damit das Neue geboren werden kann. Strukturen, die das Leben gebaut hat und an denen wir uns festhalten, brechen unter Saturn-Pluto-Aspekten zusammen und werden nachhaltig zerstört. Es war so gesehen ein gigantischer Zeitenumbruch, der eingeläutet wurde und der auch durch das Quadrat zwischen Saturn im Wassermann und Uranus im Stier beschleunigt wurde, das 2021 und 2022 in Erscheinung trat. Saturn, die alte Welt, stand im Konflikt zu Uranus, der neuen, was die Zeit so spannend, aber auch anstrengend machte.

Die Machtübernahme der künstlichen Intelligenz

Das Wassermannzeitalter, das sich immer noch in seinen Anfangszügen befindet, wird schon bald wilde Blüten treiben, die uns alle überraschen könnten. Zu einer echten Bedrohung weitet sich erstmals unter Pluto im Wassermann die künstliche Intelligenz aus. Sie entwickelt sich sprunghaft und wird dem Menschen möglicherweise schon bald so weit überlegen sein, dass sie zur vielleicht größten Gefahr überhaupt wird.

Pluto im Wassermann bedeutet wörtlich übersetzt die Macht (Pluto) der Maschine bzw. der modernen Technik, die dem Wassermann und ihrem Herrscher Uranus zugeordnet wird. Uranus als höhere Oktave von Merkur, dem Planeten der Kommunikation, steht ferner für das technisch basierte Kommunikationszeitalter, in dem der Computer und die künstliche Intelligenz zunehmend den Menschen ersetzen.

Der legendäre Physiker Stephen Hawking (geboren am 8. Januar 1942 in Oxford, England, gestorben am 14. März 2018 in Cambridge, England) warnte bereits kurz vor seinem Tod davor, dass künstliche Intelligenz, kurz KI genannt, durch ihre enorm schnelle Entwicklung den Menschen in seiner durch biologische Gründe begrenzten Intelligenz schon bald um Welten abhängen könnte und sich, indem sie sich seiner Kontrolle entzieht, über ihn erheben wird. Klingt wie einer dieser typischen Endzeit-Sciencefiction, ist aber nicht so weit weg, wie wir vielleicht denken.

Tesla-Chef Elon Musk bezeichnete die KI ebenfalls als unsere größte existentielle Bedrohung und bemerkte: „Die künstliche Intelligenz ist weitaus gefährlicher als Atomwaffen". Elon Musk muss es wissen. Denn er selbst ist seit einigen Jahren maßgeblich an dem Projekt Neuralink beteiligt, einer Firma, die Schnittstellen zwischen Gehirn und Computer entwickelt. Implantate, die schon Ende 2020 in das Gehirn verpflanzt werden sollten, werden mit Elektroden, Sensoren und Apps versehen, die dem Gehirn beim Denken zusehen und es gegebenenfalls unterstützen.

Wenn so etwas Fahrt aufnimmt, entsteht irgendwann einmal möglicherweise ein Hybrid zwischen Mensch und Maschine. Auch das kennen wir aus zahlreichen Sciencefiction. Und wir wissen ja: Wissen oder auch die Denkleistung ist Macht. Die neue Macht könnte demnach auch so aussehen, dass diejenigen, die besonders viel Einfluss und Geld besitzen, sich die besten Implantate einsetzen können, was wiederum zu einer großen intellektuellen Überlegenheit gegenüber weniger Betuchten führen würde.

Als es Deep Blue, einem von IBM entwickelten Schachcomputer, 1996 als erstem Computer gelang, den damals amtierenden Schachweltmeister Garri Kasparow in einer Partie mit regulären Zeitkontrollen zu schlagen, hatten wir noch keinen blassen Schimmer davon, wohin uns die künstliche Intelligenz noch führen wird. Jetzt erst können wir uns allmählich vorstellen, dass die KI über kurz oder lang sogar unsere Existenz bedrohen wird.

Die Verbesserungsrate der KI ist exponenziell. Masayoshi Son, der reichste Mann Japans und Gründer des Unternehmens SoftBank Capital, ein japanischer Telekommunikations- und Medienkonzern, prognostizierte wie Elon Musk, dass die KI unser Leben völlig umkrempeln wird. Menschen mit einem IQ von 200 werden als Genies bezeichnet, während Computer einen IQ von 10.000 erreichen werden. Die Menschen müssten sich für die Zukunft die Frage stellen: „Was wird dann unser Job sein, wie wird unser Leben verlaufen?"

Unzählige Menschen und Berufe werden durch die künstliche Intelligenz ersetzt. Es kann sein, dass wir Menschen plötzlich zu Randfiguren einer Welt werden, die wir uns selbst geschaffen haben. Der Mensch der Wassermannzeit droht Opfer der Schatten seiner eigenen Kreationen zu werden, sofern es ihm nicht gelingt, den Missbrauch künstlicher Intelligenz aufzuhalten, der mit dem Sammeln von persönlichen Daten, wie es Google, Facebook, diverse Social-Media-Kanäle, Messenger, Internetprovider, Online-Händler, Versicherungen und Banken tun, beginnt und dem gnadenlosen Ausbeuten und Beherrschen von Menschen enden wird.

Pluto im Wassermann ist astrologisch die große Versuchung, Macht und Kontrolle über Menschen durch den Einsatz künstlicher Intelligenz zu erlangen, die Daten über deren Verhalten, Lebensgewohnheiten, Sehnsüchte, Intelligenz usw. auszuwerten und gegen sie einzusetzen. Der Mensch wird auf eine Art manipuliert, die ihm völlig fremd ist, die er nicht kennt und nicht durchschauen kann, der er letztlich wehrlos ausgeliefert ist. Das wäre ein Schreckensszenario, das keineswegs unwahrscheinlich ist und Elon Musk recht gibt, der die KI, wie gesagt, sogar gefährlicher als die Atombombe einschätzt.

Im Jahr 2045 wird laut Zukunftsforscher und Erfinder Ray Kurzweil die sogenannte technologische Singularität erreicht. Sie ist die Zusammenfassung mehrerer Zukunftsforschungen, die besagt, dass sich in diesem Jahr der Zeitpunkt nähert, an dem Maschinen erstmals intelligenter sein werden als Menschen. Fast so lange bleibt Pluto im Wassermann, den er endgültig im Jahr 2044 verlassen wird.

Die künstliche Intelligenz wird sich ab diesem erreichten Punkt der Entwicklung im Zeitraffer weiterentwickeln und stetig selbst verbessern. Die neuen Erfindungen nehmen sprunghaft zu, und der derart beschleunigte technische Fortschritt, der sich nun nicht mehr stoppen und zurückdrehen lässt, verändert nicht nur ständig und rasant die Gegenwart, er stellt die Menschheit auch vor eine völlig ungewisse Zukunft, die kaum mehr vorhersehbar wäre, da sie jeden Moment in eine weitere, andere Richtung auszuschlagen droht.

Sobald der Mensch diese eine Superintelligenz entwickelt haben wird, wird er keine weiteren großen Erfindungen mehr machen. Das wird dann die Aufgabe der Maschinen sein.

Der prognostizierte Zeitpunkt der Singularität wird von Zukunftsforschern allerdings unterschiedlich diskutiert. Manche erwarten ihn in den 50er, andere in den 60er oder 70er Jahren des 21. Jahrhunderts. Eines steht jedoch fest: Die technologische Singularität, der Tag, an dem die Maschine sprunghaft an Macht und Einfluss gewinnt, tritt völlig überraschend und unvorhersehbar ein, auch für die Menschen, die die künstliche Intelligenz entwickeln und maßgeblich vorantreiben. Das Gefährliche an der künstlichen Intelligenz ist, dass ihre Entwicklung und ihr Fortschritt ab diesem ominösen Punkt so schnell vonstattengeht, dass ihr der Mensch wahrscheinlich nicht mehr folgen und sie nicht mehr verstehen kann.

Die KI wird wohl vor allem die Menschen frustrieren und deren Selbstwert infrage stellen, die bisher nur auf ihre Ratio und ihren Intellekt gesetzt haben und davon ausgegangen sind, dass alles im Leben berechenbar ist. Diesen Menschen wird spätestens mit der technologischen Singularität bewusst, dass Kopf und Intellekt der Maschine wesentlich besser sind, als ihrer je war. Allerdings könnten jetzt verstärkt die Hirnimplantate zum Einsatz kommen, die quasi die Rechenkapazität des Gehirns aufrüsten und eine Schnittstelle zwischen Mensch und Computer herstellen.

Der Mensch muss also aufpassen, dass er nicht Gefangener seiner eigenen Schöpfung wird. Doch die technologische Singularität scheint auf der anderen Seite auch die große Chance zu sein, dass der Mensch sich wieder mehr in seiner Gesamtheit wahrnimmt und erkennt, dass die Naturwissenschaft, die Rechenleistung eines Gehirns oder eines Computers sowie Statistiken, auf die sich so viele politische und medizinische Entscheidungen gründen, nicht alles sind. Wir beginnen durch die Unterscheidung zwischen KI und menschlichen Eigenschaften und Stärken vermutlich wieder mehr die Chance des Menschseins zu erkennen.

Wir Menschen haben Gefühle, wie Liebe, Hass, Freude oder Angst, die die Maschine nicht besitzt und die nicht nur als Schwäche wahrgenommen werden können, sondern als ein Ausdruck von Leben. Die Maschine hat keine Ahnungen, mit denen wir oftmals weiter und tiefer blicken können, als uns das der beste Verstand ermöglichen könnte. Die KI besitzt keine Intuition, diese himmlische Eingebung, die uns still und heimlich mitteilt, was richtig und was falsch ist und die uns ungewöhnliche Erkenntnisse vermitteln kann. Die Maschine hat auch kein Bauchgefühl, aus dem heraus sie entscheiden kann, und sie hat auch keine emotionale Intelligenz, keine Empathie, mit der Menschen innere seelische Vorgänge von anderen wahrnehmen können. Sie hat auch keine Bedürfnisse, kein Bewusstsein, keinen Geist, keine Seele. Das ist der Unterschied, an den man sich hoffentlich wieder erinnern wird. Das heutige rational, naturwissenschaftlich gerichtete und vertrauende Denken unserer Zeit bereitet letztlich die Herrschaft der Maschine vor, die ihren beispiellosen Aufstieg unter Pluto im Wassermann haben wird.

Pluto im Wassermann wird jedoch dazu führen, dass sich viele Menschen noch bewusster und intensiver mit ihrer Intuition (astrologisch ebenfalls Uranus zugeordnet) auseinandersetzen und diese noch selbstverständlicher in ihr Leben einbauen, wenn es darum geht, private, gesundheitliche oder berufliche Entscheidungen zu treffen. Die Intuition, die uns mit der geistigen Welt, den Engeln, verbindet und die wir auch als innere Führung bezeichnen können, kann geschult und durch bestimmte Techniken gefördert werden, was man heute schon weiß und vielfach praktiziert. Wir werden bald nicht mehr staunen, dass sich plötzlich ein Mensch bei uns meldet, an den wir eben gedacht haben, weil es für viele zu einer ganz normalen Gewissheit wird, dass wir Energiefelder zu Menschen aufbauen, mit denen wir innerlich auf irgendeine Art verbunden sind, und Zeit und Raum überwinden können. Besonders geistig hochentwickelte Menschen werden lernen, miteinander zu kommunizieren, ohne nur ein Wort zu sprechen. Geistige Wahrheiten, die heute noch von vielen belächelt werden, da nicht beweisbar, werden zweifellos bereits in den kommenden Jahren immer noch stärker in das Bewusstsein von Menschen dringen, ja möglicherweise sogar bewiesen werden. Auch diese sehr positive Entwicklung wird es unter Pluto im Wassermann geben.

Sehr spannend dürfte dann auch die Zeit in spiritueller Hinsicht werden, wenn Pluto 2044 vom Wassermann in die Fische wechselt, in denen er bis 2068 bleiben wird. Jetzt beginnen die Menschen tatsächlich noch wesentlich stärker als bisher, das große und unendliche Meer des Unterbewusstseins zu erforschen, und ziemlich sicher wird man in diesen Jahren erkennen, dass es so etwas wie ein gigantisches inneres Wissen, einen überpersönlichen Bereich des Unbewussten gibt, auf den alle Menschen zurückgreifen können und den der berühmte Tiefenpsychologe C.G. Jung (geboren am 26. Juli 1875 in Kesswil, Schweiz, gestorben am 6. Juni 1961 in Küsnacht/Kanton Zürich) in seinem Werk „Die Archetypen und das kollektive Unbewusste" schon lange Zeit vorher beschrieb.

Die Forschung wird sich nun, wie gesagt, verstärkt den Kräften des Unbewussten zuwenden, möglicherweise wird aufgrund von besseren Messtechniken auch zu erforschen versucht, ob es so etwas wie eine Seele gibt, die unter Umständen sehr feinstofflich ist und beim Tod, dem Austritt aus dem Körper, entdeckt werden kann. Auch die Schwingungen und der damit unmittelbare feinstoffliche, aber dennoch sehr starke Einfluss von Planeten sollte nun erkannt werden, ebenso wie die Bedeutung und Wirksamkeit homöopathischer Gaben in der Medizin.

Im Wassermannzeitalter werden viele Dinge eskalieren, und die Zukunft wird laufend neu geschrieben. Es ist ein aufregendes Zeitalter. Befand sich die Menschheit im Fische-Zeitalter noch in einer Art Erwartungshaltung, in der es mehr innere wie äußere Entwicklungen gab, so werden sich im Wassermannzeitalter die großen Erfindungen und Entwicklungen geradezu überschlagen. Schon jetzt sprechen wir von einer Zeitbeschleunigung, die gerade erst ihren Anfang genommen hat. Die Zeit wird noch viel, viel schneller zu rasen beginnen.

Zurück zu Pluto im Wassermann: Kritiker befürchten, dass die technologische Singularität, die selbst denkenden, superintelligenten Maschinen, die Menschheit letztlich ausrotten könnte. Damit sind wir wieder bei Elon Musk und seinem Hinweis, dass die KI wesentlich gefährlicher als die Atombombe ist, und die ist bereits zur permanenten Bedrohung der Menschheit geworden. Wir können letztlich nur hoffen, dass Geist und Bewusstsein des Menschen wachsen und dass er die enormen Gefahren, die er selbst geschaffen hat oder noch schafft, unter Kontrolle bringen wird. Das gefährliche Spiel mit der Schöpfung gehört zur Menschheitsgeschichte.

PLUTO UND DIE KARMISCHE AUFGABE DER GENERATIONEN

Die jeweilige Pluto-Stellung in den Tierkreiszeichen prägt nicht nur größere Zeitabschnitte im Menschheitsgeschehen, sie verrät auch die karmische Aufgabe der Generation, die unter diesem Pluto geboren wurden.

Pluto im Krebs von September 1912 bis Juli 1939
(Übergangszeiten des Pluto von den Zwillingen in den Krebs zwischen 1912 und 1914, Übergangszeiten des Pluto vom Krebs in den Löwen zwischen 1937 und 1939)

In diesen Jahren stand Pluto im Krebs. Krebs ist das Zeichen der Urweiblichkeit, der Heimat und der Familie. Diese Generation musste zunächst erleben, was falscher Patriotismus und eine Idealisierung der Familie wie in Deutschland anrichten können. Pluto im Krebs ist daneben der Verlust (Pluto) der Heimat (Krebs), weshalb diese Pluto-Stellung auch in vielen Horoskopen von Heimatvertriebenen zu finden ist. Pluto im Krebs spricht wie keine andere Pluto-Stellung die verdrängten, verborgenen Dinge in der Seele an, die mit Leid, Niederlage, erlittenem Unrecht in der Vergangenheit, Heimatliebe, Sehnsucht nach Zugehörigkeit und Suche nach Identität zu tun haben. Ein perfekter Nährboden für den Nationalsozialismus, der zunächst innere Heilung versprach und ein völlig neues Zusammengehörigkeitsgefühl im Krebs, im Zeichen des Volkes, entwickelte. Pluto im Krebs kündigt aber auch den Teufel, den Tyrannen (Pluto) an, der aus dem Volk (Krebs) erwächst.

In dieser Pluto-Phase drang auch die Psychologie als eine ernstzunehmende Wissenschaft immer noch stärker in den Vordergrund. Und auch die Astrologie, die Wahrsagerei und der Okkultismus erlebten eine Blütezeit. Pluto im Krebs deutet die Erforschung der Seele, aber auch die Suche nach Kontakt zu verstorbenen Seelen an.

Die Generation von Pluto im Krebs versucht, verborgene Hintergründe zu entdecken, fängt an, psychologisch zu denken, forscht nach Familiengeheimnissen und nimmt innerlich Kontakt zu den Ahnen auf. Diese Menschen hängen sehr an ihren jeweiligen Familien, mit denen sie sich unauflöslich verbunden fühlen. Sie haben das Verständnis von Familie und starker seelischer Verbundenheit letztlich erneuert, auch weil gerade der Nationalsozialismus in dieser Hinsicht so viel zerstörte. Diese Generation wurde seelisch aber auch am stärksten belastet von den schrecklichen Geschehnissen und Grausamkeiten des Zweiten Weltkriegs. Sie musste viel verkraften und aufarbeiten und dabei innerlich sterben, um neu geboren zu werden. Die Generation mit Pluto im Krebs hat letztlich die Aufgabe, auch die eigenen Ungeheuer in der Seele zu erkennen und zu bewältigen.

Pluto im Löwen von 1937 bis 1958
(Übergangszeiten des Pluto vom Krebs in den Löwen zwischen 1937 und 1939, Übergangszeiten des Pluto vom Löwen in die Jungfrau zwischen 1956 und 1958)

Pluto steht im Löwen in seiner kosmischen Erhöhung, und das bedeutet, dass er in diesem Zeichen seine Kräfte, die auf Macht, Zerstörung und Wiederaufbau gerichtet sind, extrem gut entfalten kann. Eine sehr schicksalhafte und bedeutende Pluto-Stellung, in die unter anderem der Zweite Weltkrieg und das anschließende Wirtschaftswunder fielen, in dem Westdeutschland wie der Phönix aus der Asche zu neuem Wohlstand gelangte.

Schicksalhaft war diese Pluto-Stellung aus astrologischer Sicht auch deshalb, weil Pluto als der Herrscher über den Tod sich im Zeichen des Lebens, dem Löwen, über den die Sonne herrschte, aufhielt. Das führte im Zweiten Weltkrieg zu einer unfassbaren Zahl von ca. 60 bis 65 Millionen Toten weltweit. Es war der Kampf zwischen der Unter- und Oberwelt, der am Ende die Welt in zwei große Blöcke, in Ost und West, spaltete. Jede dieser neuen Weltordnungen sah in der jeweils anderen das Böse, um von der eigenen Dunkelheit abzulenken. Man könnte auch psychologisch sagen, dass beide Blöcke ihre verdrängten Schatten auf den jeweils anderen projizierten. Es ging um die Frage, welches System in der gesamten Welt überlegen ist, das kapitalistische oder das kommunistische. Die Atombombe, die als größte Massenvernichtungsmasse Pluto (Plutonium) zugeordnet ist, sorgte für das Gleichgewicht des Schreckens.

Die Generation mit Pluto im Löwen hat vor allem die Aufgabe, ihr Ich zu entdecken, sich als Individuum wahrzunehmen, ihre schöpferischen Kräfte zu entwickeln und zu entfalten. Kreativität und Selbstverwirklichung führten in dieser Zeit letztlich auch zum großen Wirtschaftswunder. Pluto im Löwen vermittelte den Menschen den Glauben an sich und ihre eigenen Fähigkeiten, mit denen sie letztlich alles erreichen können. Gleichzeitig musste und muss diese Generation den Glauben an die absolute Autorität begraben und von jedem Hörigkeitsdenken ablassen. Diese Generation hatte und hat nach wie vor die Aufgabe, falschen und verderblichen Führerschaften abzuschwören und selbst Verantwortung über ihr Leben und die Politik ihres Landes zu übernehmen. Sie sind es, die den Übergang in die neue Zeit, in das Wassermannzeitalter, ebneten.

Pluto in der Jungfrau von 1956 bis 1972

(Übergangszeiten des Pluto vom Löwen in die Jungfrau zwischen 1956 und 1958, Übergangszeiten des Pluto von der Jungfrau in die Waage zwischen 1971 und 1972)

Pluto in der Jungfrau war mit großen umwälzenden Veränderungen in unserer Gesellschaft verbunden. Es wurde eine völlig neue Einstellung zu Anpassung, Unterordnung, Dienen entwickelt. Schließlich fiel in die 60er Jahre des 20. Jahrhunderts die größte gesellschaftliche Revolution, die je stattfand, die Hippiebewegung, in die unter anderem die Emanzipation und die Befreiung der Sexualität fielen. Uranus stand damals in Konjunktion mit Pluto, was der Aspekt der größtmöglichen Revolution ist.

Unser gesamtes Denken änderte sich in dieser Zeit. Die Menschen erlaubten sich von nun an, im Sinne der Jungfrau selbst kritisch zu denken, das heißt, sich das Denken nicht mehr nur von anderen vorgeben zu lassen und offen Missstände anzuprangern. Vorgaben der Politik und gesellschaftliche Moral nach dem Motto „das tut man", wurden heftig infrage gestellt.

Die Generation, die unter diesem Pluto geboren ist, hat auch heute noch die Aufgabe, aufzuklären und Probleme anzusprechen. Ihr größtes Problem dürfte die oftmals einseitige Wissenschaftsgläubigkeit sein, da sie eine Generation ist, die sich vielfach alles rein rational zu erklären versucht.

Viele Menschen dieser Generation entdecken und bringen auch heute noch die alternative Medizin voran, auch deshalb, weil sie die diabolische Seite der Schulmedizin erkannt haben. Fragen der Gesundheit, der Arbeitsbedingungen, der Lebensführung stehen bei dieser Generation häufig im Vordergrund. Manche Menschen mit Pluto in der Jungfrau besitzen unglaubliche Heilkräfte, viele Menschen dieser Generation leiden unter einem Perfektions- und Zerstörungsdrang, weil einfach nie etwas gut genug sein kann und weil zu viel kritisiert und in Zweifel gezogen wird.

Eine große karmische Aufgabe dieser Generation ist es in einem höheren Sinne, den Graben zwischen Wissenschaft und Spiritualität zu überwinden, die ebenfalls stark in das Bewusstsein dieser Menschen rückt, da Jungfrau schließlich den Fischen, dem Zeichen der Spiritualität, gegenübersteht.

Pluto in der Waage von 1972 bis 1984

(Übergangszeiten des Pluto von der Jungfrau in die Waage zwischen 1971 und 1972, Übergangszeiten des Pluto von der Waage in den Skorpion zwischen 1983 und 1984)

In dieser Zeit fand unter anderem eine große Wandlung der Liebe und der partnerschaftlichen Beziehungen statt, die uns bis heute beschäftigt. Denn dieser Pluto verlangte eine große Intensität in der Liebe und in Partnerschaften, was zu vielen Trennungen, aber auch spontanen Neuverbindungen führte. Die Ehe wurde infrage gestellt, ebenso geschäftliche Verträge sowie staatliche Verbote und Vorschriften.

Diese Generation trägt zu der derzeit hohen Scheidungsrate in der Welt entscheidend bei, sie ist aber auch mitverantwortlich für den nötigen Wandel der Liebe in unserer Zeit, in der die klassischen Rollen von Mann und Frau fallen und in der die Liebe auf Augenhöhe und Gleichberechtigung gefordert wird.

Die Generation von Pluto in der Waage verändert auf eine sehr tiefgreifende Art und Weise das Zusammenleben mit dem Partner. In einem höheren Sinne hat sie die karmische Aufgabe, den Weg zu einem völlig neuen Verständnis von Liebe zu ebnen. Die Liebe soll künftig freiwillig und der Partner nicht nur Ehemann bzw. Ehefrau sein, sondern auch Freundin, Freund, Liebhaberin und Liebhaber und vor allem auch eine Art Coach, der einen in der persönlichen Entwicklung fördert und weiterbringt. Denn in einer Beziehung wollen sich heute beide Partner verwirklichen und suchen dabei zumindest innerlich die Unterstützung des jeweilig anderen. Ein mächtiger Anspruch, den diese Generation an die perfekte Liebe hat. Bei Pluto in der Waage geht es letztlich auch um das Gleichgewicht in einer Beziehung oder in einer beruflichen Partnerschaft. Dass einer dominiert, ist nicht mehr zeitgemäß, es müssen beide dominieren können und dürfen (siehe Kapitel „Glückliche Beziehungen und das Gleichgewicht der Macht“).

Nicht zuletzt geht es für viele Vertreter der Generation mit Pluto in der Waage darum, dass gleichgeschlechtliche Beziehungen gesellschaftlich ebenso anerkannt werden wie die gegengeschlechtlichen.

Pluto im Skorpion von 1983 bis 1995
(Übergangszeiten des Pluto von der Waage in den Skorpion zwischen 1983 und 1984, Übergangszeiten des Pluto vom Skorpion in den Schützen 1995)

Mit Spannung wurde damals von vielen Astrologen die Einkehr Plutos, Herr über den Tod, in seinen eigenen Herrschaftsbereich erwartet. Man wusste, dass dies eine Zeit wird, die mit Tod, Magie und enormen Transformationen zu tun haben wird.

Als Pluto 1983 erstmals in den Skorpion, in dem er noch mehr Macht besitzt, eintrat, entdeckten der französische Forscher Luc Montagnier und die französische Forscherin Françoise Barré-Sinoussi, dass die Krankheit AIDS, die die Schwächung des körpereigenen Abwehrsystems zur Folge hat, durch einen Virus verursacht wird. Die Verbreitung des Virus führte schnell zu einer Pandemie, die, Stand 2021, nach Schätzung des „Gemeinsamen Programms der Vereinten Nationen für HIV/Aids" bisher etwa 39 Millionen Menschen das Leben gekostet hat. Beide Wissenschaftler erhielten für ihre Entdeckung den Nobelpreis für Medizin. Der Nobelpreisträger Luc Montagnier war es interessanterweise, der Jahre später, 2020, als die Corona-Pandemie im vollen Gange war, behauptete, dass das Coronavirus manipuliert, die Arbeit eines Profis, eines Molekularbiologen sei.

Das Virus allgemein ist, wie wir wissen, astromedizinisch Pluto zugeordnet, ebenso wie die Geschlechtsorgane, über die das HIV-Virus in erster Linie übertragen wird, ebenfalls Pluto bzw. dem Skorpion zugeordnet werden.

AIDS hat damals die Sexualität nachhaltig verändert. Man könnte auch sagen, Pluto im Skorpion hat die Sexualität transformiert, indem er sie in die Nähe des Todes gerückt hat. Die Krankheit war und ist beim Sex mit Menschen, die man noch nicht so gut kennt, immer im Kopf mit dabei, vor allem bei Schwulen, bei denen das Ansteckungsrisiko am höchsten ist. Man hat heute HIV fast, aber eben noch nicht ganz besiegt, weshalb das AIDS-Gespenst weiter umgeht. Wir haben das Gespenst nicht vertrieben, sondern nur in Form des Safer-Sex gelernt, mit ihm zu leben.

Durch AIDS und Pluto im Skorpion ist die Sexualität nicht weniger, im Gegenteil, sie wurde in den 90er Jahren immer mehr zu einem Thema, das öffentlich diskutiert und betrachtet wurde. Auch die Pornografie und die Kommerzialisierung des Körpers wurden ein großes Thema. Das Interesse für Sexualität nahm nun paradoxerweise auch bei Frauen zu, die bis dahin durchschnittlich nur einen Sexualpartner im Leben hatten. Durch den Einsatz des Kondoms, das wegen AIDS zum Muss geworden war, fühlten sich Frauen vor ungewollter Schwangerschaft nun sicherer, ohne dabei immer die gesundheitlich umstrittene Pille nehmen zu müssen. Da nun auch Männer Verantwortung übernahmen, indem sie sich um das Kondom bemühten, war die Bahn für viele frei für One-Night-Stands und spontanen Sex ohne feste Beziehung.

Das Masturbieren, das Männer nach alten Anschauungen, die sich erstaunlich hartnäckig hielten, schwächen oder gar blöd machen sollte und das für die meisten Frauen immer noch ein Tabuthema war, wurde als wichtiger Bestandteil der Sexualität akzeptiert und gelebt. Gleichzeitig fand immer mehr das Sexspielzeug Eingang in das Liebesleben. Und in der Endzeit des Pluto im Skorpion, Mitte der 90er Jahre, tauchte die Rasur im Intimbereich auf, ein Trend, der inzwischen zur Gewohnheit geworden ist.

Pluto im Skorpion hat also mit AIDS den Tod und die Todesangst vor Sex gebracht und gleichzeitig die Sexualität ungemein belebt.

Mit Pluto im Skorpion wurde eine sehr machtvolle Generation geboren, die einen wesentlichen Einfluss auf den Wandel der Welt in Richtung Wassermannzeitalter besitzt. Schon als Kinder waren viele dieser Menschen sehr schwierig für ihre Eltern, da man vor ihnen nichts verbergen konnte und sie innere Vorgänge leicht durchschauten. Viele dieser Menschen haben größere Machtthemen, weshalb dieser Generation viele Machtmenschen, unter Umständen große Tyrannen entwachsen. Diese Menschen bringen alles Verborgene ans Licht, sie leisten Großartiges in medizinischen und naturwissenschaftlichen Forschungen, sie sind aber auch wesentlich an der Entdeckung von alten und neuen Heilmethoden unserer Zeit beteiligt. Sie wenden sich der Magie und dem Okkultismus zu, beleben die Spiritualität durch ihren Tiefgang völlig neu und erkennen die göttliche Energie der Sexualität. Sie nutzen die Kundalini-Energie, die, erwacht und transformiert, der eigentliche Quell der Macht ist. Es ist eine Generation, die ungemein viel bewegen kann, im Guten wie im Schlechten. Es ist die Generation, die die Erde retten oder endgültig zerstören kann.

Pluto im Schützen von 1995 bis 2008
(Übergangszeiten des Pluto vom Skorpion in den Schützen zwischen 1995, Übergangszeiten des Pluto vom Schützen in den Steinbock 2008)

Die Jahre von Pluto im Schützen brachten den Menschen einen tiefgreifenden Wandel, was ihre Einstellung zu Glaubensinhalten und moralischen Wertvorstellungen betraf. In der katholischen Kirche wurden immer mehr Missbrauchsfälle aufgedeckt, welche wiederum viele Kirchenaustritte nach sich zogen.

Die Menschen entdeckten nun immer mehr die Fernreisen für sich, und auch das Internet war plötzlich präsent und fand Eingang in nahezu jeden Haushalt. Ähnlich wie die vielen Fernreisen sorgte das Internet dafür, dass die Welt immer noch näher zusammenrückte. Über das Internet erfuhren wir jetzt, was in den kleinsten und entferntesten Teilen der Welt passiert.

Die negativen Energien des Pluto im Schützen riefen in diesen Jahren die fundamentalen Moslems auf den Plan, die verstärkt durch Terroranschläge begannen, die Welt zu terrorisieren. Pluto stellte im Schützen vor allem die Frage nach dem Sinn des Lebens, und er stellte alte Glaubensinhalte infrage. Der Hunger nach einer spirituellen Heimat konnte von den vorherrschenden Kirchen endgültig nicht mehr gestillt werden. Die Spirituelle Szene boomte. Durch diese Pluto-Stellung wurden nun auch immer mehr die Bildung (Schütze, Zeichen der Bildung, Herrscher Jupiter) und die Macht, die Menschen und Länder durch Wissen und Bildung erhalten, ein großes Thema. Auch Seminare und Fortbildungskurse begannen stark aufzukommen.

Die Generation mit Pluto im Schützen hat die große und verantwortungsvolle Aufgabe, neue Wertvorstellungen zu entwickeln und alte Ideale zu beleben. Es ist die Generation, für die das Reisen und das Kennenlernen fremder Kulturen, die wiederum Einfluss auf ihre Weltanschauungen gewinnen, ein unbedingtes Muss ist. Es ist die Generation, die im Zuge der großen Zeitwende die Weltanschauungen transformiert. Sie hilft der Menschheit, sich von Glaubenssätzen zu lösen, die größere innere wie äußere Entwicklungen blockierten. Diese Generation wird auch zu einem neuen Glauben beitragen, der völlig losgelöst von religiösen Dogmen, Gewissensdruck und Strafe ist. Eine Generation, auf die wir lange gewartet haben und die den inneren Weg in das Wassermannzeitalter ebnet.

Pluto im Steinbock von 2008 bis 2023
(Übergangszeiten des Pluto vom Schützen in den Steinbock 2008, Übergangszeiten des Pluto vom Steinbock in den Wassermann zwischen 2023 und 2024)

Diese Pluto-Stellung wird nachhaltig unsere Zeit prägen. Sie deutet einen radikalen Wandel gesellschaftlicher Verhältnisse und Hierarchien an. In der Krise befindet sich vor allem der Kapitalismus, da Pluto im Steinbock die Macht der Materie symbolisiert. Die Reichen werden immer noch reicher, die Armen immer noch ärmer. Der Mittelstand fängt sich auch in der westlichen Welt allmählich an aufzulösen. Ein Zustand, der unerträglich wird und nicht länger hingenommen werden kann. Alte Gesetze und überholte politische Strukturen werden beseitigt, viele Menschen lehnen sich gegen Tyrannei und Unterdrückung auf, wie das etwa der Arabische Frühling offenbart hat.

Daneben geht es bei Pluto im Steinbock, der das kardinale Zeichen der Führung ist, um nichts Geringeres als um die Vorherrschaft in der Welt. Mit den USA, der alten und vom Untergang bedrohten Weltmacht, die mit ihrem gnadenlos auf Ausbeutung gerichteten Kapitalismus am Ende scheint, und mit China, der extrem aufstrebenden Supermacht, stehen sich zwei mächtige Blöcke gegenüber, die ihren Kampf um die Weltherrschaft in erster Linie über die Wirtschaft austragen.

Die Aufgabe der Menschen, die unter Pluto im Steinbock geboren sind, ist es, der Welt, dem Leben und der Gesellschaft eine völlig neue Ausrichtung und Struktur zu geben. Es geht auch darum, wieder zu seinen Wurzeln, zur Natur zurückzufinden. Viele Menschen dieser Generation streben ein naturverbundenes und bodenständiges Leben an, weil sie erkennen, dass das unnatürliche Leben der neuen Zeit verantwortlich für Krankheiten wie Depressionen, die zur Volkskrankheit wurden, Trennungen und Einsamkeit sind. Pluto im Steinbock konfrontierte im Besonderen die alten Menschen (Saturn, Herrscher des Steinbocks) mit dem Tod (Pluto), wie es in der Coronapandemie geschehen ist. Pluto im Steinbock steht gleichzeitig für tiefgreifenden Wandel, was die Einstellung zum Alter und wohl auch zum Tod betrifft. Alt ist, wer sich alt fühlt, und es wächst der Anspruch, im Alter noch einer sinnvollen Aufgabe nachgehen zu können.

Pluto im Wassermann von 2023 bis 2044
(Übergangszeiten des Pluto vom Steinbock in den Wassermann zwischen 2023 und 2024, Übergangszeiten des Pluto vom Wassermann in die Fische zwischen 2043 und 2044)

Pluto steht im Wassermann, dem Zeichen der Freiheit und Unabhängigkeit, im kosmischen Fall. Die Macht des Einzelnen wird an die Masse abgegeben. Die individuelle Verwirklichung hat da ihre Grenzen, wo es der Allgemeinheit schadet. Der einzelne Mensch und seine Verwirklichung verlieren an Bedeutung.

Für die bisherige Form des Kapitalismus dürfte das Ende nahekommen. Es bricht eine Zeit von großen Revolutionen an, in der sich das Denken vieler Menschen grundlegend wandelt. Pluto gibt dem Wassermannzeitalter in diesen Jahren einen gewaltigen Schub nach vorne, macht aber gleichzeitig auch die dunkle Seite dieses Zeitalters sichtbar, das in Wissenschaftsgläubigkeit und in politisch sozialen Systemen besteht, die Gerechtigkeit und Neuanfang predigen und nichts anderes als Macht und Einfluss über Menschen zum Ziel haben. Es herrschen vielfach nicht mehr einzelne Tyrannen, sondern Interessensgemeinschaften über Völker.

Elektrizität, die dem Uranus als Herrscher des Wassermanns zugeordnet ist, wird die beherrschende Energie. Es geht jetzt darum, die Erde zu retten und den Klimawandel zu stoppen. Eine neue Bedrohung werden die Macht und der Einfluss der künstlichen Intelligenz in der Endphase dieser Pluto-Zeit.

Die karmische Aufgabe dieser Generation ist es, den Begriff von Freiheit, Unabhängigkeit und sozialem Leben völlig neu zu bewerten. Viele Menschen dieser Generation dürfte es gerade in der Endzeit des Pluto im Wassermann gelingen, den heute noch so stark empfundenen Gegensatz und Spalt zwischen Wissenschaft und Glauben bzw. Spiritualität aufzuheben. Diese Generation bringt die sehr hellen und die sehr dunklen Seiten des Menschen zum Vorschein.

PLUTO IN DEN HÄUSERN UND UNSER PERSÖNLICHES KARMA

Pluto und seine Stellung in den Tierkreiszeichen besitzt, wie gesagt, von allen Langsamläufern den größten Einfluss auf die Zeitqualität und die unterschiedlichen Epochen.

Für uns persönlich wichtig ist, in welchem Haus unseres Geburtshoroskops Pluto angesiedelt ist. Er gibt uns hier erste Auskünfte über wichtige Lebensaufgaben, die karmischer Natur sind.

Pluto verrät im jeweiligen Haus konkret, was wir in diesem Leben unbedingt verändern, ja transformieren müssen, damit wir uns von der weit zurückliegenden Vergangenheit, die immer noch in unser jetziges Leben hineinspielt, lossagen können.

Pluto ist deshalb so wichtig für unser Karma, weil mit ihm und seiner Wandlungskraft die größten Entwicklungssprünge möglich sind. Pluto zeigt zwar im Horoskop die tiefsten Verstrickungen an, in der Familie, im Beruf, in der Beziehung, die uns in manchen Lebenssituationen festketten und gefangen halten. Doch gerade die Befreiung daraus setzt ein völlig neues Leben in Gang und beginnt, die Zukunft neu zu gestalten.

Pluto und seine jeweilige Häuserstellung offenbaren uns, wo unsere blinden Flecken liegen, wo wir manipuliert und hinters Licht geführt werden, wo wir uns in Abhängigkeiten befinden, denen wir nur dann entrinnen können, wenn wir die verborgenen Seiten unseres Plutos aufdecken und wenn wir anschließend zur Einsicht und Wandlung bereit sind.

Mit diesen persönlichen Wandlungen ist stets ein Stirb-und-Werde-Prozess verknüpft. Das heißt, wir bekommen das Neue nur dann, wenn wir bereit sind, uns aus besagten unguten Verwicklungen zu befreien, damit innere wie äußere Zwänge an Einfluss und Bedeutung auf unser Leben verlieren.

Wer die Herausforderung seines persönlichen Plutos annimmt, setzt große Kräfte frei. Pluto macht stärker, oftmals mächtiger und lässt uns die Themen und Lebensbereiche erkennen, die für uns wichtig sind und in denen wir etwas bewegen können. Es geht darum, sein Leben und sein Schicksal selbst in die Hand zu nehmen und da zu vertrauen, wo wir es nicht mehr selbst bestimmen können.

Pluto in Haus 1: Diese sehr prominente Pluto-Stellung besagt, dass in diesem Leben eine oder gar mehrere große Persönlichkeitswandlungen anstehen, die zum Ziel haben, dass wir uns selbst erkennen, an unseren Schwächen und unserem Auftreten arbeiten und unsere großen Fähigkeiten erkennen, die zum Schaden oder Nutzen von anderen Menschen eingesetzt werden können. Menschen mit Pluto in Haus 1 sterben im übertragenen Sinne immer wieder, um neu geboren zu werden. Sie haben dadurch die Chance, zu sich selbst zu finden, zu der Person, die sie wirklich sind.

Nahestehende können diese tiefen Wandlungen, die das Schicksal von Menschen mit Pluto in Haus 1 sind, oft nicht nachvollziehen. Mit den großen Persönlichkeitswandlungen gehen meist auch äußere Veränderungen und Trennungen einher. Vieles muss diesem persönlichen Stirb-und-Werde-Prozess geopfert werden. Bisweilen erscheint das Leben als ein einziges Drama, das sich zwischen Himmel und Hölle abspielt. Immer tobt in diesen Menschen der Kampf zwischen Gut und Böse. Ihre Dominanz ist eine Gratwanderung im Leben, da sie leicht in Machtmissbrauch kippen kann.

Pluto in Haus 1 fördert viele dunkle Kräfte zutage, mit denen sich diese Menschen zwangsläufig auseinandersetzen müssen. Für sie ist es überlebenswichtig, immer wieder neu anfangen zu dürfen. Macht, Einfluss und Manipulation sind eine permanente Versuchung, die immer wieder in eine Sackgasse führen, aus der eben nur durch die innere und oft auch äußere Wandlung ein Entkommen möglich ist.

Enge Beziehungen sind ein Schlüssel, um sich selbst zu erkennen. Es gilt zu begreifen, dass nahestehende Menschen das Recht auf eigene Entwicklung haben und nicht kontrolliert werden dürfen. Schon gar nicht kann das Leben kontrolliert werden. Vertrauen lernen in die geistigen Kräfte, in die höhere Führung, ist das unbedingte Ziel dieser Pluto-Stellung. Manipulieren und manipuliert werden muss ein Ende finden. Wer das mit diesem Pluto schafft, kann mächtig viel bewegen und gewinnt vor allem positiven Einfluss auf die Menschen seiner näheren Umgebung.

Pluto in Haus 2: Die großen Wandlungen werden im Leben oft durch finanzielle Krisen oder durch Verluste von vermeintlichen Sicherheiten angestoßen. Diese Menschen müssen erkennen, dass zu starkes Festhalten an Besitz, zu große Lebensangst und Vorsicht die eigene Entwicklung blockieren und wertvolle Chancen verpassen lassen.

Es geht darum, sich zu trauen zu leben und die oft nicht realen Existenzängste zu überwinden. Sich freizumachen aus finanziellen Abhängigkeiten, ist genauso wichtig, wie umgekehrt Geld und Besitz nicht als Machtmittel gegenüber anderen zu missbrauchen.

In dem Maße, in dem diese Menschen bereit sind, von Ängsten und äußerlichen Sicherheiten loszulassen, wächst ihr Selbstwert und die Bereitschaft, zu handeln und starre Lebenssituationen zu überwinden. Es ist für diese Menschen sehr wichtig, sich mit dem Tod, dem Verlust und der Vergänglichkeit auseinanderzusetzen, um sich letztlich befreit auf der realen Ebene verwirklichen zu können.

Pluto in Haus 3: Diese Menschen sind von Geburt an Forscher, die gedanklich immer in die Tiefe gehen und nach Hintergründen und Erkenntnissen suchen. Sie suchen meist den intensiven gedanklichen Austausch mit anderen, reden oft gerne und viel, wobei bei ihnen immer ein bisschen Fanatismus und der Versuch mitschwingt, andere von der eigenen Wahrheit zu überzeugen oder gar niederzureden.

Sie können äußerst kritisch sein und sind immer darum bemüht, vermeintlich falsche Meinungen und Überzeugungen zu entlarven, um selbst Recht zu behalten. Viele dieser Menschen sind sehr wortgewaltig, im positiven wie negativen Sinne, und haben allein dadurch schon eine starke Präsenz.

Ihre karmische Aufgabe ist es, sich geistig weiterzuentwickeln, sich der großen Einflussnahme und Wirkung von Worten bewusst zu werden, aufzuhören, andere zu manipulieren, sich von zwanghaften Gedanken und Neid zu befreien.

Wissen ist Macht, aber diese Macht darf nicht missbraucht werden, um Menschen verbal zu bekriegen und sie durch geschicktes Überreden für eigene Zwecke einzusetzen. Letztlich geht es darum, die Verantwortung für seine Gedanken und Worte zu übernehmen. Auch gilt es zu erkennen, dass Wissen ohne Glauben und Ideale schnell in eine dunkle, destruktive und diabolische Richtung abdriftet. Ein starker Pluto, der häufig in Horoskopen von Schauspielern, Rednern, Schriftstellern und Forschern auftaucht.

Pluto in Haus 4: Wie bereits in Haus 1 hat Pluto auch hier eine mächtige Stellung. Die Kraft kommt von innen, aus dem Bauch heraus, aus der Familie, den Genen. Es besteht eine starke, aber auch nicht immer einfache Bindung an Eltern und Familie. Man könnte auch sagen, dass diese Menschen sehr stark in ihrer Herkunftsfamilie, in der es oft dunkle Familiengeheimnisse gibt, verwickelt sind.

Pluto kann hier auch auf tiefe seelische Erschütterungen in der Kindheit hinweisen, die verdrängt wurden, weil sie die Kinderseele nicht verarbeiten konnte. Allein deshalb ist es für diese Menschen wichtig, sich spätestens im Erwachsenenalter auf eine Therapie oder Familien- bzw. Astrologie-Aufstellungen einzulassen, um Vergangenes zu verarbeiten. Erst dann gelingt es diesen Menschen, das eigene Leben zu leben und ihre eigentlichen Lebensziele zu finden, die im gegenüberliegenden 10. Haus angesiedelt sind.

Tiefe innere Wandlungen führen oft zu großen äußeren Umbrüchen im Leben. Mit der enormen Kraft und Macht der eigenen seelischen Kräfte kann beruflich wie privat Großes verwirklicht werden. Befreien müssen sich diese Menschen zunächst aber von falschen Erwartungen der Eltern, die den eigenen Weg und die Lebensziele blockieren können.

Manipulativ tritt bei dieser Pluto-Stellung oft die Mutter in Erscheinung, die nur schwer loslassen kann und die bewusst oder unbewusst versucht, großen Einfluss auf ihr Kind zu behalten, der bisweilen an Machtmissbrauch grenzt. Deshalb kann hier eine zeitweise äußere wie innerliche Distanz und Loslösung von der Herkunftsfamilie nötig werden.

Letztlich deutet diese Pluto-Stellung, wie gesagt, auf enorme innere Kräfte hin, die noch stärker sind, wenn Pluto direkt am Nadir, dem tiefsten Himmelspunkt im Augenblick der Geburt steht (im Quadrat zum Aszendenten).

Pluto in Haus 4 ist mächtig, da er hier direkt aus der inneren Tiefe kommt. Es ist die unermessliche Kraft und Emotion aus dem Bauch heraus, mit der sehr viel zerstört, aber auch sehr viel Gutes im Leben angestoßen und bewirkt werden kann. Diese Menschen haben die karmische Aufgabe, diese enorme Transformationskraft in sich zu erkennen und damit bewusst umgehen zu lernen.

Pluto in Haus 5: Viele dieser Menschen besitzen starke sexuelle Energien und eine fast magische körperliche wie geistige Anziehungskraft. Sexualität und Lebensfreude können aber auch komplett fehlen bzw. verdrängt sein und überhaupt nicht zum Vorschein kommen, weil diese Menschen letztlich Angst vor dem Leben und seinen Unwägbarkeiten haben. Die unerlöste, verdrängte, nicht gelebte oder einseitig ohne Liebe gelebte Sexualität sowie unerfüllte Liebschaften können dann zu großem Lebensverdruss führen.

Der Schlüssel, um das Lebensglück zu finden, ist zunächst das Erkennen und dann das Leben von verborgenen persönlichen Fähigkeiten und Talenten, die vielleicht nicht gelebt werden konnten oder durften, weil sie nicht den eigenen Gedanken und Erwartungen oder der gesellschaftlichen Norm entsprachen. Durch das Leben der eigenen Talente und kreativen Kräfte werden die eigene Kraft und Macht aktiviert.

Ein weiterer Schlüssel, um die verborgenen Kräfte des Plutos hier zu befreien, ist die bewusste Auseinandersetzung mit der Sexualität und vor allem mit den sexuellen Tabus, die Angst machen, aber im Schattendasein zu sexuellen Zwängen führen können, von denen es sich zu befreien gilt. Es geht hier darum, die eigene Kreativität und erotische Energie als Motor und Antrieb des Lebens zu erkennen und sie in Lebensfreude und Kreativität umzuwandeln. Ja zum Leben zu sagen, ist das allergrößte Ziel!

Pluto in Haus 6: Diese Menschen haben häufig eine gigantische Arbeitskraft sowie angeborene verborgene Heilkräfte, die es ihnen erlaubt, andere zu heilen und selbst nach schweren Erkrankungen wie der Phönix aus der Asche neu zu entstehen.

Eigene Gesundheitsprobleme sind sehr oft der Grund für tiefere Persönlichkeitswandlungen. Durch ihre Bewältigung gelangen diese Menschen an ihre eigentliche Kraft und Macht und den Glauben an sich selbst, was ihnen fortan hilft, auch größte Krisen im Leben zu bewältigen und hohe Ziele zu erreichen.

Grundsätzlich muss in diesem Leben die Einstellung zu Arbeit, Gesundheit und Lebensführung gewandelt und überprüft werden. Sich in Arbeitsprozesse einzufügen, keine Machtspiele am Arbeitsplatz anzuzetteln und einzugehen, sondern seine enorme Arbeitskraft in den Dienst anderer zu stellen, ist ein großes Ziel. Zum Dienen gehört ein Maß an Bescheidenheit und Demut, die es dieser Pluto-Stellung letztlich ermöglicht, ihre wahre Bestimmung zu finden.

Pluto in Haus 7: Intensive Begegnungen, Machtkämpfe und schicksalhafte Trennungen führen letztlich dazu, dass das eigene Bild von Partnerschaft und Liebe erschüttert und gewandelt wird. Eine große Rolle spielen hier die plutonischen Themen Macht und Ohnmacht in Beziehungen, die durch Abhängigkeiten und innere, nur schwer zu entwirrende Verwicklungen entstehen.

Leidvolle, oft dramatische Erfahrungen und Trennungen, die lange hinausgeschoben werden und sich am Ende doch nicht mehr vermeiden lassen, stoßen tiefe Transformationen an, die dann erst den Weg zu einem wahren Seelenpartner und einer glücklichen, erfüllten Liebe führen.

Es besteht die karmische Aufgabe, ein Gleichgewicht in Beziehungen zu finden und auch Verlustängste zu überwinden, die häufig der wahre Hintergrund von Machtkämpfen in Beziehungen sind.

Pluto, die Macht, darf nicht an den Partner oder andere Menschen abgegeben werden, sondern muss zu sich selbst zurückgeholt und gelebt werden. Auch wenn der Partner oft derjenige ist, der eine persönliche Veränderung und Transformation anstößt, ist das Ziel, letztlich zu eigener Stärke und Selbstbestimmung im Leben zu finden.

Pluto in Haus 8: In dieser Pluto-Stellung liegen tiefe Erschütterungen, was den Tod, Krankheiten, Gewalt, Sexualität und Existenzverlust betrifft, aus vorigen Leben begraben.

In diesem Leben geht es nun darum, die Angst vor dem Tod, dem Verlust und vor allem vor den dunklen Seiten der Triebe zu verlieren, um sie in starke und erlöste Seelenkraft und Sexualität umzuwandeln.

Ohnmachtserfahrungen, Krankheiten und Todesfälle können die tiefe Wandlung anstoßen. Krisen und darauffolgende Umbrüche haben oft einen starken und positiven Einfluss auf das Leben. Sich immer wieder zu wandeln, sich weiterzuentwickeln und niemals stehenzubleiben, ist das ganz große Ziel dieser Inkarnation. Um das zu erreichen, zwingt sie das Leben immer wieder loszulassen: von Menschen, Lebenssituationen, Ängsten, an denen sie festhalten und die sie zu kontrollieren versuchen.

Weil in diesen Menschen die Gespenster und die traumatischen Erfahrungen der Vergangenheit so lebendig sind, haben sie oft in diesem Leben das Gefühl, permanent und mit allen zur Verfügung stehenden Mitteln um ihre Existenz kämpfen zu müssen. Dabei kommt häufig die Manipulation verstärkt zum Einsatz, von der erst dann abgelassen wird, wenn verdrängte Dinge im Leben zum Vorschein kommen und aufgearbeitet werden.

Natürlich ist es für Menschen auf diesem Weg von großer Bedeutung, sich mit Tabuthemen, wie dem Tod, der in der Familie oft völlig verdrängt wurde, sowie mit Gewalt und Sexualität auseinanderzusetzen. Wichtig ist es, sich die ungeheuer große Macht und den Einfluss, den diese enorm starke Pluto-Stellung schenkt, bewusst zu machen und zu lernen, verantwortungsvoll damit umzugehen.

Pluto in Haus 9: Diese Menschen sind oft tief verstrickt in Glaubenssätze und fanatische Überzeugungen, mit denen sie sich selbst und ihr Leben blockieren. Intensive, oft erschütternde Erfahrungen auf Reisen sowie in politischen, schulischen oder religiösen Einrichtungen können zu einem grundlegenden Umdenken im Leben führen.

Das Ziel ist der Weg, der zur Wahrheit, zu echtem Glauben und der Loslösung von übernommenen Meinungen und Überzeugungen führt. Auf diesem Wege der Befreiung von blockierenden Glaubenssätzen können auch das Studieren von unterschiedlichen Wissensgebieten sowie Fortbildungen eine größere Rolle spielen.

Im besten Falle können Pluto und die immer wieder tiefgreifenden Wandlungen der eigenen Anschauungen den Weg für eine höhere geistige Entwicklung ebnen, die diese Menschen zu ihrer inneren Kraft, Macht und wahren Stärke führt. Geläuterte, tiefe und weise Einsichten und Weltanschauungen können dann zu einem starken Motor im Leben werden, mit dem große Vorhaben, unter Umständen auch im Ausland, verwirklicht werden können.

Pluto in Haus 10: Bei dieser Pluto-Stellung bekommt das Thema Macht als Autorität bzw. als Führungsrolle im Beruf oder in der Elternrolle eine überragende Bedeutung. Diese Menschen wollen privat wie beruflich dominieren und die Zügel in der Hand halten, also die gemeinsamen Ausrichtungen bestimmen und kontrollieren.

Es geht in diesem Leben darum, Macht sinnvoll einzusetzen und nicht zu missbrauchen. Wer den dunklen Seiten Plutos verfällt, entwickelt oft kriminelle Seiten, unterdrückt Menschen und macht sie von sich abhängig. Die Gefahr von Machtmissbrauch und Schwarzmagischem Handeln ist bei dieser Pluto-Stellung überhaupt relativ groß, weshalb sie sehr viel Charakter und Verantwortung benötigt.

Die Chance dieser Pluto-Stellung besteht darin, Pluto als eine Kraft anzuerkennen und zu nutzen, mit der Großes und viel Positives bewegt und in Gang gesetzt werden kann. Das Karma dieser Menschen ist es, Verantwortung für sich und andere zu übernehmen. Um dahin zu kommen, muss zunächst die eigentliche Lebensaufgabe entdeckt werden, die lange im Verborgenen bleiben kann oder überhaupt nicht erkannt wird.

Pluto in Haus 11: Tiefe, oft erschütternde Erlebnisse in Freundschaften, die von Macht und Ohnmacht, von Manipulation, Abhängigkeiten und inneren Verwicklungen geprägt sein können. Das Ausschließliche einer Freundschaft kann hier in eine regelrechte freundschaftliche Gefangenschaft führen. Auch Cliquen-Gemeinschaften können in Form von Gruppenzwängen im Leben auftauchen und einen negativen Einfluss auf das eigene Leben ausüben.

Es werden plutonische, oft mächtige Menschen als Freunde angezogen. Die Lösung aus belastenden Beziehungen macht freier und selbstbestimmter. Ziel ist es, soziales Bewusstsein zu entwickeln, das von Geburt an nicht besonders stark ausgeprägt ist. Andere Menschen müssen so gesehen werden, wie sie sind – frei von Vorverurteilungen und jedem Schwarzweißdenken.

Die karmische Aufgabe besteht darin, überhaupt wieder in Kontakt zu Menschen zu kommen, was aufgrund schlechter Erfahrung oft von großem Misstrauen begleitet wird. In Freunde vertrauen ist wichtig, gelingt aber nur dann, wenn wir sie als Menschen mit Stärken und Schwächen sehen, die es allesamt zu akzeptieren gilt.

Pluto in Haus 12: In der Psyche dieser Menschen schlummern oft große Ängste und Unsicherheiten. Psychische Störungen oder gar Erkrankungen können den Weg der Heilung beschreiten lassen, indem diese Menschen damit beginnen, sich mit ihrem Inneren zu beschäftigen und auseinanderzusetzen. Es geht letztlich darum, zu erkennen, dass wir unser gesamtes Leben aus dem Inneren heraus steuern – so Innen, so Außen – und dass wir in letzter Konsequenz für alles selbst verantwortlich sind, was in unserem Leben geschieht. Wer diese Kraft und Macht in sich bewusst erkennt, mit der das Leben von innen gelenkt wird, für den gibt es keine Grenzen. Alles, was wirklich gewünscht und im Leben angestrebt wird, kann mit Hilfe dieses Plutos manifestiert werden.

Das 2. und das 8. Haus: Selbstverwirklichung und Wandel

Immer wieder werden Astrologen in ihrer Praxis von Menschen aufgesucht, die nach ihrem Sinn des Lebens und nach ihrer Berufung suchen. Wenn einer darüber Auskunft geben kann, dann der erfahrene und kundige Astrologe.

Fast immer gibt es jedoch handfeste Gründe dafür, warum sich jemand bisher nicht so entwickeln und verwirklichen konnte, wie er sich das gewünscht hätte. Relativ häufig hängen diese Menschen in Berufen, vornehmlich in Anstellungen fest, die zwar nicht ihre Erfüllung sind, aber ihren Lebensunterhalt sichern. Blickt man dann in das Horoskop der Betroffenen hinein, wird sehr schnell ersichtlich, dass wir hier oft Menschen vor uns haben, die Angst davor haben, größere Risiken in ihrem Leben einzugehen, auch weil die finanziellen Sicherheiten eine manchmal übergroße Rolle spielen, die zu einer Erstarrung im Leben führen können.

Angst vor finanziellem Untergang und Existenzverlust betrifft das Thema der 2. und 8.-Haus-Achse. Im 2. Haus, das der irdische Spiegel des Stiers ist, verwirklichen wir uns, schaffen uns Freiheit, können unser Leben genießen und gestalten durch das Geldverdienen. Und nebenbei bauen wir durch die Selbstverwirklichung Selbstwert auf. Fehlt uns dieser Selbstwert von Geburt an, wird er durch die Kindheit und Erziehung beschädigt bzw. haben wir Zweifel an ihm, was wir im Geburtshoroskop eben an der Besetzung und dem Herrn des 2. Hauses, seiner Aspekte usw. erkennen können, dann kann oft auch die Verwirklichung gebremst sein. Manchmal können wir aber auch das Gegenteil beobachten, nämlich dass ein geschwächter Selbstwert zum Antrieb wird, etwas ganz Großes im Leben zu erreichen.

Die Macht, etwas machen können, winkt dann aus dem 8. Haus herüber, dem irdischen Spiegel des Skorpions, in dem Pluto herrscht und das mit dem Tod, im tatsächlichen wie übertragenen Sinne, dem Loslassen, dem Wandel, dem Vermögen, mit allen Tabuthemen und der Wirklichkeit hinter der sichtbaren Welt zu tun hat.

Ist dieser 8.-Haus-Bereich übermäßig betont oder gar schwierig angesprochen im Geburtshoroskop, kann das zu einer innerlichen Verweigerung gegenüber dem Leben führen. Diese Menschen haben dann oft einen besseren Draht zu den Toten als zu den Lebendigen.

Erfolg haben wir im Leben vor allem dann, wenn wir eine Ausgewogenheit zwischen diesen beiden Häusern herstellen können. Das 2. Haus fordert uns zum Leben und zur Verwirklichung auf. Wir müssen den Mut aufbringen und Ja zum Leben sagen. In diesem Moment begehen wir Fehler, werden angreifbar, aber entwickeln uns weiter, weil wir uns nun selbstverwirklichen.

Damit wir im 2. Haus nicht ins Stocken geraten und stehenbleiben, brauchen wir jedoch den Input des 8. Hauses, den Tod, das Gegenteil von Leben. Das 8. Haus ist mit dem Ende von Lebensprozessen, dem inneren Sterben und Neuentstehen verbunden. Es ist der Stirb-und-Werde-Bereich. Hier müssen wir loslassen, um neu zu beginnen, um in Bewegung zu bleiben. Das 8. Haus und sein Wandel wird so zum Motor des Lebens, lässt uns durch die persönliche Wandlung regenerieren und immer wieder einen neuen Frühling in uns entfachen. Durch das Loslassen von Altlasten verliert unsere Seele an Schwere, und der Weg in die Zukunft öffnet sich.

Wir leben und verwirklichen uns nur, wenn wir uns nicht der Dynamik des Lebens verschließen. Dafür und für das 8. Haus brauchen wir ebenfalls viel Mut: Den Mut, durch nötige Lebensumbrüche ins Ungewisse aufzubrechen, zu akzeptieren, wenn sich etwas dem Ende zuneigt. Im 8. Haus erkennen wir, dass der Tod zum Leben und der Verlust zum Gewinn gehört.

Wer sich nicht ändert, hat nicht gelebt, sagt ein chinesisches Sprichwort. Ein anderes sagt: *Wenn der Wind des Wandels weht, bauen die einen Mauern und die anderen Windmühlen.*

Wenn wir etwas im Leben erreichen wollen, müssen wir uns immer und immer wieder gegenüber dem Neuen öffnen.

Gerade Menschen, die in der Selbstständigkeit arbeiten, wissen, dass Stillstand oft den Misserfolg nachzieht. Das Wagnis und der Aufbruch ins Ungewisse gehören zum Leben und Wirken von jedem erfolgreichen Unternehmer dazu.

Wenn unser Leben durch irgendwelche inneren wie äußeren Umstände ins Stocken gerät, dann fangen wir an zu leiden, was sich fast immer auch auf unsere Gesundheit niederschlägt. Alternative Mediziner behaupten, dass Krebs vor allem dann besiegt werden kann, wenn wir Ziele haben, also unbedingt weiterleben wollen, um uns weiter selbstzuverwirklichen.

Es ist nicht immer leicht, zu akzeptieren, dass das Leben aus Abschied und Aufbruch entsteht. Abschied kann verdammt weh tun und ist immer wieder wie ein Tod.

Im Leben stehenzubleiben, gehört mit Sicherheit zu den größten Krisen überhaupt. Wenn Menschen krank werden, beginnen sie oft erst zu erkennen, wie festgefahren ihr Leben ist. Gefürchtet ist die lähmende Leere, so lange keine Lösungen und Antworten in Sicht sind. Es hilft jetzt nicht mehr, von einem Arzt zum anderen zu laufen, wenn doch die Lösung nur in einem selbst liegt. Nur in der Auseinandersetzung mit sich selbst, seinen Ängsten und Zweifeln, kann Neues entstehen.

Jeder von uns hat ein mehr oder weniger starkes Sicherheitsdenken, das natürlich seine Wichtigkeit und Bedeutung hat. In unserer Wohlstandsgesellschaft ist das Sicherheitsdenken bei vielen Menschen zum Wahn mutiert. Das 2. Haus und das Geld schweben über allem, während das 8. Haus und die Gefahr des Verlustes oder gar des Todes nicht gesehen werden will, ja verdrängt wird. Verlust und Tod dürfen nicht sein, sind etwas für Verlierer, Alte und Kranke.

Das 8. Haus baut sich so zum Schrecken auf und bewirkt, dass viele Menschen auch nichts von der Wirklichkeit wissen wollen, die sich hinter der sichtbaren Welt befindet. Der Tod wird zum Grauen, die Sexualität zum großen Konflikt, die Angst vor Veränderungen, Krankheiten und Geldnot gewinnt die Oberhand im Leben, diktiert uns, welche Risiken wir noch eingehen dürfen und welche nicht. Das Leben unterläuft nun sozusagen einer strengen plutonischen Kontrolle.

Das Wissen über das 2. und 8. Haus, das von Leben und Erwerben sowie vom Tod und Loslassen handelt, kann uns helfen, das Leben in einem größeren Zusammenhang zu betrachten. Es kann uns helfen, zu erkennen, was in unserem Leben wirklich wichtig ist und was letztlich einen bleibenden Wert für uns hat. Es lehrt uns nicht zuletzt, dass Geld zwar wichtig ist, um frei zu sein und sich zu verwirklichen, dass Geld jedoch keine wirkliche Sicherheit schenkt. Sicherheit finden wir erst dadurch, dass wir unseren ganz persönlichen Weg finden und gehen, was uns nur dadurch gelingt, dass wir uns immer wieder für das Neue öffnen. Im Leben ist der Tod, und im Tod das neue Leben.

NACHWORT

Die Erfüllung Plutos: den eigenen Willen in höhere Hände legen

Pluto ist das Dunkle in der Welt und in uns. Als Gegenspieler der Sonne leistet er einen wichtigen Beitrag zur Schöpfung. Seine eigenen plutonischen Kräfte in einem erlösten Sinne zu leben, bedeutet, den Weg des Vertrauens zu gehen und seinen Willen in höhere Hände zu legen. Auf diesem Weg finden wir zu unserer inneren Führung, die uns völlig neue Welten eröffnet. Jetzt gehen wir einen spirituellen Weg.

Seinen persönlichen Pluto zu erfüllen und zu erlösen, bedeutet, sich von Karma und Verwicklungen zu befreien, um einen geistigen Weg beschreiten zu können, der abseits von Gewalt, Zwang, Machtmissbrauch, Aberglauben, Neid, Eifersucht, Missgunst und Manipulation liegt.

Dieser Weg bedeutet, permanenten Versuchungen im Leben zu begegnen, hinter denen sich die Verlockungen und Verführungen des Plutos verbergen. Versuchungen, die wir auch in unserer christlichen Kultur in Form der Schlange finden, die Adam und Eva verführte, so wie in der Versuchung Jesu Christi durch den Teufel, als ihn der Geist in die Wüste führte, wo er vierzig Tage und Nächte fastete. Als sein Hunger fast unerträglich wurde, trat der Teufel an ihn heran und sagte: „Wenn du Gottes Sohn bist, so befiehl, dass aus diesen Steinen Brot wird." Er aber antwortete: „In der Schrift heißt es: *Der Mensch lebt nicht vom Brot allein, sondern von jedem Wort, das aus Gottes Mund kommt.*" Darauf nahm ihn der Teufel mit sich in die Heilige Stadt, stellte ihn oben auf den Tempel und sagte zu ihm: „Wenn du Gottes Sohn bist, so stürz dich hinab; denn es heißt in der Schrift: *Seinen Engeln befiehlt er um deinetwillen*, und: *Sie werden dich auf ihren Händen tragen, damit dein Fuß nicht an einen Stein stößt.*" Jesus antwortete ihm: „In der Schrift heißt es auch: *Du sollst den Herrn, deinen Gott, nicht auf die Probe stellen.*" Wieder nahm ihn der Teufel mit sich und führte ihn auf einen sehr hohen Berg; er zeigte ihm alle Reiche der Welt mit ihrer Pracht und sagte zu ihm: „Das alles will ich dir geben, wenn du dich vor mir niederwirfst und mich anbetest." Da sagte Jesus zu ihm: „Weg mit dir, Satan! Denn in der Schrift steht: *Den Herrn, deinen Gott, sollst du anbeten und ihm allein dienen.*" Darauf ließ der Teufel von ihm ab und siehe, es kamen Engel und dienten ihm.

Der Teufel, Pluto, will auch uns immer wieder sagen: „Nutze deine Macht, du kannst noch viel mehr erreichen, wenn du nur deine Moral gelegentlich auf die Seite legst und wenn du andere ein wenig in deinem Sinne manipulierst ... Warum nicht manchmal ein wenig schwindeln, wenn es für einen selbst Vorteile bringt? ... Hast du die Chance, auf einen Schlag mehr Geld zu verdienen, auch wenn es nicht ganz legal ist, muss du unbedingt zuschlagen ... Du kannst deinen Partner ruhig betrügen, er merkt es ohnehin nicht..."

Es gibt zahlreiche Versuchungen, denen der eine mehr, der andere weniger ausgeliefert ist. Am stärksten ist die Versuchung immer dann, wenn man Pluto-Energie im Übermaß besitzt. So haben manche Menschen mit entsprechendem Pluto eine unglaubliche Potenz und sind vielleicht imstande, jeden Tag mehrfach Sex zu haben. Nicht wenige Plutonier haben überhaupt eine starke Anziehungskraft, die sie vielleicht dazu verführt, das auszunutzen, indem sie andere von sich abhängig machen. Andere Menschen mit starkem Pluto haben Macht durch Geld und Besitz und fühlen sich als wertvolle Menschen, wiederum andere sind in einer hohen beruflichen Position und nutzen das aus, um Menschen, die ihnen unterstellt sind, geringschätzig zu behandeln oder gar zu unterdrücken.

Es gibt so viele unendliche Möglichkeiten, in denen jeder von uns auf seine Art von Pluto und seiner Kraft und Macht verführt werden kann. Aber eines ist auch klar: Es ist nicht schwer, Geld nicht als Machtmittel einzusetzen, wenn man keines hat. Und es ist auch nicht schwer, auf die sexuelle Verführung anderer zu verzichten, wenn es die eigene Ausstrahlung nicht hergibt. Die Gefahr der Versuchung wächst mit unserer jeweiligen Pluto-Potenz. Menschen, die etwa gut reden und andere überreden oder gar durch geschickte Wortwahl manipulieren können, denen fällt es natürlich schwer, auf Letzteres zu verzichten, wenn es um etwas Wichtiges im Leben geht, das sie unbedingt erreichen wollen.

Pluto ist Magie, ist eine Energie, die mit Tricks und Fallen arbeiten lässt. Und für viele Menschen ist es dadurch zunächst einmal sehr verlockend, ihn einzusetzen, um ihre Ziele zu erreichen.

Die Betonung liegt jedoch auf „zunächst einmal“, denn je mehr ein Mensch trickst, suggeriert, manipuliert und hintergeht und dabei Erfolg hat, desto zynischer blickt er auf höhere Weltanschauungen, die für ihn dann vielleicht nur noch für besonders naive und gutgläubige Menschen darstellbar sind. Oder wenn ein sehr plutonischer Mensch mit starker Ausstrahlung und Anziehungskraft nach zahlreichen Eroberungen das Gefühl bekommt, er kann jeden bzw. jede bekommen, dann beginnt er, an die Kraft der Manipulation zu glauben und verliert im gleichen Maße den Glauben an die Liebe.

So gesehen muss man die Seele wie Faust dem Mephisto verkaufen, will man die Kräfte Plutos nutzen, um auf unlautere Art und Weise Macht, Einfluss und Lustgewinn zu bekommen. Und das ist tragisch, das ist letztlich ein persönlicher Niedergang, an dessen Ende häufig Verzweiflung, Frustration und Einsamkeit stehen.

Menschen mit größeren Pluto-Themen neigen, wie bereits beschrieben, zum Kontrollieren, weil sie dadurch versuchen, den Einfluss über Menschen und überhaupt über das Leben zu behalten. Kontrolle ist ja nicht per se etwas Negatives, eine gewisse Kontrolle braucht jeder Mensch über sein Leben, damit die Dinge nicht aus dem Ruder laufen. Wenn die Kontrolle aber so weit geht, dass man anfängt, Menschen nachzustellen, sie auszuhorchen, sie permanent in ihrer Meinung zu beeinflussen oder eben in ihrem Sinne zu manipulieren, dann wird sie destruktiv und engt die Entfaltung der betroffenen Menschen ein.

Wird zudem das eigene Leben in einer zwanghaften Art und Weise kontrolliert, werden diese Menschen immer mehr zu Sonderlingen, die stark im Rückzug leben, da sie versuchen, immer mehr Risiken auszuschließen. Hinter der übermäßigen Kontrolle steckt vor allem die Angst, dass das Leben mit seinen Unwägbarkeiten für negative Überraschungen sorgen könnte, wird ihm zu viel Raum gegeben.

Die Kontrolle ist plutonisch, weil sie Macht und Einfluss sichert, sie ist letztlich aber auch lebensfeindlich, wenn sie zwanghaft, angstbesetzt und einengend wird. Auch hier taucht der Konflikt zwischen Sonne und Pluto, Leben und Tod auf.

Das Leben ist ein ungewisses und mitunter gefährliches Abenteuer, das immer mit dem Tod endet. Leben und Tod sind nicht voneinander zu trennen. Erst wenn wir das akzeptieren, können wir Vertrauen entwickeln, das im Gegensatz zur Kontrolle steht. Ein Mensch, der alles versucht zu kontrollieren, ist misstrauisch, wittert überall Gefahren, kann nicht vertrauen und letztlich auch nicht glauben.

Jeder Mensch trägt mehr oder weniger stark diesen Konflikt in sich, so sehr er sich auch um ein spirituelles Leben bemühen mag. Immer wieder stellt sich die Frage: Inwieweit ist es wichtig, aufzupassen, zu kontrollieren, wo muss ich loslassen und vertrauen?

Was wir im Laufe unseres Lebens erleben dürfen und innerlich durchmachen, ist außergewöhnlich. In einzelnen Momenten erkennen wir die atemberaubende Schönheit des Lebens, in anderen blicken wir in die abgrundtiefe Dunkelheit. Das Leben ist etwas Besonderes, nicht in Worte zu fassen. Etwas Besonderes muss deshalb auch der Tod sein, weil er, wie gesagt, zum Leben gehört, wie Pluto im Allgemeinen aber tabuisiert wird, weil er ungewiss ist und uns deshalb Angst macht.

An dieser Stelle schließt sich wieder der Kreis zur Kontrolle. So leben wir alle in der Spannung zwischen Aufleben wollen und das Leben eindämmen, weil wir nicht nur vor dem leiblichen Tod Angst haben, sondern auch vor den großen Veränderungen und Transformationen im Leben, die ungewiss sind und nicht wirklich kontrolliert werden können.

Natürlich hat auch die Astrologie eine so große Anhängerschaft, weil man hier in Form von Zukunftsprognosen versucht, die ungewisse Zukunft zu fassen, ein wenig zu verstehen, damit die Angst vor ihr erträglicher wird. Astrologie kann in einem höheren Sinne aber auch bedeuten, das Leben in seiner Ganzheit begreifen und erforschen zu wollen.

Die Ungewissheit des Lebens motiviert den Menschen natürlich auch, in Form von psychologischen und naturwissenschaftlichen Forschungen die Welt zu begreifen und fassbar zu machen. Aber auch dieses Wissen kann „faustisches Begehren" sein, das letztlich seinen Tribut fordert. Ob es ganz ohne Glauben und Vertrauen geht, die in der Naturwissenschaft nichts zu suchen haben, muss jeder Mensch für sich selbst entscheiden.

Im wirklichen Leben erkennt jeder bewusster lebende Mensch, dass es so etwas wie ein Bauchgefühl, eine Intuition und noch viel mehr eine innere oder auch höhere Führung, wie immer das auch genannt wird, geben muss. Eine Führung, die wir nicht genau kennen, die aber irgendwie immer da zu sein scheint und die uns sicher durch das Leben leiten kann, wenn wir ihr nur etwas Beachtung und Vertrauen schenken könnten.

Um wirklich frei leben zu können und nicht in unserem eigenen inneren Gefängnis gefangen zu sein, brauchen wir Vertrauen in unsere Beziehung, in unsere Kinder, in unsere Gesundheit, in unsere Entscheidungen, in die Zukunft usw.

Wir dürfen nicht immer nur das Schlechteste in anderen sehen, sondern müssen darauf vertrauen, dass die meisten Menschen auch eine gute Seite haben. Noch mehr als andere stehen vor allem plutonische Menschen immer wieder vor der Entscheidung: Misstrauen oder Vertrauen. Pluto zu erfüllen bzw. zu erlösen, bedeutet, den Weg des Glaubens zu gehen, das heißt, seinen Willen in höhere Hände zu legen, zu erkennen, dass wir allein in dieser Welt mit all ihren Unwägbarkeiten und unterschiedlich wirksamen Kräften nichts ausrichten können. Wir brauchen viel Demut.

Es geht darum, sich innerlich der geistigen Welt anzunähern und sich immer wieder zu vergegenwärtigen, dass alles, wie es kommt, seine Richtigkeit hat, auch wenn wir manchmal im ersten Moment nicht verstehen und akzeptieren wollen, was geschieht.

In jedem Ende erscheint ein neuer Anfang, in jeder Krise können sich neue Wege auftun. Wir können aus allem, was uns im Leben widerfährt, unsere Lehren ziehen, wenn wir bereit sind, den Sinn dahinter zu erkennen.

Was ist stärker: die dunkle Magie der Manipulation oder die Führung durch himmlisch geistige Kräfte? Ein sehr plutonischer Mensch, der seine Kontrolle in Vertrauen und seine Macht in Form von Führung, Förderung und Unterstützung umwandeln kann und der versucht zu vertrauen, auch wenn es dabei bisher nicht immer einen positiven Ausgang gab, der gewinnt zusätzlich an Stärke, Charisma und Ausstrahlung. So ist es, und so können wir es gelegentlich beobachten.

Das Misstrauen, so wichtig und berechtigt es auch gelegentlich erscheint, ist letztlich doch eine negative plutonische Kraft, die viele Plutonier und Skorpione in einem größeren Umfang plagt und die auch wieder dafür verantwortlich ist, dass nicht viel Gutes im Leben geschieht. Das Besondere und gleichzeitig Gnadenlose im Leben ist nämlich, dass wir Dunkelheit anziehen, wenn wir permanent in die Dunkelheit schauen und dass wir umgekehrt gute Entwicklungen anstoßen und anziehen, wenn wir uns nur ein bisschen darum bemühen, gute Ansätze im Leben zu sehen und zu finden.

Den erlösten Weg Plutos zu gehen, bedeutet am Ende, sich immer wieder für Veränderungen zu öffnen. Erst dann beginnt das Leben, wie beim Umdrehen von verdeckten Karten, ein Geheimnis nach dem anderen preiszugeben, erst dann haben wir die Chance, unser eigenes Vermögen und vielleicht auch unsere persönliche Aufgabe zu erkennen.

Wir müssen einfach immer wieder im übertragenen Sinne sterben, von Altem loslassen, damit wir die Chance auf einen Neubeginn und damit auch neues Leben erhalten. Das ist der Plan der Schöpfung, in dem Pluto, wie gesagt, eine große Rolle spielt.

In einem höheren Sinne gesehen, verstehen wir jetzt vielleicht auch ein wenig, warum Pluto von manchen Mystikern auch die Jenseitssonne genannt wurde, womit nicht nur das Leuchten in der Unterwelt gemeint sein kann, sondern vielmehr der Durchgang durch sie, der zur anderen Seite des Lichts führt.